普通高等教育"十二五"规划教材
"管理应用型财会专业人才培养"新形态系列教材

管理会计

主　编　李成云

副主编　陈国金

参　编　杨　婧　薛　蔚

科学出版社

北京

内 容 简 介

本书一方面介绍"传统"管理会计中的经典内容，包括成本性态分析、变动成本法、本量利分析、经营预测分析、经营决策、长期投资决策及成本控制等；另一方面尽可能较全面地吸收、借鉴国内外相关领域最新的管理会计理论和成就，如全面预算、责任会计、作业成本计算与管理及战略管理会计等新发展和新内容。书中穿插大量案例阅读及分析，配有类型丰富的试题库以考查学生实际运用知识与思考的能力，并引导学生从企业管理者的视角认识并学习管理会计专业知识，具备可操作性强、理论联系实际、立体化程度高的特点。

本书既有理论知识的介绍，也有关键知识点的案例分析，辅以每章的章节练习，既适合用作会计专业、财务管理专业及审计专业等本专科的教学用书，也能满足非上述专业学生的自学用书。

图书在版编目（CIP）数据

管理会计 / 李成云主编. —北京：科学出版社，2017
普通高等教育"十二五"规划教材 "管理应用型财会专业人才培养"新形态系列教材
ISBN 978-7-03-049219-7

Ⅰ．①管… Ⅱ．①李… Ⅲ．①管理会计—高等学校—教材
Ⅳ．①F234.3

中国版本图书馆 CIP 数据核字（2016）第 147083 号

责任编辑：兰 鹏 / 责任校对：何艳萍
责任印制：徐晓晨 / 封面设计：蓝正设计

科 学 出 版 社 出版
北京东黄城根北街 16 号
邮政编码：100717
http://www.sciencep.com

三河市荣展印务有限公司 印刷
科学出版社发行 各地新华书店经销

*

2017 年 2 月第 一 版 开本：787×1092 1/16
2019 年 7 月第三次印刷 印张：18 3/4
字数：445 000

定价：**42.00** 元
（如有印装质量问题，我社负责调换）

编　委　会

前　言

　　管理会计是旨在提高企业经济效益，并通过一系列专门方法，利用财务会计提供的资料及其他资料进行加工、整理和报告，使企业各级管理人员能据以对日常发生的各项经济活动进行规划与控制，并帮助决策者做出各种专门决策的一个会计分支，是企业实现战略、业务、财务一体化最有效的工具。

　　管理会计孕育于19世纪末，20世纪30年代公司经济在世界性的产业革命完成后，生产、经营与管理方面发生历史性转换，传统的财务会计管理也向现代会计控制方向转变，反映在会计控制方面的重大变化是会计学科中的一个新兴分支学科——"管理会计"已粗具雏形。20世纪50年代，管理会计形成一门独立学科，此后管理会计便以蓬勃的生机逐渐发展、完善，它与现代财务会计并驾齐驱，在公司经济管理中日益显示出重要作用。在20世纪80年代以前，管理会计的发展历程基本上可以分为执行性管理会计和决策性管理会计两个阶段，其研究主题为价值增值。进入20世纪80年代以后，世界范围内高新技术蓬勃发展，并被广泛应用于经济领域，工业经济开始向知识经济过渡，管理会计领域出现了许多新的思想和方法，管理会计的主题已经从单纯的价值增值转向企业组织对外部环境变化的适应，但主要还是围绕如何为优化企业"价值链"服务和为价值增值提供相关信息而展开的，这使得管理会计开始有了传统与现代（或新兴领域）之分。21世纪世界经济的基本特征是国际化、金融化和知识化，企业的经营环境发生了巨大变化，管理会计的主题是企业核心能力的培植，价值的创造与维护是最为重要的两点。因此，管理会计不仅是现代管理科学方法渗透会计领域所取得的成果，也是会计学科发展的必然趋势，在企业现代化经济管理中发挥着越来越重要的作用。我国于20世纪80年代引入管理会计学科，并结合国情加以研究和应用，取得了一定的成果。与此同时，管理会计学科在国外无论是理论研究还是实践研究都有了许多新的发展。因此我们要不断吸收管理会计新的创新思想，结合我国的实际情况，应用到我国经济实践中。

　　本书一方面介绍"传统"管理会计中的经典内容；另一方面尽可能较全面地吸收、借鉴国内外相关领域最新的管理会计理论和成就，体现管理会计领域自20世纪80年代以来的新发展和新内容，并以案例分析的形式反映我国在管理会计上取得的理论研究成果和成功实践经验，力求在结构体例和内容的广度、深度上有一些新的突破。

　　本书由李成云担任主编，陈国金担任副主编，杨婧和薛蔚参编。主编、副主编负责全书的总体结构设计，大纲的拟定；初稿的修改、补充、编撰，统纂和定稿均由李成云完成。各章编写分工如下：李成云执笔前言和第五、七、八、十一章，陈国金执笔第二、三、四、六章，杨婧执笔第九、十章，薛蔚执笔第一、十二章。本书的编写得到贵州财

经大学和贵州财经大学会计学院的大力支持。本书在编写过程中参阅了大量中外书籍和
文献，在此，一并表示衷心的感谢！

在编写过程中，我们虽然在体例和内容上做了较大的努力，但由于时间和水平有限，
不妥之处在所难免，敬请读者批评指正，以便再版时进行修改、补充。

编　者

2017 年 1 月

目 录

第一章

总　论

【本章学习目标】通过本章的学习，应了解管理会计产生和发展的历史，理解管理会计的含义，培养对管理会计的学习兴趣，掌握管理会计的特征和职能，了解管理会计的专业机构及管理会计师的地位和职业道德要求。

■ 第一节　管理会计的产生与发展

一、管理会计的产生

马克斯·韦伯曾指出：以合理的资本会计制度作为公司的管理标准，是资本主义企业存在最起码的先决条件。社会经济的发展要求加强企业管理，19 世纪末 20 世纪初，第二次工业革命促使企业生产规模扩大，企业间的竞争日益激烈，企业的生存和发展不仅取决于产量，更取决于成本高低。此外，工业企业中重型机械设备比重越来越大，产品制造程序也越加复杂，为了克服当时粗放式的经营带来的资源浪费等问题，所有者和经营者着手研究相关问题，"科学管理"方式应运而生，管理会计的实践萌生。1911 年，泰勒的著作《科学管理原理》问世，书中对标准化管理制度的确定，为"标准成本制度"奠定了思想和理论基础，该理论认为对于完成每项工作来说总存在着一个"最佳途径"，管理的职责在于为工作提供明确的指导，选拔最适合该项工作的工人来完成这项工作，并用最有效的方法对这些工人进行培训，如果工人生产产品的产量达到最大化、最有效率的话，那他就会得到最大的报酬。随后，"标准成本控制"与"预算控制"和"差异分析"方法的产生及应用为管理会计的发展奠定了基础。

二、管理会计的发展

现代管理会计在 20 世纪 50 年代以后得到迅速发展，至今已形成了管理会计的理论体系和方法体系。第二次世界大战以后，科学技术日新月异，生产力获得迅猛发展，企业规模不断扩大，跨国企业大量涌现，随之而来的是企业间更加激烈的竞争。这促使企业的生产经营发生了很大变化，企业开始利用行为科学研究的成果来改善人际关系、调动职工的主观能动性，广泛推行职能管理，同时，产品生产从最初单品种大批量生产转为按客户要求的多品种小批量生产，在市场方面，企业逐渐重视市场调研，加强了生产经营的预测和决策。此外，近些年，计算机技术的迅速发展推动了企业生产经营管理的变革，也促使了管理会计发展方向的变化。

1952 年在伦敦举行的会计师国际代表大会第一次在会计学术界正式提出"管理会计"这一概念，标志着会计正式划分为财务会计和管理会计两个领域。管理会计在此期间的发展方向如下：

（1）原本以标准成本为主要内容的管理会计不再只局限于成本控制，进一步发展为全面控制。1950 年，H. B. 艾尔曼在《与责任会计相关联的基本企业计划》中把管理人员的责任和管理会计相结合，充分利用行为科学理论和管理控制理论中的责任会计，将责、权、利结合起来，考核责任中心的业绩，从而进行激励。

（2）管理会计开始强调预测和决策的职能。管理的关键在于决策，而决策的基础在于预测，这一阶段各种预测和决策的理论与方法被广泛应用，形成了以预测和决策为主要特征并与管理现代化要求相适应的会计信息管理系统。

（3）20 世纪 80 年代，卡普兰和约翰逊出版了著作《相关性的遗失：管理会计兴衰史》，书中指出，目前的管理会计体系是几十年前的框架，这种过时的管理会计难以适应新环境下的企业管理要求，由于成本计算方法的僵化，企业的产品成本计算发生了扭曲，成本信息失真，管理会计信息失去了决策相关性。因此，许多学者将研究重心转移到以"作业"为核心的"作业成本会计"，并取得了丰富的研究成果，提高了管理会计信息与决策的相关性。

（4）外部环境的激烈竞争让人们意识到要精准地预测几乎是不可能的，在适应市场环境变化的基础上，人们开始关注战略管理。1981 年，著名管理学家西蒙首次提出了"战略管理会计"一词，战略管理是管理者确立企业长期目标，在综合分析全部内外相关因素的基础上，制定达到目标的战略，并执行和控制整个战略的实施过程。战略管理会计应包括市场份额的评估、战略预算的编制和竞争地位的变化研究等。

20 世纪 70 年代，我国企业开始吸收西方先进的管理经验，逐渐运用管理会计，但我国管理会计的理论研究历史很短。一般企业虽然已经充分运用了责任会计，但对其他方面知之甚少，会计人员缺乏运用管理会计的观念，相比财务会计，管理会计在我国还没有引起大多数企业的重视。20 世纪 80 年代我国会计学界曾经掀起学习管理会计的热潮，也有很多企业参与进来，成功运用了管理会计的方法，但是，由于当时我国还沿用计划经济模式下的管理方式，管理会计在实践中难以运用，其在我国的发展一度停滞。但随着近年来我国会计制度与国际惯例接轨，管理会计在我国的发展迎来了新的契机，借鉴发达国家成功的管理会计经验成为可能，我国管理会计的改革也将沿着企业环境的市场化展开。未来会计学者、管理者、会计师和工程师将共同努力合作，从我国的实际出发，积极探索一条适用于我国的管理会计之路，提高经济效益，让管理会计成为一门更加系统与完善的指导性和实用型科学。2014 年 10 月，财政部发布了《财政部关于全面推进管理会计体系建设的指导意见》，它标志着我国管理会计开始向规范化、科学化的道路推进，并为高水平、本土化的管理会计研究指明了方向。

第二节　管理会计的一般含义

一、管理会计的定义

自 1952 年国际会计师联合会（International Federation of Accountants，IFAC）年会上通过"管理会计"这一概念已过去多年，但管理会计的定义依然众说纷纭。

（一）狭义管理会计

狭义管理会计又称微观管理会计，认为管理会计是在当代市场经济条件下，以强化企业内部经济管理、实现最佳经济效益为最终目的，以现代企业经营活动及其价值表现为对象，通过对财务等信息的深加工和再利用，实现对经济过程的预测、决策、规划、控制、责任考核评价等职能的一个会计分支。20 世纪 20 年代至 70 年代，国外学术界都是从狭义的角度来理解管理会计的。

1958 年，美国会计学会管理会计委员会对管理会计做出了如下定义：管理会计是指在处理企业历史和未来的经济信息时，运用恰当的技术和概念来协助管理人员制订能达到合理经营目的的计划，并做出能达到上述目标的决策。

1966 年，美国会计学会发布了《基本会计理论》，认为管理会计就是使用恰当的技术和理论，对经济主体的实际经济数据和预计的经济数据进行处理，以帮助管理人员制定合理的经济目标，并为实现该目标而进行合理决策。

从以上对管理会计的定义可以看出：管理会计的主体是企业；管理会计是为企业管理当局的管理目标服务的；管理会计是一个信息系统。

在国内，学者对管理会计的定义也不同。汪家佑教授认为管理会计是西方企业为了加强内部经济管理，实现利润最大化这一企业经营目标的最终目的灵活运用多种多样的方式方法，收集、储存、加工及阐明管理当局合理地计划和有效地控制经济过程所需要的信息，围绕成本、利润、资本三个中心，分析过去、控制现在、规划未来的一个会计分支。李天明教授认为管理会计主要是通过一系列专门方法，利用财务会计提供的资料及其他有关资料进行整理、计算、对比和分析，使企业各级管理人员能据此对日常发生的一切经济活动进行规划与控制，并帮助企业领导进行各种决策的一整套信息处理系统。余绪缨教授认为管理会计是将现代化管理与会计融为一体，为企业的领导者和管理人员提供管理信息的会计，它是企业管理信息系统的一个子系统，是决策支持系统的重要组成部分。虽然上述定义有一定差异，但和西方狭义的管理会计概念大体是一致的。

（二）广义管理会计

1982 年，英国成本与管理会计师协会将管理会计的范围扩大到除审计以外的所有会计分支,将管理会计定义如下:向管理当局提供所需要信息的那一部分会计工作,使管理当局得以确定方针政策;对企业的各项活动进行计划和控制,保护财产安全;向企业外部人员反映财务状况;对企业的各项活动进行计划并对各个行动的备选方案做出决策。这个定义将财务会计也纳入了管理会计的范畴。

1986年,全美会计师协会管理会计实务委员会对管理会计的定义也将管理会计扩大到一个广义的范围,其定义为管理会计是向管理当局提供用于企业内部计划、评价、控制以及确保企业资源的合理使用和经管责任的履行所需的财务信息,确认、计量、归集、分析、编报、解释和传递的过程。管理会计还包括编制供诸如股东、债权人、规章制定机构及税务当局等非管理集团使用的财务报表。并指出,管理会计同样适用于非营利的机关团体。上述定义中,财务信息包括用于解释实际和计划的商业活动、经济环境以及资产与负债的估价的因果关系所必需的货币性及非货币性信息。

可以看出,广义管理会计定义的基本要点如下:管理会计以企业为主体展开其管理活动;管理会计既为企业管理机关的管理目标服务,同时也为股东、债权人、规章制度制定机构及税务机关等非管理当局服务;管理会计作为一个信息系统,它所提供的财务信息包括用来解释实际和计划所必需的货币性及非货币性信息;从内容上看,管理会计既包括财务会计,又包括成本会计和财务管理。广义管理会计的口径过于宽泛,界限有些模糊,因此,本书主要围绕狭义的管理会计进行讨论。

二、管理会计的基本内容

管理会计的内容几乎涉及了企业生产经营管理的各个领域和环节。一般我们认为,管理会计的基本内容包括预测分析、决策分析、全面预算、成本控制和责任会计等。其中预测分析和决策分析可以归为预测决策会计,而全面预算和成本控制可以合为规划控制会计。预测决策会计、规划控制会计和责任会计进一步整合可以分为"规划与决策会计"及"控制与业绩评价会计"。

1. 规划与决策会计

规划会计主要包括全面预算管理体系,而全面预算就是把企业的全部经济活动的总体计划用数量和表格的形式反映出来。

决策会计主要由预测分析体系和以短期经营决策、长期投资决策为主的决策分析体系组成。

2. 控制与业绩评价会计

控制会计主要由成本控制体系、风险管理体系和内部控制体系构成。成本控制根据成本决策与成本预算所确定的目标和任务,以及实际经营活动的数据,对生产经营过程进行控制,以保证企业目标和任务的完成。风险管理是企业对各种可能发生的风险进行控制和管理,使企业的风险在可接受程度的持续过程,它包括对风险的度量、评估和应变策略。内部控制是指由企业董事会、管理层和全体员工共同实施的,旨在合理保证实现企业基本目标的一系列控制活动。

业绩评价会计主要包括业绩评价系统和薪酬激励机制。业绩评价系统主要由评价主体、评价客体、评价目标、评价指标、评价标准、评价方法和评价报告七大要素组成。薪酬激励机制是企业为了引导管理层和员工更好地为企业服务，以业绩评价为依据建立的各种有效的薪酬激励制度。

三、管理会计的主要特点

管理会计是社会化大生产高度发展的产物，是从传统的会计体系中分离出来，与财务会计并列存在的会计信息子系统。与传统财务会计相比，管理会计的主要特点如下：

（1）管理会计的重点是规划未来，同时切实地控制现在。而财务会计侧重于对过去的核算和监督。

（2）管理会计主要为企业内部管理者提供信息服务，是对内报告会计。财务会计主要面向外部利益相关者，是对外报告会计。

（3）管理会计不受会计准则和会计制度的约束，灵活性强。财务会计必须严格遵守会计准则和会计制度。

（4）管理会计侧重于满足内部管理需要，其报告编制时间不受会计期间的限制。财务会计要按照一定的期间编制报告。

（5）管理会计的主体可分为多个层次，可以以整个企业作为主体，也可以将企业内部的局部区域或个别部门甚至某一管理环节作为主体。财务会计通常都是以整个企业为主体的。

（6）管理会计中除了货币度量，还采用了大量非货币度量，在运用简单的数量分析的基础上还会涉及各种经济数学模型，计算方法复杂多样。财务会计以统一货币为计量单位，涉及的计算通常较为简单。

（7）管理会计主要面向未来，未来的不确定因素较多，因此管理会计提供的信息达不到绝对准确。财务会计主要反映已发生或正在发生的经济活动，其精确性比较高。

四、管理会计的职能

1. 预测职能

管理会计主要运用历史和当前的信息，对其进行科学的整理加工，在充分考虑经济规律和经济条件的基础上，有目的地对未来经济活动的发展进行预测，为企业的经营管理决策提供依据。

2. 决策职能

决策是管理会计的一项重要职能，管理会计的决策职能主要体现在根据企业决策目标收集、整理有关信息资料，选择科学的方法计算有关长短期决策方案的评价指标，并做出正确的财务评价，最终筛选出最优的行动方案。

3. 计划职能

管理会计的计划职能具体来说是通过编制预算实现的，通过编制全面预算，为今后的生产经营管理确定目标和任务，促进各部门之间的沟通交流，统一部门目标和企业目标，同时，其也能作为衡量各部门业绩的尺度。

4. 控制职能

管理会计的控制职能主要体现在依据编制预算所确定的目标，通过对实际和预算的差异分析，对企业各种生产经营活动进行调节监督，从而确保预算目标实现。

5. 分析职能

分析职能是指管理会计对企业的经济活动进行事后分析。通过事后分析能够及时总结经验教训，为决策提供可靠的依据。

6. 考核职能

考核职能主要通过责任会计制度实现。定期对预算完成情况和原定目标进行对比，定期考核各个责任中心预算完成情况以及与预定目标进行对比，评价其工作成效，据此实施奖罚，从而激励员工，确保企业最终经营目标的实现。

第三节　管理会计工作组织

一、管理会计专业机构

在管理会计发展的这些年间，为了更好地发挥管理会计师的职能，更有效地提高企业经营管理水平，在经济发展模式已较为成熟的西方国家，如英国和美国，管理会计的职业化和专业化程度达到了相当高的水平，这主要体现在这些国家拥有管理会计的专业机构、定期组织管理会计师资格考试等。世界上影响力较大的管理会计专业机构是英国特许管理会计师公会（Chartered Institute of Management Accountants，CIMA）和美国管理会计师协会（Institute of Management Accountants，IMA）。

CIMA 成立于 1919 年，总部位于英国伦敦，是全球最大的国际性管理会计师组织。2016 年，CIMA 已拥有超过 22 万名会员和学员，遍布 179 个国家和地区，CIMA 同时也是国际会计师联合会的创始成员之一。CIMA 与其他会计专业团体有很大的区别，它专注于管理会计师的培养和发展，适合并不满足于掌握传统财会技能的人，CIMA 资格不局限于会计内容，而是涵盖了管理、战略、市场、人力资源、信息系统等方方面面的商业知识和技能。通过 CIMA 三级认证考试并达到工作经验要求者可获得 CIMA 会员资格，成为特许管理会计师，可在其姓名之后加注 ACMA（Associate of the Chartered Institute of Management Accountants）；拥有三年决策管理高层工作经验的可以获得 FCMA（Fellow of the Chartered Institute of Management Accountants）专衔标志，成为 CIMA 资深会员。2014 年，CIMA 和美国注册会计师协会联合发布了《全球管理会计原则》，该原则体系经由 5

大洲、20 国的首席执行官（chief executive officer, CEO）、首席财务官（chief financial officer, CFO）、学术机构以及政府监管部门的磋商与反馈而最终定稿，意在提升组织在多变商业环境及信息过载背景之下的决策能力。

美国管理会计师协会是一家在全球有重要影响的国际性管理会计师组织，成立于 1919 年，由美国成本会计师协会（National Association of Cost Accountants, NACA）衍生而来。它在管理、财务及资讯系统等领域的贡献颇多，对会计、财务、资讯系统的理论建设和实务操作原则具有重大影响。作为全国反虚假财务报告委员会下属的发起人委员会（The Committee of Sponsoring Organizations of the Treadway Commission, COSO）的创始成员和国际会计师联合会的主要会员，美国管理会计师协会在管理会计、公司内部规划与控制、风险管理等领域均参与到全球最前沿事件。美国管理会计师协会于 1972 年开始举办注册管理会计师（certified management accountant, CMA）认证考试，通过注册管理会计师资格证书认证的考试并且符合美国管理会计师协会订立的学历和道德操守标准才能成为注册管理会计师。2014 年，美国管理会计师协会在北京举行了"中国管理会计年度峰会"，旨在全面推进管理会计体系建设，为企业探索管理会计实践提供思路。

二、管理会计师的地位

管理会计在西方的职业发展已有百年历史，目前管理会计师已经充分得到了企业的认可。成为 CIMA 会员，意味着能综合利用各类数据，为企业的经营和发展提供全面预算、财务分析、绩效评估、风险防范、组织管理及商业策略等方方面面的重要信息与切实方案，并且拥有丰富的实践经验，因此特许管理会计师能充分获得大公司的青睐。CIMA 的认证群体以企业会计人员和经理为主，重点提高他们参与经营管理和战略决策的能力，实现"财务支持战略决策，战略融于财务管理"，定位高端，注重实用性，其许多会员都是财务总监、总经理等高级商界领袖。在美国，注册管理会计师也越来越受到财务人员的重视，许多人同时拥有注册管理会计师和注册会计师证书，注册管理会计师已经成为美国年薪最高的财经专业资格之一，是晋升企业高管强有力的敲门砖。

三、管理会计师的职业道德

早在 1998 年，余绪缨教授对新型管理会计师就提出要不断加强自我修养，努力实现"宁静以致远，淡泊以明志"的思想境界要求。但中国管理会计起步较晚，各项制度规范不成熟，目前仍缺乏明确的职业道德规范。因此我们可以参考美国管理会计师协会职业道德行为准则来学习。

美国管理会计师协会认为道德是有关判断人类行为好与坏、对与错的一个领域，是有关决策制定的价值观的应用。这些价值观包括诚实、公平、责任、尊重和同情。

1. 能力

管理会计师有义务：

（1）通过不断丰富自己的专业知识和技能，保持与其职业能力相适应的专业水平。

（2）严格遵守相关法规、制度和专业标准履行其职责。

（3）提供准确、清晰、简明、及时的决策支持信息和建议。

（4）了解并沟通那些会妨碍职业判断和行为成功的专业限制或其他限制。

2. 保密

管理会计师有义务：

（1）除非得到所有者的同意或法律要求披露，否则不能披露工作中的机密信息。

（2）告知下属对工作中获得的机密信息予以保密，并监督他们的活动以确保信息的保密性。

（3）防止使用机密信息去谋求不道德或非法的利益。

3. 正直

管理会计师有义务：

（1）避免利益冲突，并对任何潜在的冲突向有关方面提出建议。

（2）避免参加任何有碍于正确履行职责的行为。

（3）放弃参加或支持任何有损职业信用的活动。

4. 客观

管理会计师有义务：

（1）公正、客观地交流信息。

（2）充分披露所有可能会影响使用者理解报告、说明书和建议书的信息。

（3）公布信息披露延误的原因和缺陷，披露信息处理或者内部控制与公司政策和法律不一致之处。

在运用职业道德准则时，管理会计师可能会面临重大的道德冲突问题，此时，管理会计师应遵循企业已制订的方案来解决这类问题。如果这些方案仍不能解决问题，管理会计师可以采取如下行动：

（1）与自己的直接上级讨论，如果他也涉及道德冲突，就应向更高一级的主管报告，如果问题没有得到满意的答复，可以与更高层的主管沟通，直到问题解决。如果直接上级是总经理或具有相当于总经理的职务，则应该由审计委员会、董事会等参与讨论。

（2）通过与管理会计师协会的道德咨询部门或其他外部咨询顾问私下交流，获得可接受的解决方案。

（3）向律师咨询自己在这个道德冲突中的法律责任和权利。

【本章小结】

本章旨在让学生对管理会计有基本的认知，包括以下内容：管理会计形成于19世纪末20世纪初，通过对管理会计发展不同发展阶段的回顾，说明管理会计与社会经济发展的关系。分别说明狭义管理会计和广义管理会计的含义，阐述中外学术界对管理会计的定义；管理会计的基本内容可以归为规划与决策会计和控制与业绩评价会计；与财务会计相比，分析管理会计的七大特征；管理会计的职能主要包括预测、决策、计划、控制、分析和考核。世界上影响力比较大的管理会计专业机构是 CIMA 和美国管理会计师协会，目前注册管理会计师已经成为世界上最受欢迎的会计职业资格之一，注册管理会计师要遵守其职业道德。

【关键术语】

管理会计　广义管理会计　狭义管理会计　管理会计职能　规划与决策会计　控制与业绩评价会计　职业道德

【思考题】

（一）管理会计是如何产生的？其发展经历了哪些阶段？

（二）从狭义的角度，什么是管理会计？

（三）管理会计有什么特点？

（四）管理会计有哪些职能和主要内容？

（五）管理会计师的职业道德包括哪些内容？

【练习题】

（一）单项选择题

1. 传统管理会计的主要内容产生于（　　）。

A. 19 世纪末 20 世纪初　　　　　　　B. 20 世纪中期

C. 20 世纪 80 年代　　　　　　　　　D. 20 世纪 90 年代

2. 被称为对内报告会计的是（　　）。

A. 成本会计　　　B. 预算会计　　　C. 管理会计　　　D. 财务会计

3. 管理会计必须遵守（　　）。

A. 统一的会计制度　　　　　　　　　B. 会计法

C. 会计准则　　　　　　　　　　　　D. 以上都不对

4. 以下不属于管理会计特点的是（　　）。

A. 管理会计的主体多层次　　　　　　B. 管理会计精确度高

C. 管理会计的计算方法复杂多样　　　D. 管理会计注重规划未来

5. 管理会计人员的职业道德标准的构成是（　　）。

A. 能力、公正、客观、正直　　　　　B. 公正、客观、正直、保密

C. 能力、独立、客观、保密　　　　　D. 能力、保密、正直、客观

（二）多项选择题

1. 广义管理会计认为管理会计要提供（　　）。

A. 内部计划　　　　　　　　　　　　B. 财务报告

C. 内部控制　　　　　　　　　　　　D. 内部评价

2. 现代管理会计的基本内容有（　　　）。

A. 成本会计　　　　　　　　　B. 考核会计

C. 规划与决策会计　　　　　　D. 控制与业绩评价会计

3. 管理会计的职能包括（　　　）。

A. 预测　　　　　　　B. 控制　　　　　　　C. 决策

D. 计划　　　　　　　E. 分析　　　　　　　F. 考核

【案例分析】

中国兵器装备集团公司（简称兵装集团）成立于 1999 年 7 月，是中国最具活力的军民结合特大型军工集团之一。兵装集团拥有长安、天威等 50 多家企业和研发机构，培育出了长安汽车、天威变压器等一批知名品牌。在全球建立了 30 多个生产基地和营销网络，与福特、铃木、马自达、天合、雅马哈、标致雪铁龙等跨国公司建立了战略合作关系。2014 年，兵装集团主要经济指标列国防科技工业第一位，跻身世界企业 500 强、列第 169 位。对于规模如此大的一个企业，如何从全局角度来考虑，在集团内部及下属企业中推动管理会计体系建设成为难点，为此，兵装集团提出了从"四注重"角度来推动管理会计体系建设的思路和方法。

一、注重环境建设

环境是一切管理的基础和基本，兵装集团推进管理会计工作，首先就是整个管理会计环境的建设。环境建设的核心要素是"人"，围绕这一要素，兵装集团从"组织、人员、培训、学习"几方面入手，打造兵装集团管理会计的"宽"环境。一是组织搭建：从集团公司到成员单位都成立了企业主要负责人任组长的管理会计工作领导小组，集团公司层面，总经理亲自担任领导小组组长，同时组织专门力量成立推进办公室。在兵装集团，单位负责人是管理会计的主要需求者和推动者。二是人员配置：编制下发了《管理会计岗位及职责设置建议》，对成员单位管理会计组织机构建设和管理会计人员配备提供指引。明确要求成员单位财务机构中管理会计人员占比要逐年提高，到 2015 年年底，不低于 60%，并将这一指标逐年细化，纳入成员单位总会计师年度重点工作。三是分层培训：对成员单位负责人开展以管理会计理念为主的高层培训，对部门负责人和业务人员开展管理会计工具方法培训，对管理会计骨干人员进行实操培训，注重学用结合，提高管理会计工具应用水平。四是鼓励学习：兵装集团鼓励成员单位总会计师、财务、业务骨干进行管理会计知识学习。引入美国管理会计师协会培训认证体系，鼓励骨干财务人员参加考试培训，截至 2013 年年底，参考人数近 300 人，已有 98 人通过注册管理会计师全科考试。

二、注重规划指导

在推动管理会计体系建设过程中，重视集团公司整体作用的发挥，做到事前规划、事中控制、结果反馈，实现集团规划和企业实践相互支撑、相互印证。

1. 规划先行，严格落实

通过调查问卷、实地调研、管理诊断、专家论证等多种方式，制订了《管理会计体

系建设实施方案》并经集团公司总经理办公会审批通过。《管理会计体系建设实施方案》
从工作目标、工作内容、工作机制、推进步骤、保障措施等方面对 2012 年至 2015 年管
理会计体系建设工作进行了全面部署。同时，指导成员单位制订具体落实方案，并细化
为成员单位年度重点工作任务之一。

2. 紧贴业务，针对性选取工具

考虑集团制造业为主、产业激烈竞争与既有实施基础，以成本管理、预算管理、管
理决策和绩效评价为主要内容，按照规范化、标准化和信息化要求，选取了全面预算、
经营预测、内部管理报告、投资决策、标准成本、价值链成本管理、经济增加值（economic
value added，EVA）评价体系、平衡计分卡、客户盈利能力管理和作业基础管理十项管
理会计工具，其中前七项工具作为各单位必须推行的内容，在管理基础较好的单位则先
行导入平衡计分卡、客户盈利能力管理和作业基础管理。

3. 健全工作机制，确保推进效果

以集团公司和成员单位年度计划为牵引，实行月度总结、季度通报制度，做到有部
署、有检查、有考核。集团公司管理会计推进办公室定期或不定期对成员单位管理会计
推进情况进行督促和指导。在这个过程中，兵装集团就特别注重典型案例研究，通过案
例总结、经验交流、现场调研等多种方式，为成员单位搭建学习交流平台，总结和推广
成员单位管理会计推进的成功经验与做法。

三、注重方法选择

1. 以内部管理报告为抓手，突出管理会计的决策支持作用

传统的企业管理中，各种管理报告充斥其间，企业负责人很难在诸多报告中找到自
己所需要的东西，其关注的主要经营问题也很难在原有的报告中直接找到答案，所以怎
样为领导层提供能够呈现关键信息的内部报告就成为工作重点，如企业盈亏点在何种业
务，企业风险点在哪些环节，企业未来改善的出路在哪里。所以在方法选择上，针对企
业高层管理者的实际管理需求，兵装集团设计了以《盈利结构分析表》、《盈利路径管理
表》和《经济增加值驱动路径表》为重点的内部管理报告体系，将在传统财务报告中很
难直接找到答案的决策信息，通过管理会计视角进行直观展现，帮助经营者找出盈亏原
因，向经营者揭示盈利路径，为经营决策提供信息支持。

2. 编制《管理会计运用指导手册》，突出对管理会计推进的指导

针对在推行管理会计之初，大多数企业不太会用部分管理会计工具的局面，兵装集
团编写了《管理会计运用指导手册》，为成员单位运用管理会计工具提供操作方法和工具
指南。《管理会计运用指导手册》更多的是提供大量的表单、流程图、分析模板等"半成
品"，使成员单位能在短时间内将管理会计工具真正用起来。同时，兵装集团编制了《管
理会计运用指导手册》（精简版），向成员单位负责人介绍管理会计工具是什么、如何应
用以及能够发挥什么作用，使他们成为管理会计的需求方和推动者。

3. 试点先行，突出典型企业的标杆示范作用

兵装集团为每个管理会计工具选取 2~4 家试点单位，给予重点指导和支持。通过这

些单位的成功实践，积累和输出一些好的做法与经验，供其他单位学习借鉴，促进集团公司整体管理会计工具的应用。

4. 强调"个性化"，分类推进管理会计工作

兵装集团根据成员单位的不同业务特征和管理状况，建立了子集团管控型（资金集中型、运营管控型、一体化管理型）、批量生产型、项目管理型、资源再配置型等不同版本的管理会计推进方案，突出了不同版本管理会计应用的重点领域，增强了管理会计运用的针对性和有效性。在每个版本内选取具有代表性，且条件比较好的企业，先行一步建立管理会计体系，并总结成功经验，逐步实现全面推广。

5. 加强评价管理，突出持续改进

兵装集团根据管理会计推进的实际情况，制定相应的评价办法，分层级对成员单位管理会计的实施进度和实施效率进行评估。

四、注重业务实践

1. 建立战略牵引、价值导向、业务驱动、闭环运行的全面预算管理平台

集团层面：利用全面预算整合相关管理会计工具，促进经营预测、标准成本、投资决策、管理报告、EVA 等管理会计工具与全面预算的整合运用。在企业实践层面：一是从基础入手，实现全面预算管理全覆盖。二是推进业务财务相融合，明确部门职责与业务活动是全面预算的基础和起点；预算"做细"，将预算编制的标准明确、细化，预算职责明确，将全面预算职责分解到业务部门。三是推行月度滚动预算。

2. 重成本管理，在广度和深度上不断拓展成本管理

一是拓展成本管理范围，坚持成本管理向"前"延伸，突出设计源头控制成本，向成员单位推广长安汽车面向成本的设计（design for cost，DFC）经验；二是通过标准成本法、作业成本法等管理会计工具的应用，坚持成本管理向"下"深化，实现班组改善来降低成本，不断提高成本管理精细化水平；三是发挥成本管理信息对产品定价、盈利性分析、投资评价等方面的决策支撑作用。

3. 融合对标、分类、EVA、短板、"两段式"评价为一体的多层次绩效评价体系基本建立

结合管理会计工具的运用，注重绩效评价的引领作用，引导资源有效配置，促进企业科学决策，客观评价企业业绩。一是以对标评价初定绩效等级，引导企业与市场和主要竞争对手博弈；以经营业绩评价（财务指标）和分类评价（非财务指标）最终确定绩效等级。二是重视价值评价，工业企业 EVA 考核权重达到 40%，强调资本有偿使用，强调主业盈利，鼓励战略投入（考核中加回利润），指导企业深入分析 EVA驱动因素，层层落实价值创造责任，这一做法已经持续了八年左右。三是推行短板评价，按照"缺什么就重点考核什么"的思路，提高绩效评价的针对性和有效性。四是实行预算目标与预算执行"两段式"评价企业经营业绩，完善预算闭环管理，提高预算管理水平。

（资料来源：《新理财》）

【参考文献】

亨格瑞 C T，森登 G L，斯特尔顿 W O，等. 2012. 管理会计教程[M]. 第 15 版. 潘飞，沈红波译. 北京：机械工业出版社.

邱玉莲，窦炜. 2013. 管理会计学[M]. 第二版. 北京：经济管理出版社.

孙茂竹，文光伟，杨万贵. 2012. 管理会计学[M]. 第六版. 北京：中国人民大学出版社.

吴大军. 2013. 管理会计[M]. 第三版. 大连：东北财经大学出版社.

杨洁. 2012. 管理会计[M]. 北京：清华大学出版社.

第二章

成本性态分析

【**本章学习目标**】本章介绍成本的一些分类方法，并对成本按性态分类、混合成本分解进行较为深入的分析。学习本章，应理解成本的主要分类，掌握固定成本、变动成本、混合成本的含义、特征和种类，掌握混合成本分解的方法，为后面的学习做好准备。

■ 第一节　成本分类概述

一、成本概念

成本（cost）是经济活动中的一个重要概念。按照马克思主义经济学，成本是凝结在商品中的价值，是物化劳动转移的价值（c）和活劳动中劳动者为自己的劳动所创造的价值（v）的合计，即成本=$c+v$。在财务会计中，成本是指取得资产或劳务所发生的各项支出，它们一般由会计制度或会计准则来规范，与上述 $c+v$ 不完全相同，可称之为"制度成本"或"会计成本"。

在管理会计中，成本在不同的情况下有不同的含义。一般来说，管理会计特别看重成本形成的原因和成本发生的必要性，而不太看重成本发生的时态，在管理会计中成本及其度量与企业管理当局的决策有很强的相关性，成本可以是过去的、现在的，也可以是将来的。因此，从管理会计的角度看，成本是指企业在生产过程中对象化的、以货币表现的、为达到一定目的而应当或可能发生的各种经济资源的价值牺牲或代价。

二、成本分类

成本可以按照不同的标准进行分类。

（一）成本按经济用途分类

成本的经济用途是指成本在经济管理活动中所起的作用。成本按经济用途可以分为制造成本（manufacturing cost）与非制造成本（non-manufacturing cost）。

（1）制造成本，也称生产成本，是生产过程中为制造产品而发生的成本，包括直接材料成本（简称直接材料）、直接人工成本（简称直接人工）和制造费用。

直接材料，是在产品生产过程中直接构成产品实体的材料成本。

直接人工，是指在产品生产过程中对材料直接进行加工使之变成产品所耗用的人工成本。

制造费用，是在生产过程中发生的不能归入上述两个成本项目的其他成本支出，包括间接材料成本（简称间接材料）、间接人工成本（简称间接人工）和其他间接费用。

其中，直接材料与直接人工之和又称为"主要成本"，直接人工与制造费用之和又称为"加工成本"。

（2）非制造成本，是指在企业内发生的与产品制造没有直接关系的成本，包括销售费用、管理费用。

销售费用，是指在销售过程中为推销产品而发生的各项费用，如广告宣传费、送货运杂费、销售佣金、销售人员工资、销售部门的其他费用等。

管理费用是指企业行政管理部门为组织和管理本企业的生产经营活动而发生的各项费用，如管理人员薪酬、折旧费、办公费、保险费及财务费用等。

（二）成本的其他分类

（1）成本按发生时间分类，可分为历史成本和未来成本。历史成本是过去或现在实际已经发生了的成本，财务会计中所说的实际成本即历史成本；未来成本是将来可能发生的成本，是一种预计成本。

（2）成本按对产品的可归属性（可辨认性）分类，可分为直接成本和间接成本。直接成本是指能够合理地确认与某一特定产品的生产有直接联系，因而能够明确判断其归属的成本，如直接材料、直接人工；间接成本则是指那些不能确定其与特定产品的生产有直接联系，因而需要先进行归集，再按一定标准分配到各承担对象上的成本，如制造费用。

（3）成本按可控性分类，分为可控成本和不可控成本。凡成本的发生属于某个特定责任单位的权责范围内、能为该责任单位控制的，叫做该责任单位的可控成本；反之，成本的发生不属于某个特定责任单位的权责范围，不能为这个责任单位所控制，叫做该责任单位的不可控成本。

（4）成本按与决策的关系（相关性）分类，可分为相关成本与非相关成本。相关成本是与特定决策有关的未来成本；非相关成本则是与特定决策没有直接关系的成本。

（5）成本按可盘存性分类，可分为产品成本和期间成本。产品成本是同产品生产有着直接联系、随产品流动而流动的成本，它们汇集于产品，可在期末进行盘点、构成资产价值，并能递延到下一个会计期间，如直接材料、直接人工和变动制造费用；而期间成本是指随企业生产经营持续期间的长短而增减的成本，它们不会随产品流动而流动，不能计入资产价值，其效益会随着时间的推移而消逝，不会递延到下一个会计期间，如销售费用、管理费用。

第二节　成本按性态分类

前面我们介绍了成本的一些分类方法，实际上，在管理会计中成本还有一种重要的分类方法，即按性态进行分类。

成本性态是指成本变动与业务量变动之间的依存关系。即是说，当业务量发生变动时，成本会不会变动？如果成本要变动，那么会怎样变动？

如果我们将业务量 x 看做自变量，那么成本 y 与业务量的这种依存关系实际上可以看做一种函数关系，即 $y = f(x)$。

成本按其性态，可以分为固定成本、变动成本和混合成本。成本的这种分类，有利于揭示成本与业务量之间的关系，便于有效地控制和分析成本，并为变动成本计算、本量利分析和经营决策等奠定基础。

一、固定成本

（一）固定成本定义

固定成本是在相关范围内总额不会随着业务量的变动而变动的成本。此处的相关范围，从时间上来看是指特定的会计期间，从空间上来看是指特定的业务量范围。也就是说，在某个特定的时空范围内，当业务量发生变动时，这类成本保持不变，即

$$y = a$$

式中，a 为一个常数。这就是固定成本的性态模型，或者说是固定成本的成本函数。

（二）固定成本的特征

（1）总额具有不变性：$y = a$。

（2）单位额具有反比例变动性：$y = a/x$（式中，x 表示业务量）。

以业务量为横轴、以成本为纵轴，建立直角坐标系，则在坐标图上表示出来，固定成本总额是一条平行于横轴的直线，而单位固定成本为一条反比例曲线，如图 2-1 所示。

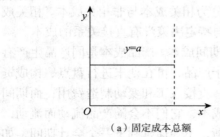
（a）固定成本总额

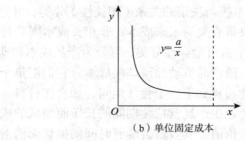
（b）单位固定成本

图 2-1　固定成本

【例 2-1】 某企业拥有生产能力为年产甲产品 10 000 件，每年按直线法计算的固定资产折旧为 30 000 元。折旧费用资料见表 2-1。

表 2-1 折旧费用资料

年份	实际产量/件	折旧总额/元	单位产品折旧额/元
20×1	3 000	30 000	10.00
20×2	5 000	30 000	6.00
20×3	6 000	30 000	5.00
20×4	8 000	30 000	3.75
20×5	9 000	30 000	3.33
20×6	10 000	30 000	3.00

可见，只要实际产量不超过 10 000 件（相关范围），那么该企业利用现有的机器设备就完全可以生产了，不需要追加固定资产，因此折旧总额保持不变。另外，随着产量的变动，单位产品负担的折旧额却反比例变动。

（三）固定成本种类

（1）约束性固定成本：是提供和维持生产经营所需设施、机构而支出的成本。这类固定成本对企业生产经营能力的形成及维持起着约束作用，企业要形成一定的生产经营能力就必须发生这些成本；反之，如果企业不想发生这些成本，那么企业生产经营能力就不能形成和维持。因此约束性固定成本又称为"经营能力成本"，这也是一种客观性的固定成本，如厂房、机器设备的折旧费、财产税、保险费、管理人员薪金、照明费、取暖费等。

（2）酌量性固定成本：是指为完成特定活动而支出的成本。这类成本一般会受到企业管理者短期决策行为的影响，其发生与否、发生多少，均由管理者主观决定，因此，这是一种主观性的固定成本。典型的有研究开发费、广告宣传费、职工培训费、经营租赁费等。

二、变动成本

（一）变动成本定义

所谓变动成本，是指在相关范围内其总额会随着业务量的变动而正比例变动的成本。也就是说，在某个特定的时空范围内，当业务量 x 发生变动时，这类成本将随之正比例变动。即变动成本函数为一个正比例函数：

$$y = bx$$

式中，b 为比例系数，即单位变动成本。这就是变动成本的性态模型，或者说是变动成本的成本函数。

（二）变动成本的特征

（1）总额具有正比例变动性：$y = bx$。

（2）单位额具有不变性：$y = b$。

在横轴为业务量、纵轴为成本的坐标图上表示出来，变动成本总额是一条从原点发出的直线，而单位变动成本为一条平行于横轴的直线，如图 2-2 所示。

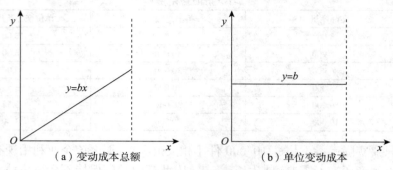

（a）变动成本总额　　　　　　（b）单位变动成本

图 2-2　变动成本

【例 2-2】　某厂生产一种产品，每件产品的变动生产成本（直接材料、直接人工、制造费用合计）为 100 元，则产量在一定范围内变动对成本的影响如表 2-2 所示。

表 2-2　变动成本资料

产量/件	总成本/元	单位成本/元
1 000	100 000	100
2 000	200 000	100
3 000	300 000	100
4 000	400 000	100
5 000	500 000	100

可见，当产量从 1 000 件增加到 5 000 件时，该项成本总额也从 100 000 元增加到 500 000 元，而单位成本仍然保持 100 元。

三、混合成本

（一）混合成本定义

混合成本是指介于固定成本与变动成本之间的成本。这类成本的特征是，其发生额虽随业务量变动而变动，但其变动的幅度并不同业务量的变动保持严格的比例关系。也就是说，这类成本既不是固定成本，又不是变动成本，它是介于固定成本与变动成本之间的一种成本，实际上同时包含固定与变动两个因素，是固定与变动两种成本混合在一起形成的成本。

（二）混合成本种类

（1）半变动成本。这类成本的特征是它有一个初始量，即当业务量为零时成本就已经存在了，以后随着业务量的增加，成本总额也随之增加，如图 2-3 所示。

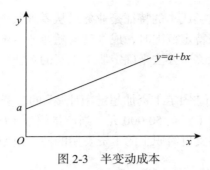

图 2-3　半变动成本

可以看出，半变动成本明显地是由一个固定成本（初始量）与变动成本（增量）混合在一起共同组成的，因此，也称"标准式混合成本"，其性态模型可以用固定成本加上变动成本明确地表示出来：

$$y = a + bx$$

在企业中，机器设备的维护保养费、热处理设备能源消耗费、电话费、其他公共事业费、销售人员薪酬等，均属于半变动成本。

【例 2-3】　某企业有一台热处理设备，在对产品进行热处理加工时其电费由两个部分构成：加工前首先要对设备预热 5 分钟，耗电 100 千瓦时；预热完成后，每加工一件产品需耗电 200 千瓦时。企业执行工业电价，每千瓦时电 0.65 元。则加工 x 件产品的总电费为

$$y = 65 + 130x$$

（2）半固定成本。这类成本的特征是其总额依次在不同业务量水平上保持相对固定，即当业务量在某个特定范围内变动时，成本总额保持不变；当业务量突破该特定范围而进入一个新范围时，成本总额就跳跃式上升，然后又保持不变，直到业务量再次突破这一新范围时才又一次跳跃式上升，就像阶梯一样。因此，半固定成本也称"阶梯式混合成本"。

在企业中，化验员、检验员的工资，以及受开工班次影响的动力费、整车运输费等，均属于此类成本。

【例 2-4】　某企业生产中需对产品质量进行检验。根据实践经验，每个检验员每天最多只能检验 200 件产品，每个检验员的月工资为 3 000 元。则企业产品检验人员的工资总额在不同产量水平下就呈阶梯式变动，如图 2-4 所示。

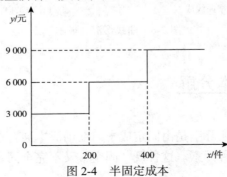

图 2-4　半固定成本

（3）延伸变动成本。这类成本的特征是业务量从零到某个特定范围变动时成本总额保持不变，当业务量超过该特定范围时，成本就会随业务量的变动而同向均匀地变动。采用"固定工资加超定额计奖"办法来确定职工工资的企业，其工资费用就属于延伸变动成本。

【例 2-5】 某企业实行"固定工资加超定额计奖"的工资制度。当每月产量在 1 000 件内时，支付给职工的基础工资是 50 000 元，当产量超过 1 000 件时，再根据超产数量支付给超产奖励。则该公司支付给职工的工资费用的性态模型如图 2-5 所示。

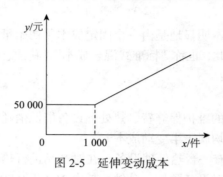

图 2-5　延伸变动成本

（4）曲线形混合成本。这是指成本总额与业务量之间表现为非线性关系的成本。这类成本通常有一个初始量，相当于固定成本，在这个初始量的基础上，随着业务量的变动，成本也相应不均匀地变动，成本性态模型表现为一条曲线。这类成本中，有的随业务量的增加而增加，且成本的增长率高于业务量的增长率，通常称之为"递增曲线成本"，如累进计件工资和各种违约金、罚金等；有的虽然随业务量的增加而增加，但成本的增长率低于业务量的增长率，通常称之为"递减曲线成本"。曲线形混合成本如图 2-6 所示。

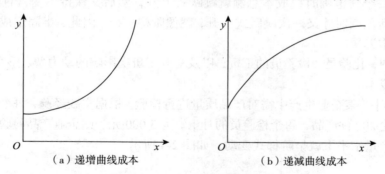

图 2-6　曲线形混合成本

■ 第三节　混合成本分解

如前所述，混合成本实际上是由固定成本与变动成本混合在一起而形成的成本，它同时包含了固定和变动两种因素。这种既"固定"又不完全固定、既"变动"又不完全变动的成本，同业务量之间的依存关系不够明了，不便于企业管理者对成本做出正确的分析判断，以及进行变动成本计算及本量利分析，因而不能满足企业内部管理的需要。为此，必须采用一定的方法对混合成本进行适当的分解，将其所包含的固定部分与变动部分分离出来，并分别归属于固定成本与变动成本之中，以正确反映一定期间企业全部成本与业务量之间的依存关系。

对混合成本进行分解，一般可以采用高低点法、散布图法或回归直线法。

一、高低点法

所谓高低点法，是以相关范围内成本随业务量变动的历史数值中高点和低点的连接直线代表混合成本线，通过确定该直线的方程来推算混合成本中固定成本与变动成本的方法。这种方法的主要特点，是通过高、低点成本之差和高、低点业务量之差来推算混合成本中的固定成本与变动成本。

在高低点法中，对高点和低点的选取，通常约定以业务量的大小作为标准，高点是指业务量最大的点，以 $M(x_H，y_H)$ 表示；低点是指业务量最小的点，以 $N(x_L，y_L)$。

设连接 M、N 点的直线为 $y=a+bx$，该直线方程近似地代表了混合成本的成本函数。由于 M、N 点在直线上，故必满足直线方程，即有

$$y_H=a+bx_H$$
$$y_L=a+bx_L$$

解此方程组得

单位变动成本 $b=\dfrac{y_H-y_L}{x_H-x_L}=\dfrac{\Delta y}{\Delta x}$

固定成本 $a=y_H-bx_H=y_L-bx_L$

于是，混合成本的成本函数（即性态模型）即为直线方程 $y=a+bx$。

【例 2-6】　企业 20×6 年上半年维修成本的历史数据如表 2-3 所示。

表 2-3　维修成本历史数据

月份	1	2	3	4	5	6
工时/小时	600	700	850	1 000	960	900
维修成本/元	10 000	11 500	13 500	15 000	14 500	14 000

根据历史成本数据，找出高点与低点如表 2-4 所示。

表 2-4　高、低点资料

项目	工时/小时	维修成本/元
高点	1 000	15 000
低点	600	10 000
差额	400	5 000

于是：

$$b = \frac{y_H - y_L}{x_H - x_L} = \frac{\Delta y}{\Delta x} = \frac{5\,000}{400} = 12.5（元）$$

$$a = y_H - bx_H = 15\,000 - 12.5 \times 1\,000 = 2\,500（元）$$

从而可以得到维修成本的性态模型为 $y = 2\,500 + 12.5x$，利用该模型，还可以进行 600~1 000 工时相关范围内维修成本的预测。假定 20×6 年 7 月预计维修工时为 800 小时，则 7 月的维修成本预测值为

$$y = 2\,500 + 12.5 \times 800 = 12\,500（元）$$

高低点法虽然具有运算简便的优点，但它仅以高、低两点来决定成本的性态，可能会使建立的成本性态模型不具有代表性。因此这种方法一般只适用于各期成本变动趋势较为稳定的的情况。

二、散布图法

散布图法是将观察到的若干期成本随业务量变动的历史数据标注于坐标图上，然后用目测的方式画出一条尽可能靠近所有坐标点的直线作为成本线，进而据此直线来推算混合成本中的固定成本和变动成本的方法。

散布图法的基本步骤如下。

第一，描点。以业务量为横轴、成本为纵轴建立直角坐标系，并将各期业务量与成本形成的历史数据在坐标系中描绘出来，形成一系列散布点。

第二，画线。通过目测画出一条直线，使其尽可能靠近上述所有散布点，并至少要通过一个散布点。

第三，确定固定成本 a。将第二步画出的直线向纵轴方向延伸，其与纵轴必然交于一点，读出交点的读数，即为固定成本数值 a。

第四，确定单位变动成本 b。假定第二步所画的直线经过第 i 个散布点，该散布点的坐标为（x_i, y_i），则其必然满足直线方程：

$$y_i = a + bx_i$$

于是，可解出：

$$b = (y_i - a)/x_i$$

有了 a、b 的值，则可建立起混合成本的性态模型 $y = a + bx$。

散布图法的主要优点在于全面考虑了已知的所有历史成本数据，比较直观，易于理解，但由于目测画出的成本线具有一定的主观性，混合成本分解的结果往往会因人而异。

三、回归直线法

回归直线法是指根据一系列历史成本资料，应用数学上的最小二乘法原理，确定能代表成本变动与业务量变动之间相互关系的回归直线，利用回归直线确定混合成本中的

固定成本与变动成本的方法。

设回归直线方程为 $y = a + bx$，直线及各观察点在坐标图中的关系如图 2-7 所示。

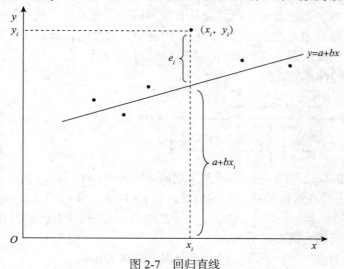

图 2-7　回归直线

假设第 i 个观察点的坐标为（x_i, y_i），这就是说，当业务量为 x_i 时，混合成本的实际值是 y_i，但是，回归直线所反映出的混合成本却为 $a+bx_i$。于是，当业务量为同一个数值 x_i 时，回归直线反映的成本与实际成本之间就出现了一个误差：$e_i = y_i - (a + bx_i)$。

由于观察点可能在直线上方，也可能在直线下方，实际成本与回归直线确定的成本之间的误差 e_i 可能为正值，也可能为负值，因此，我们将上述误差取平方，然后求和，得到

$$S = \sum_i e_i^2 = \sum_i \left[y_i - (a + bx_i) \right]^2$$

显然，只要 S 能取到极小值，便能保证每一个误差 e_i 都达到最小，从而使回归直线与各观察点靠得最近，这样，该回归直线的方程也就可以作为混合成本的性态模型，而直线方程中的两个参数 a 和 b 就成为混合成本中的固定成本与变动成本了。那么，S 能否取到极小值呢？这时，可以利用数学中的微分极值原理进行计算。

S 是一个二元函数，其取极值的必要条件是分别关于 a、b 的一阶偏导数为零，即

$$\frac{\partial S}{\partial a} = -2 \sum_i \left[y_i - (a + bx_i) \right] = 0$$

$$\frac{\partial S}{\partial b} = -2 \sum_i x_i \left[y_i - (a + bx_i) \right] = 0$$

解上述两个方程组成的联立方程组，得到

$$\begin{cases} b = \dfrac{n \sum\limits_i x_i y_i - \sum\limits_i x_i \sum\limits_i y_i}{n \sum\limits_i x_i^2 - \left(\sum\limits_i x_i \right)^2} \\[4mm] a = \dfrac{\sum\limits_i y_i - b \sum\limits_i x_i}{n} \end{cases}$$

有了 a、b 的值，就可以建立混合成本的性态模型：$y=a+bx$。

回归直线法比前面两种方法更为精确，但使用回归直线法来进行混合成本的分解有一个前提，即成本 y 与业务量 x 之间应具有较密切的线性关系，只有如此，通过回归方程反映成本变动趋势才有意义。因此，在采用这种方法之前，需要先计算混合成本 y 与业务量 x 之间的相关系数 r，以判断它们之间的线性密切程度。

相关系数 r 的计算公式为

$$r=\frac{n\sum_i x_i y_i-\sum_i x_i \sum_i y_i}{\sqrt{\left[n\sum_i x_i^2-\left(\sum_i x_i\right)^2\right]\left[n\sum_i y_i^2-\left(\sum_i y_i\right)^2\right]}}$$

相关系数 r 的取值范围一般在 -1 到 1 之间。当 $r=-1$ 时，x 与 y 完全负相关；当 $r=0$ 时，x 与 y 之间不存在线性关系，为零相关；当 $r=1$ 时，x 与 y 完全正相关。

在实际应用中，当 $r\to1$ 时，说明 x 与 y 之间有比较密切的线性关系，这时，可以用回归直线法来进行混合成本的分解。

下面举例说明应用回归直线法进行混合成本分解的步骤。

【例 2-7】 某工厂的历史成本数据表明，维修成本在相关范围内的变动情况如表 2-5 所示。

表 2-5 某厂维修成本资料

机器工时/1 000 小时	22	23	19	12	9	7	11	14
维修成本/万元	23	25	20	15	11	10	14	18

要求：

（1）用回归直线法进行维修成本的分解；

（2）若下期机器工时预计为 25 000 小时，试预测其维修成本。

【解答】

第一步：根据历史成本资料，列表计算 $\sum x$、$\sum y$、$\sum xy$、$\sum x^2$、$\sum y^2$ 的值（表 2-6）。

表 2-6 计算表

机器工时 x	维修成本 y	xy	x^2	y^2
22	23	506	484	529
23	25	575	529	625
19	20	380	361	400
12	15	180	144	225
9	11	99	81	121
7	10	70	49	100
11	14	154	121	196
14	18	252	196	324
$\sum x$ =117	$\sum y$ =136	$\sum xy$ =2 216	$\sum x^2$ =1 965	$\sum y^2$ =2 520

第二步：计算相关系数 r，判断 x 与 y 的线性密切程度。

$$r = \frac{8 \times 2\,216 - 117 \times 136}{\sqrt{\left[8 \times 1\,965 - 117^2\right]\left[8 \times 2\,520 - 136^2\right]}} = 0.987\,83 \rightarrow 1$$

说明维修成本 y 与业务量 x 之间具有较为密切的线性关系，可以利用回归直线法进行混合成本的分解。

第三步：计算 a、b 的值。

$$\begin{cases} b = \dfrac{n\sum\limits_{i} x_i y_i - \sum\limits_{i} x_i \sum\limits_{i} y_i}{n\sum\limits_{i} x_i^2 - \left(\sum\limits_{i} x_i\right)^2} = \dfrac{8 \times 2\,216 - 117 \times 136}{8 \times 1\,965 - 117^2} = 0.89 \\[4mm] a = \dfrac{\sum\limits_{i} y_i - b\sum\limits_{i} x_i}{n} = \dfrac{136 - 0.89 \times 117}{8} = 3.98 \end{cases}$$

第四步：建立混合成本的性态模型，并进行成本预测。

$y = 3.98 + 0.89x$

当 $x = 25$ 时，有 $y = 26.23$。即若下期机器工时为 25 000 小时，则维修成本预计将达 26.23 万元。

【本章小结】

本章介绍了成本的一些分类方法，介绍了固定成本、变动成本及混合成本的含义、特征和种类，以及混合成本分解的高低点法、散布图法和回归直线法。成本性态分析的目的，是要将所有的成本都归属于固定成本和变动成本，并建立起成本性态模型，为进行成本分析、变动成本计算、本量利分析、经营决策等奠定基础。

【关键术语】

制造成本　非制造成本　直接成本　间接成本　固定成本　约束性固定成本　酌量性固定成本　变动成本　混合成本　混合成本分解　相关系数

【思考题】

（一）什么是成本性态？管理会计为什么要将成本按性态分类？如何分类？

（二）变动成本和固定成本各有何主要特点？

（三）混合成本的主要特征是什么？它具体可分为哪几类？每种类型之间有何区别和联系？

（四）什么是"相关范围"？它在成本性态分析中为何具有重要意义？

（五）为什么需要对混合成本进行分解？主要方法有哪些？试对这些方法进行比较，并说明其优缺点和适用性。

【练习题】

1. 某工厂的历史成本数据表明，维修成本在相关范围内的变动情况如表 2-7 所示。

表2-7　某工厂的维修成本变动情况

机器工时/1 000 小时	7	6	8	10	12	14
维修成本/万元	220	200	250	310	350	400

要求：

（1）用回归直线法进行维修成本的分解；

（2）若下期机器工时预计为 13 000 小时，试预测其维修成本。

2. 某企业过去一年中最高业务量与最低业务量情况下的制造费用总额列于表 2-8。

表2-8　高、低点的制造费用资料

项目	高点（11月）	低点（2月）
机器工时/小时	75 000	50 000
制造费用/元	176 250	142 500

其中制造费用中含有变动成本、固定成本和混合成本三类。该企业会计部门曾对低点业务量下的制造费用总额做了分析，其各类成本的组成情况如表 2-9 所示。

表2-9　低点制造费用的组合情况（单位：元）

变动成本	固定成本	混合成本	合计
50 000	60 000	32 500	142 500

要求：先将高点制造费用总额中的固定成本、变动成本和混合成本找出来，然后用高低点法将制造费用中的混合成本进行分解。

【案例分析】

Jack 是美国纽约市约克郡 Parkton 医疗中心的一名会计，现正在对中心各部门发生的成本进行成本性态分析。Jack 通过调查已经得知，设备维修部每月的成本主要是该部门员工的工资、清洁物资费与维修材料费，且其成本总数与服务的病人日总数线性相关，他已取得了该部门在过去的一年中每月的总成本及每月服务的病人日总数的有关数据，见表 2-10。

表2-10　总成本与病人日总数资料

指标	1	2	3	4	5	6	7	8	9	10	11	12
总成本/美元	37 000	23 000	37 000	47 000	33 000	39 000	32 000	33 000	17 000	18 000	22 000	20 000
病人日总数	3 700	1 600	4 100	4 900	3 300	4 400	3 500	4 000	1 200	1 300	1 800	1 600

为了保证计算结果的准确性，Jack 决定用回归直线法进行分析。他首先计算了相关系数 r，以揭示成本总数和服务的病人日总数之间的具体相关程度。计算结果表明 $r=0.98$，接近于 1，表明成本总数和服务的病人日总数之间存在着基本正相关的关系。在此基础上，Jack 利用回归直线法中计算固定成本和变动成本的有关公式，计算得出成本总额中的固定成本为 9 329 美元，单位变动成本为每个病人每日 6.95 美元。所以

Jack 得出并向 Parkton 医疗中心的 CFO 报告的分析结论是，设备维修部的成本函数为
$y=9\ 329+6.95x$。

要求：分析 Jack 是怎样得出相关系数 $r=0.98$ 和成本函数 $y=9\ 329+6.95x$ 的。

（资料来源：亨格瑞 C T，森登 G L，斯特尔顿 W O，等. 管理会计教程. 第十版. 许秉岩，等译.
北京：华夏出版社，1999，有改动）

【参考文献】

刘俊勇，卢闯，王康. 2009. 管理会计[M]. 大连：东北财经大学出版社.

吴大军，刘彦秀. 2013. 管理会计[M]. 大连：东北财经大学出版社.

余绪缨，蔡淑娥，陈双人. 2006. 管理会计[M]. 沈阳：辽宁人民出版社.

第三章

变动成本法

【本章学习目标】本章主要介绍变动成本法的含义和特点、变动成本法与完全成本法的区别。学习本章，应理解变动成本法的意义、作用和特点，掌握变动成本法与完全成本法在成本确定和损益确定上的区别，尤其是变动成本法的损益确定模式及其收益表的编制。

■ 第一节　变动成本法概述

一、变动成本法的含义

变动成本法又称"直接成本法"，最早由会计学家乔纳森·N. 哈里斯（Jonathan N. Harris）于 1936 年提出。据美国权威的《柯勒会计辞典》记载，第一篇专门论述直接成本法的论文是由美籍英国会计学家乔纳森·N. 哈里斯撰写的，刊于 1936 年 1 月 15 日的《全国会计师联合会公报》，这标志着变动成本计算的正式形成。第二次世界大战后，随着经济及科学技术的迅猛发展，资本主义经济的矛盾日趋尖锐，市场竞争日趋剧烈，企业管理当局为了能在竞争中立于不败之地，强烈要求企业会计部门提供与规划、决策等相适应的成本资料，于是在会计工作中开始逐步推广应用这种方法，从而使之成为管理会计的一项重要内容。

所谓变动成本法，是指在计算产品成本时，只将产品在生产过程中耗费的直接材料、直接人工和变动制造费用等变动性生产成本包含在内，而将固定性生产成本与非生产性成本一起作为期间成本处理的一种成本计算方法。

与变动成本法相对应的，是完全成本法，又称全部成本法或吸收成本法。采用完全成本法，产品成本的组成内容包括全部生产性成本，即直接材料、直接人工和全部制造费用，而只将非生产性成本作为期间成本。

二、变动成本法的特点

（一）变动成本法的理论前提

变动成本法认为，产品成本是在产品生产过程中发生的，并随产品流动而流动，随产量变动而变动。根据这一原则，只有直接材料、直接人工、变动制造费用是在产品生产过程中发生的，随产品流动，随产量变动，所以产品成本只包括这三大部分。固定制造费用主要是为企业提供一定的生产经营能力和条件而发生的，这些生产经营能力和条件一经形成，不管其实际利用程度如何，有关费用依旧发生而不会受到影响，也就是说，这部分费用联系的是会计期间，而不是产品，它只随着时间的推移而逐渐消逝，其效益不应该递延到下一会计期间，而应在费用发生的当期，与非生产成本一起全额列为期间成本，从本期的销售收入中直接扣减。

（二）变动成本法的成本构成

（1）产品成本：按照变动成本法的观点，产品成本应是生产成本中的变动部分，即"变动性生产成本"，包括直接材料、直接人工和变动制造费用。

（2）期间成本：在变动成本法下，期间成本包括固定生产成本（即固定制造费用）和非生产成本（即销售费用、管理费用）。

（三）变动成本法的损益确定程序

销售收入−变动成本=贡献边际
贡献边际−固定成本=经营利润

第二节　变动成本法与完全成本法的区别

变动成本法与完全成本法相比较而言，存在着以下不同。

一、计算的前提条件不同

变动成本法是以成本性态分析作为前提条件的。采用变动成本法，首先需要根据成本与业务量的依存关系，将全部成本划分成固定成本、变动成本和混合成本，并将混合成本按照特定的方法分解成固定成本和变动成本。

完全成本法是以成本按经济用途分类作为前提条件的。采用完全成本法，需要将全部成本按照其经济用途划分成生产成本（制造成本）与非生产成本（非制造成本）。

二、产品成本与期间成本的构成内容不同

在变动成本法下，仅将与产品生产有直接联系的变动性生产成本（直接材料、直接人工、变动制造费用）计入产品成本，而将固定性生产成本（即固定制造费用）和非生产成本（销售费用、管理费用）作为期间成本。

在完全成本法下，将全部生产性成本（直接材料、直接人工、全部制造费用）作为产品成本，而非生产成本（销售费用、管理费用）作为期间成本（图3-1）。

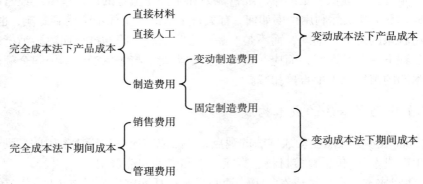

图3-1　两种方法下产品成本、期间成本的构成

【例3-1】　假定某企业只生产一种产品，有关资料如下：生产量5 000件；单位直接材料5元；单位直接人工3元；单位变动制造费用2元；全年固定制造费用总额20 000元。则：

完全成本法下产品单位成本＝直接材料＋直接人工＋变动制造费用＋固定制造费用

= 5 元+3 元+2 元+20 000/5 000 元= 14 元

变动成本法下产品单位成本＝直接材料＋直接人工＋变动制造费用

=5 元+3 元+2 元=10 元

三、对存货的估价不同

由于完全成本法的产品成本构成比变动成本法的产品成本构成多一个项目"固定制造费用"，而固定制造费用一般不会为0，因此完全成本法下对存货的估价一般大于变动成本法下对存货的估价。

【例3-2】　沿用例3-1的资料，假定期末存货为1 000件，则：

完全成本法下的存货价值=14 000 元

变动成本法下的存货价值=10 000 元

可见，对同样的存货，完全成本法下对其估价一般要大于变动成本法下的估价。

【例3-3】　某公司只产销A产品，20××年度有关资料如下：期初存货量为0，

全年生产量为 600 件，销售量为 500 件，售价 450 元；单位直接材料 70 元，单位直接人工 60 元，单位变动制造费用 90 元，单位变动销售及管理费用 40 元；全年固定制造费用总额 30 000 元，固定销售及管理费用总额 15 000 元。

要求：

（1）按变动成本法计算下列指标，即产品单位成本、单位变动成本、固定成本。

（2）按完全成本法计算下列指标，即产品单位成本、本期生产成本、销售成本。

【解答】

以 $b_{生产}$ 表示"单位变动生产成本"，$b_{非生产}$ 表示"单位变动非生产成本"，$a_{生产}$ 表示"固定生产成本"（即固定制造费用），$a_{非生产}$ 表示"固定非生产成本"，p 表示单位售价，x 表示销售量，$x_{生产}$ 表示生产量，则：

（1）按照变动成本法。

产品单位成本＝单位变动生产成本（$b_{生产}$）

　　　　　　＝单位直接材料＋单位直接人工＋单位变动制造费用

　　　　　　＝70 + 60 + 90 = 220（元）

单位变动成本（b）＝单位变动生产成本＋单位变动非生产成本

　　　　　　　　＝$b_{生产}+b_{非生产}$

　　　　　　　　＝220 + 40 = 260（元）

固定成本（a）＝固定生产成本＋固定非生产成本

　　　　　　　＝$a_{生产}+a_{非生产}$

　　　　　　　＝30 000 + 15 000 = 45 000（元）

（2）按照完全成本法。

产品单位成本＝（单位直接材料＋单位直接人工＋单位变动制造费用）

　　　　　　＋单位固定制造费用

　　　　　　＝$b_{生产}$＋单位固定制造费用

　　　　　　＝220 + 30 000/600 = 270（元）

本期生产成本＝固定生产成本＋单位变动生产成本×生产量

　　　　　　＝$a_{生产}+b_{生产}×x_{生产}$

　　　　　　＝30 000 + 220 × 600 = 162 000（元）

销售成本＝期初存货成本＋本期生产成本 – 期末存货成本

　　　　＝0 + 162 000 – 270 × 100 = 135 000（元）

四、收益表格式不同

根据前述变动成本法的损益确定程序，可以得到变动成本法的收益表格式，如表 3-1 所示。

表 3-1 变动成本法下收益表（格式）

销售收入		× × ×
减：变动成本		
变动生产成本	× × ×	
加：变动销售费用	× × ×	
加：变动管理费用	× × ×	
小计		× × ×
贡献边际		× × ×
减：固定成本		
固定制造费用	× × ×	
加：固定销售费用	× × ×	
加：固定管理费用	× × ×	
小计		× × ×
经营利润		× × ×

而完全成本法下损益确定程序为

销售收入

减：销售成本

销售毛利

减：非生产成本

经营利润

据此，可以得出完全成本法的收益表格式如表 3-2 所示。

表 3-2 完全成本法下收益表（格式）

销售收入		× × ×
减：销售成本		
期初存货成本	× × ×	
加：本期生产成本	× × ×	
减：期末存货成本	× × ×	
小计		× × ×
销售毛利		× × ×
减：非生产成本		
销售费用	× × ×	
管理费用	× × ×	
小计		× × ×
经营利润		× × ×

从两种方法损益表格式可以看出：

在变动成本法下，变动成本（不论生产性的还是非生产性的）均列示于损益表的上半部分，直接从销售收入中扣减，固定成本（也不论生产性的还是非生产性的）均列示于损益表的下半部分，由贡献边际进行弥补。

在完全成本法下，生产性成本（不论固定还是变动）列在损益表的上半部分，从销售收入中扣减，非生产性成本（也不论固定还是变动）均列示于损益表的下半部分，从销售毛利中扣减。

下面举例说明两种方法下收益表的编制。

【例 3-4】　假设某厂只生产一种产品，有关资料如下：全年生产量 5 000 件，销售量 4 000 件，期初存货 0，单位售价 10 元，单位变动生产成本（直接材料、直接人工、变动制造费用）4 元，单位变动销售费用 0.4 元，单位变动管理费用 0.6 元；全年固定制造费用总额 10 000 元，固定销售费用 1 000 元，固定管理费用 1 000 元。

可编制完全成本法下收益表如表 3-3 所示。

表 3-3　完全成本法下收益表（一）（单位：元）

销售收入		40 000
减：销售成本		
期初存货成本	0	
加：本期生产成本	30 000	
减：期末存货成本	6 000	
小计		24 000
销售毛利		16 000
减：非生产成本		
销售费用	2 600	
管理费用	3 400	
小计		6 000
经营利润		10 000

表 3-3 中：

销售收入=销售单价×销售量=10×4 000=40 000（元）

本期生产成本=固定生产成本+单位变动生产成本×生产量

$$=a_{生产}+b_{生产}\times x_{生产}$$

$$=10\,000+4\times5\,000$$

$$=30\,000（元）$$

$$期末存货成本=\frac{本期生产成本}{生产量}\times期末存货量$$

$$=\frac{30\,000}{5\,000}\times1\,000=6\,000（元）$$

销售费用=固定销售费用+单位变动销售费用×销售量

$$=1\,000+0.4\times4\,000=2\,600（元）$$

管理费用=固定管理费用+单位变动管理费用×销售量

$$=1\,000+0.6\times4\,000=3\,400（元）$$

编制的变动成本法下收益表如表 3-4 所示。

表 3-4　变动成本法下收益表（一）（单位：元）

销售收入		40 000
减：变动成本		
变动生产成本	16 000	
加：变动销售费用	1 600	
加：变动管理费用	2 400	
小计		20 000
贡献边际		20 000
减：固定成本		
固定制造费用	10 000	
加：固定销售费用	1 000	
加：固定管理费用	1 000	
小计		12 000
经营利润		8 000

表 3-4 中：

变动生产成本=单位变动生产成本×销售量=4×4 000=16 000（元）

变动销售费用=单位变动销售费用×销售量=0.4×4 000=1 600（元）

变动管理费用=单位变动管理费用×销售量=0.6×4 000=2 400（元）

五、计算出的分期损益可能不同

由于变动成本法将固定制造费用视作期间成本，而完全成本法将固定制造费用视作产品成本，两种方法对固定制造费用的看法不同，导致两种方法确定出的分期损益可能不一致。

如例 3-4 的结果所示，根据同样的资料，按完全成本法计算出的利润为 10 000 元，而按变动成本法计算出的利润却为 8 000 元。

变动成本法与完全成本法计算出的分期损益为什么会存在差异呢？为了说明这一问题，我们来看例 3-5。

【例 3-5】 某工厂某年年初有 A 产品存货 4 000 件，其单位变动生产成本为 16 元，单位固定制造费用为 5.2 元；本年度该厂共生产 A 产品 20 000 件，销售 22 000 件，单价 30 元，单位变动生产成本 16 元，固定制造费用总额 80 000 元，单位变动销售及管理费用 2 元，固定销售及管理费用总额 100 000 元。假定存货计价按先进先出法。则按两种方法编制的收益表如表 3-5 和表 3-6 所示。

表 3-5　变动成本法下收益表（二）（单位：元）

销售收入		30 × 22 000=660 000
减：变动成本		
变动生产成本	16 × 22 000=352 000	
加：变动销售及管理费用	2 × 22 000=44 000	
小计		396 000
贡献边际		264 000
减：固定成本		
固定制造费用	80 000	
加：固定销售及管理费用	100 000	
小计		180 000
经营利润		84 000

表 3-6　完全成本法下收益表（二）（单位：元）

销售收入		30 × 22 000=660 000
减：销售成本		
期初存货成本	4 000 ×（5.2+16）=84 800	
加：本期生产成本	80 000+16 × 20 000=400 000	
减：期末存货成本	400 000/20 000 × 2 000=40 000	
小计		444 800
销售毛利		215 200
减：非生产成本		
销售及管理费用	100 000+2 × 22 000=144 000	
小计		144 000
经营利润		71 200

我们对两种方法下的收入及负担进行比较，结论如下。

（1）收入相同：两种方法下均为 660 000 元。

（2）负担的非生产成本相同：两种方法下本期负担的销售及管理费用总额均为 144 000 元。

（3）负担的生产性成本：

完全成本法下已销产品负担的生产成本为

销售成本=84 800+400 000−40 000

　　　　=4 000 ×（5.2+16）+（80 000+16 × 20 000）

　　　　　−（80 000+16 × 20 000）/ 20 000 × 2 000

　　　　=（4 000 × 5.2+80 000−8 000）+16 ×（4 000+20 000−2 000）

　　　　=（20 800+80 000−8 000）+16 × 22 000

　　　　=444 800（元）

而变动成本法下，已销产品负担的生产成本为

固定性生产成本+变动性生产成本=80 000+16×22 000=432 000（元）

可见，两种方法下负担的变动性生产成本相同，均为 16×22 000=352 000（元）。

不同在于负担的固定制造费用：变动成本法下为 80 000 元，而完全成本法下为 20 800+80 000-8 000=92 800（元），其主要是由于在完全成本法下，期末存货吸收了 8 000 元的固定制造费用：

$$\frac{80\,000}{20\,000}\times 2\,000 = 8\,000（元）$$

同时期初存货释放了 20 800 元的固定制造费用：

$$5.2\times 4\,000 = 20\,800（元）$$

这样，本期完全成本法实际负担的固定制造费用为 20 800+80 000-8 000=92 800（元），比变动成本法多负担 12 800 元，因此完全成本法计算出来的利润就比变动成本法计算出的利润少 12 800 元：

$$P_{完}-P_{变}=71\,200 - 84\,000 = -12\,800（元）$$

两种方法下本年度负担的固定制造费用情况可列示于图 3-2。

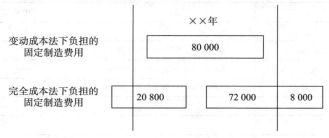

图 3-2　两种方法本年度负担的固定制造费用

可见，本年度两种方法负担的固定制造费用不同，是导致两种方法出现利润差的根本原因。

一般的，连续若干年两种方法下对固定制造费用的处理可用图 3-3 表示。

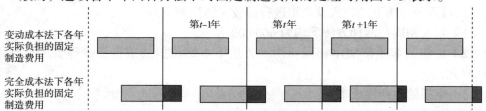

图 3-3　两种方法连续若干年度负担的固定制造费用

图 3-3 中 ▅▅▅ 为当年发生的固定制造费用，从中可以得到

第 t 年完全成本法负担的固定制造费用

=期初存货释放固定制造费用+本期发生固定制造费用－期末存货吸收固定制造费用

第 t 年变动成本法负担的固定制造费用=本期发生的固定制造费用

可见，如果完全成本法下期末存货吸收的固定制造费用与期初存货释放的固定制造

费用相等，则上述两个等式的右端相等，从而等式的左端也相等，即有

第 t 年完全成本法负担的固定制造费用=第 t 年变动成本法负担的固定制造费用

从而：$P_完 = P_变$。

反之，如果完全成本法下期末存货吸收的固定制造费用与期初存货释放的固定制造费用不相等，则上述两个等式的右端不相等，从而等式的左端也不相等，即有

第 t 年完全成本法负担的固定制造费用 $\neq$ 第 t 年变动成本法负担的固定制造费用

从而：$P_完 \neq P_变$。

由此我们发现，完全成本法与变动成本法的利润差，可以用完全成本法下期末存货吸收的固定制造费用与期初存货释放的固定制造费用之差来表示，即有如下利润差公式：

$$P_完 - P_变 = \frac{完全成本法下期末存货}{吸收的固定制造费用} - \frac{完全成本法下期初存货}{释放的固定制造费用}$$

利用该公式，我们可以检验两种方法下利润计算的正确性。下面举例说明该利润差公式的应用。

【例 3-6】 假设某厂只生产一种产品，有关资料如表 3-7 所示。

表 3-7 产销量资料（单位：件）

项目	第一年	第二年	第三年
生产量	9 000	7 000	8 000
销售量	7 000	7 000	9 000

产品单位售价 15 元，单位变动生产成本 5 元，单位变动销售费用 1 元，单位变动管理费用 0.5 元；全年固定制造费用 24 000 元，固定销售费用 10 000 元，固定管理费用 5 000 元，假定存货计价按先进先出法。则按两种方法编制的收益表如表 3-8 和表 3-9 所示。

表 3-8 完全成本法下收益表（三）（单位：元）

摘要	第一年		第二年		第三年	
销售收入		105 000		105 000		135 000
减：销售成本						
期初	0		15 333		16 857	
本期	69 000		59 000		64 000	
期末	15 333		16 857		8 000	
小计		53 667		57 476		72 857
销售毛利		51 333		47 524		62 143
减：非生产成本						
销售费用	17 000		17 000		19 000	
管理费用	8 500		8 500		9 500	
小计		25 500		25 500		28 500
经营利润		25 833		22 024		33 643

表 3-9　变动成本法下收益表（三）（单位：元）

摘要	第一年		第二年		第三年	
销售收入		105 000		105 000		135 000
减：变动成本						
变动生产成本	35 000		35 000		45 000	
变动销售费用	7 000		7 000		9 000	
变动管理费用	3 500		3 500		4 500	
小计		45 500		45 500		58 500
贡献边际		59 500		59 500		76 500
减：固定成本						
固定制造费用	24 000		24 000		24 000	
固定销售费用	10 000		10 000		10 000	
固定管理费用	5 000		5 000		5 000	
小计		39 000		39 000		39 000
经营利润		20 500		20 500		37 500

由两张收益表看出：

第一年完全成本法下期末存货吸收的固定制造费用为 24 000/9 000 × 2 000=5 333（元），期初存货释放的固定制造费用为 0，由利润差公式有

$$P_完 - P_变 = 5\ 333 - 0 = 5\ 333（元）$$

从收益表中利润数据来看：

$$P_完 - P_变 = 25\ 833 - 20\ 500 = 5\ 333（元）$$

第二年完全成本法下期末存货吸收的固定制造费用为 24 000/7 000 × 2 000=6 857（元），而期初存货释放的固定制造费用为 5 333 元，由利润差公式知：

$$P_完 - P_变 = 6\ 857 - 5\ 333 = 1\ 524（元）$$

从收益表数据来看：

$$P_完 - P_变 = 22\ 024 - 20\ 500 = 1\ 524（元）$$

第三年完全成本法下期末存货吸收的固定制造费用为 24 000/8 000 × 1 000=3 000（元），期初存货释放的固定制造费用为 6 857 元，由利润差公式得到

$$P_完 - P_变 = 3\ 000 - 6\ 857 = -3\ 857（元）$$

而从收益表数据来看：

$$P_完 - P_变 = 33\ 643 - 37\ 500 = -3\ 857（元）$$

第三节　对两种方法的评价

一、对变动成本法的评价

（一）变动成本法的优点

（1）能提供各种产品盈利能力的资料，有利于管理人员的决策分析。

管理人员在进行利润规划和做出经营决策时，需要以各种产品的盈利能力为依据，而变动成本法提供的"贡献边际"指标能很好地反映产品的盈利能力。对企业的管理人员来说，借助变动成本法，以"贡献边际"为基础，可以进行本量利分析，揭示业务量与成本、利润变动的内在规律，并将其用于预测与规划，有利于正确地进行决策分析。

（2）能揭示利润与业务量之间的正常关系，有利于促使企业重视销售工作。

变动成本法排除了生产量对利润的影响，使利润的变动只与销售量的变动有关，如实地反映了利润与销售量之间的正常关系，这将有助于促使企业管理者更加重视销售，实现以销定产，防止盲目生产，从而提高企业的经济效益。

（3）便于分清企业内部各部门的经济责任，有利于成本控制。

一般来说，变动成本是生产车间和供应部门的可控成本，可以通过制定标准成本和建立弹性预算进行控制；而固定成本则是管理部门的可控成本，可以通过制定费用预算的办法进行控制。各部门针对自己的可控成本采取措施进行控制，有利于分清各部门的经济责任。

（4）可以简化成本计算，避免固定成本分摊中的主观随意性。

按照变动成本法，产品成本中只包括直接材料、直接人工、变动制造费用等变动性生产成本，而不包括固定制造费用和其他间接费用。这样，在计算确定产品成本时，就不必对固定制造费用或间接费用进行分配，这就省掉大量的费用分配工作，大大简化了产品成本的计算，同时还可以防止利用固定制造费用和间接费用的分配来人为调节企业盈亏现象的发生。

（二）变动成本法的缺点

（1）计算出来的成本数据，不符合对外会计报表编制的要求。

按照传统的成本观念，产品成本是指为生产产品而发生的全部成本，既包括变动性生产成本，也包括固定性生产成本。这种观念在世界范围内得到广泛的认同，并被作为对外报告的标准，变动成本法确定的产品成本显然不符合这一要求。

（2）不能适应长期决策的需要。

变动成本法是建立在成本性态分析基础之上的，而成本性态分析以相关范围作为前提，即在相关范围内，固定成本总额和单位变动成本均能保持不变。然而，从较长时期来看，固定成本和单位变动成本水平不可能不发生变动。长期决策要解决的是生产能力增减和经营规模变动等问题，涉及的时间较长，必然会突破相关范围，这时，成本性态就会发生与原来不一样的变化，变动成本法提供的有关信息就会失去相关性。

二、对完全成本法的评价

（一）完全成本法的优点

（1）可以鼓励企业提高产品生产的积极性。按照完全成本法，产量越大，单位产品负担的固定生产成本越低，从而产品的单位成本相对就越低，单位产品的获利水平就越高，客观上有助于刺激企业的生产发展。

（2）便于企业编制对外报表。按照完全成本法计算出来的产品成本，符合传统成本观念的要求，因而目前各种对外报表均要求企业按照完全成本法提供有关成本资料。

（二）完全成本法的缺点

完全成本法的最大缺陷，就是按照该法计算出的分期损益难以理解，不便于为决策、控制和分析提供直接的资料。表现在：

（1）每年销售量都相同，售价、成本资料也相同，但是按完全成本法计算出的各年利润却可能表现出较大的差别。

（2）销售量增加，而产品的售价、成本不变，利润反而减少。

（3）在售价、成本不变的情况下，产成品期末存货增加，企业利润也会增加。

三、变动成本法与完全成本法的结合应用

企业会计具有对内、对外服务的双向职能，一方面要定期提供财务报告，为企业外部的各利害关系人服务；另一方面要通过灵活多样的方法和手段提供各种有用的信息，为企业内部经营管理服务。变动成本法和完全成本法对企业的服务职能各有侧重，变动成本法侧重于对企业内部服务，而完全成本法侧重于对外服务。因此，企业会计为了能更好地履行其对内、对外服务两方面的职能，可以将两种方法结合使用，相互补充。

首先，日常核算以变动成本法为基础，生产成本、产成品和销售成本均按变动成本法反映。

其次，将"制造费用"账户分设成"变动制造费用"和"固定制造费用"账户。"变动制造费用"账户用来汇集生产过程中发生的变动制造费用，期末可将其转入"生产成本"账户。"固定制造费用"账户用来汇集当期发生的固定制造费用，期末可按下列方法处理：应由本期已销产品负担的固定制造费用，直接转入"本年利润"账户，用以抵减当期销售收入，计算当期利润；而应由在产品、产成品负担的固定制造费用，则仍留在该账户上。

最后，期末编制资产负债表时，将"固定制造费用"账户余额附加在资产负债表的存货项目上，使该项目得以按所耗的完全成本反映（图3-4）。

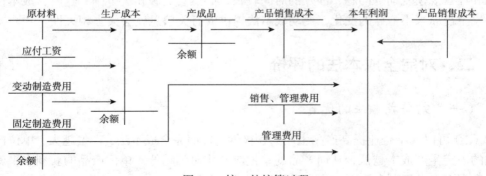

图 3-4　统一的核算过程

【本章小结】

本章通过分析变动成本法与完全成本法的区别，介绍了变动成本法和完全成本法的有关计算，揭示了两种方法在损益计算方面产生差异的根本原因，进而总结出两种方法利润差的计算方法，为将两种方法下的经营利润相互转换提供了一种手段。管理会计对变动成本法的研究，其目的是提供更加准确的、有利于企业管理者做出正确决策的信息。本章是进行本量利分析、经营决策及规划控制等的基础。

【关键术语】

变动成本法　完全成本法　变动生产成本　固定生产成本　产品成本　期间成本
贡献边际　分期损益

【思考题】

（一）什么是变动成本法和完全成本法？试说明二者的基本特征并比较二者的不同。

（二）试说明变动成本法对固定制造费用处理的理由。

（三）当产销平衡时，两种方法所确定的分期损益是否一定相等？试证明你的结论。

（四）如何将两种方法下的利润进行转换？

（五）完全成本法和变动成本法各有何优缺点？

【练习题】

1. 某公司只产销 A 产品，20××年度有关资料如下：期初存货量为 0，全年生产量为 1 000 件，销售量为 800 件，售价 500 元，单位直接材料 150 元，单位直接人工 100 元，单位变动制造费用 90 元，单位变动销售及管理费用 40 元；固定制造费用总额 30 000 元，固定销售及管理费用总额 15 000 元。存货计价按先进先出法。

要求：

（1）按变动成本法计算下列指标，即产品单位成本、单位变动成本、单位贡献边际、贡献边际总额、固定成本、经营利润；

（2）按完全成本法计算下列指标，即产品单位成本、本期生产成本、期末存货成本、销售成本、销售毛利、经营利润。

2. 某公司只产销 A 产品，20××年度有关资料如下：期初存货量为 0，全年生产量为 400 件，销售量 300 件，售价 400 元，全年发生直接材料 24 000 元，直接人工 40 000 元，变动制造费用 10 000 元，固定制造费用 20 000 元，变动销售及管理费用 9 000 元，固定销售及管理费用 12 000 元。

要求：分别按完全成本法和变动成本法计算 20××年度的利润。

3. 某公司某月变动成本法下的收益如表 3-10 所示。

表 3-10　变动成本法下收益表（四）（单位：元）

销售收入		48 000
减：变动生产成本	19 200	
变动销售及管理费用	4 800	
变动成本小计		24 000
贡献边际		24 000
减：固定制造费用	12 000	
固定销售及管理费用	8 000	
固定成本小计		20 000
经营利润		4 000

假定产品单位售价为 12 元，月初无产成品存货，月末有 1 000 件。

要求：按完全成本法计算本月销售量、生产量、生产成本、存货成本、销售成本、经营利润。

4. 某企业生产甲产品，期初存货 200 件，本期生产量为 800 件，本期销售量为 700 件，每件售价 70 元。单位产品变动生产成本 30 元，期初存货单位固定制造费用 10 元，本期生产产品的固定制造费用总额为 12 000 元。销售及管理费用全部是固定的，为 15 000 元。

（1）存货计价采用后进先出法计价；

（2）存货计价采用加权平均法。

要求：分别按完全成本法和变动成本法计算税前利润。

5. 某工厂某年年初有乙产品存货 4 000 件，其单位变动生产成本为 16 元，单位固定制造费用为 5.2 元；本年度该厂生产乙产品 20 000 件，销售 18 000 件，单价 30 元，共发生销售及行政管理费（全部为固定）100 000 元。本年度单位生产成本如表 3-11 所示。

表 3-11　单位成本资料（单位：元）

直接材料	直接人工	变动制造费用	固定制造费用	合计
10	4	2	4	20

假定存货计价采用加权平均法。

要求：

（1）按变动成本法为该厂编制本年度收益表；

（2）试通过调整计算的方法确定本年度完全成本法的经营利润；

（3）若存货计价改按先进先出法，则对两种方法下确定的经营利润会不会有影响？为什么？

6. 某公司三个会计年度的资料如表 3-12 所示。

表 3-12 某公司产销量及成本资料

项目	第一年	第二年	第三年
生产量/件	3 000	4 000	2 000
销售量/件	3 000	3 000	3 000
单位售价/元	10	10	10
单位变动生产成本/元	4	4	4
单位变动销售及管理费用/元	1	1	1
固定制造费用/元	12 000	12 000	12 000
固定销售及管理费用/元	2 500	2 500	2 500

要求：根据上述资料，分别按完全成本法和变动成本法编制连续三年的收益表，并具体说明两种方法下各年经营利润产生差异的原因。

【案例分析】

1. 资料

宝新工艺制品有限公司宣告业绩考核报告后，二车间负责人李明情绪低落。原来，二车间主任李明任职以来积极开展降低成本活动，严格监控成本支出，考核却没有完成责任任务，严重挫伤了工作积极性。财务负责人了解情况后，召集有关成本核算人员，寻求原因，以采取进一步行动。

宝新工艺制品有限公司 2011 年成立并从事工艺加工销售，近期，公司决定实行全员责任制，寻求更佳的效益。企业根据近三年来的实际成本资料，制订了较详尽的费用控制计划：

材料消耗实行定额管理，产品耗用优质木材，单件定额成本 6 元；工人实行计件工资制，计件单价 3 元；在制作过程中需用刻刀，每件工艺品限领 1 把，单价 1.3 元；劳保手套每生产 10 件工艺品领用 1 付，单价 1 元。

当月固定资产折旧费 8 200 元，办公费 800 元，保险费 500 元，仓库租赁费 500 元，当期计划产量为 5 000 件。

车间实际组织生产时，根据当月订单组织生产 2 500 件，车间负责人李明充分调动生产工人工作积极性，改善加工工艺，严把质量关，杜绝了废品，最终使材料消耗降低到每件 4.5 元，领用专用工具刻刀 2 400 把共 3 120 元。

但是在业绩考核中，却没有完成任务，出现了令人困惑的结果。计算过程及结果如下（单位：元）。

定额成本：

直接材料	30 000	（6 × 5 000）
直接人工	15 000	（3 × 5 000）
制造费用	17 000	
其中，		
工具	6 500	（1.3 × 5 000）

劳保用品	500（1×5 000/10）
折旧费用	8 200
办公费用	800
保险费用	500
租赁费用	500
定额总成本	62 000
定额单位成本	12.40

按实际产量2 500件计算的定额成本=31 000（12.4×2 500）

实际成本：

直接材料	11 250（4.5×2 500）
直接人工	7 500（3×2 500）
制造费用	13 370
其中，	
工具	3 120（1.3×2 400）
劳保用品	250（1×2 500/10）
折旧费用	8 200
办公费用	800
保险费用	500
租赁费用	500
实际总成本	32 120

计算结果表明，实际总成本（32 120元）大于定额总成本（31 000元），据此得出结论：二车间没有完成成本控制任务。

2. 分析

首先，我们应该将全部费用划分成固定与变动两个部分，只有变动性费用才是车间主任李明能够控制的，因此：

（1）定额成本（单位成本）。

直接材料	6
直接人工	3
变动制造费用	1.4
其中，	
工具	1.3
劳保用品	0.1
单位变动成本合计	10.4

按实际产量2 500件计算的定额成本（变动生产成本）=10.4×2 500＝26 000（元）

（2）实际成本。

直接材料	11 250（4.5×2 500）
直接人工	7 500（3×2 500）

```
变动制造费用            3 370
其中，
    工具              3 120（1.3 × 2 400）
    劳保用品            250（1 × 2 500/10）
    实际总成本              22 120
```

由此可见：实际总成本 22 120 比定额成本 26 000 降低了 3 880 元，应该说，李明是很好地完成了成本降低任务的。前面的结果扭曲了事实，会挫伤管理人员的积极性。

3. 启示

产品成本有两种计算方法，即完全成本法和变动成本法。完全成本法所提供的会计信息可以揭示外界公认的成本与产品在质的方面的归属问题，广泛地被外界接受；而变动成本法为强化企业内部管理的要求而产生，有助于加强成本管理，它是实行成本责任管理的基础。采用变动成本法有助于将固定成本和变动成本分解落实到各个责任单位，分清各部门责任。

就本案例而言，车间主任李明的责任成本应该是成品的变动生产成本部分，该公司在实行责任成本管理，确认和考核李明的责任成本时，应该采用变动成本法。

（资料来源：王忠，周剑杰，胡静波. 管理会计教学案例. 北京：中国审计出版社，2011，有改动）

【参考文献】

吴大军，刘彦秀. 2013. 管理会计[M]. 大连：东北财经大学出版社.

余绪缨，蔡淑娥，陈双人. 2006. 管理会计[M]. 沈阳：辽宁人民出版社.

朱海芳. 2000. 管理会计学[M]. 北京：中国财政经济出版社.

第四章

本量利分析

【**本章学习目标**】本章主要对成本、业务量和利润之间的相互关系进行分析，介绍保本点、保利点及其有关指标的计算模型。学习本章，应理解本量利分析的重要意义，掌握保本分析、保利分析的各有关计算模型。

■ 第一节　本量利分析概述

一、本量利分析的含义

所谓本量利分析（cost-volume-profit analysis），也称 CVP 分析，是指在成本性态分析和变动成本计算的基础上，对成本、业务量、利润这三者之间内在关系进行的分析。它着重以数量化的模型或图形来揭示销售价格、销售数量、固定成本、变动成本、利润等各个经济变量之间的规律性联系，从而为企业进行预测、决策、规划、控制等提供必要的经济信息和相应的分析手段。

本量利分析是现代管理会计中的一项重要内容，也是管理会计中一项重要的定量分析方法。借助这种方法，可以将成本、业务量、利润这几个方面的变动相互联系起来进行分析，并围绕保本点，动态掌握有关因素变动对企业盈亏消长的规律性联系。若将其与经营风险相联系，可促使企业努力降低风险；若将其与预测技术相结合，企业可进行保本预测、确保目标利润实现的业务量预测等；若将其与决策融为一体，企业可据此进行生产决策、定价决策和投资不确定性分析等。总之，本量利分析对帮助企业采取相应措施实现扭亏增盈、加强企业内部治理、提高经济效益具有独特的作用。

二、本量利分析的基本假设

本量利分析所建立和使用的有关数学模型，是以下列基本假定为前提的。

（一）成本性态分析的假定

假定成本性态分析工作已经完成，全部成本已经被分成固定成本与变动成本，有关的成本性态模型已经建立起来。

（二）相关范围及线性关系假定

假定相关范围及线性关系保持不变，即在特定的时期和特定的业务量范围内，产品的售价、固定成本总额和单位变动成本均保持相对稳定，销售收入、变动成本、总成本等几个指标与业务量之间保持线性关系。

（三）产销平衡假定

假定当期生产出来的产品均能顺利销售出去，不考虑存货水平变动对利润的影响。

（四）品种结构不变假定

对于同时产销多种产品的企业，假定各种产品的销售收入占全部销售收入的比重保持不变。

三、贡献边际及其相关指标

（一）贡献边际

按照第三章，贡献边际（contribution margin）是指销售收入减去变动成本后的余额。以 p 表示单位售价，b 表示单位变动成本，x 为销售量，Tcm 表示贡献边际，则有

$$\text{Tcm} = px - bx$$

（二）单位贡献边际

单位贡献边际是贡献边际除以销售量的商，以 cm 表示：

$$\text{cm} = \frac{\text{Tcm}}{x} = \frac{px - bx}{x} = p - b$$

可见，有

$$\text{Tcm} = (p - b)x = \text{cm}x$$

（三）贡献边际率

贡献边际率是贡献边际与销售收入的比率，或单位贡献边际与单位售价的比率，是反映各种产品获利能力的一个重要指标，以 cmR 表示：

$$\text{cmR} = \frac{\text{Tcm}}{px} = \frac{\text{cm}}{p}$$

（四）变动成本率

变动成本率又称变动成本补偿率，是变动成本与销售收入的比率，或单位变动成本与单位售价的比率，以 bR 表示：

$$bR = \frac{bx}{px} = \frac{b}{p}$$

（五）贡献边际率与变动成本率的关系

由上述贡献边际率与变动成本率的定义及计算公式，可以知道两者之间存在下列关系：
cmR + bR = 1

【例 4-1】 某企业 20×5 年只生产甲产品，其单位售价 p 为 100 元，单位变动成本 b 为 60 元，固定成本总额 a 为 80 000 元，全年产销量 x 为 5 000 件，则：

$$Tcm = px - bx = 100 \times 5\,000 - 60 \times 5\,000 = 200\,000(元)$$

$$cm = \frac{Tcm}{x} = \frac{200\,000}{5\,000} = 40$$

$$cmR = \frac{Tcm}{px} = \frac{200\,000}{100 \times 5\,000} \times 100\% = 40\%$$

$$bR = \frac{bx}{px} = \frac{b}{p} = \frac{60}{100} \times 100\% = 60\%$$

显然，cmR + bR = 40% + 60% = 1。

第二节　保本分析

所谓保本，是指企业经营处于一种没有盈利、也没有亏损的状态。当企业处于这种状态时，说明企业的收支相等，利润为零。保本分析就是对企业恰好处于保本状态时的本量利关系进行分析，它是本量利分析中的一项重要内容，其核心是保本点的确定。进行保本分析，不仅可以为企业管理者提供未来期间防止亏损发生应完成的极限业务量信息，而且可以为判断企业未来经营的安全程度、确定达到保本状态的作业率创造条件，并为保利分析奠定基础。

一、单一品种保本点的计算

保本点（breakeven point）又称"盈亏临界点"，是指企业经营处于不盈不亏状态（保本状态）时的业务量水平。在该业务量水平上，企业的总收入与总成本相等，利润为零。稍微增加一点业务量，企业就有盈利；反之，稍微减少一点业务量，就会出现亏损。保本点通常以 BEP 表示，在坐标图上表现为一个坐标点，有实物指标和金额指标，如图 4-1 所示。

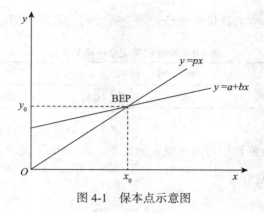

图4-1　保本点示意图

（一）保本点的计算模型

以 P 表示利润，按照变动成本法，有 $P = px - bx - a$。令 $P = 0$，得到

$$px - bx - a = 0$$

解之，可以得到

保本点销售量 $x_0 = \dfrac{a}{p - b} = \dfrac{a}{cm}$

保本点销售额 $y_0 = px_0 = \dfrac{a}{cmR}$

【例4-2】　沿用例4-1的资料，则可以计算保本点指标如下：

$$x_0 = \frac{a}{p - b} = \frac{a}{cm} = \frac{80\,000}{100 - 60} = 2\,000（件）$$

$$y_0 = px_0 = 100 \times 2\,000 = 200\,000（元）$$

（二）与保本点有关的一些指标

1. 安全边际

安全边际（margin of safety）是指现有（或预计）业务量超过保本点的差额，它标志着从现有业务量到保本点有多大的差距，或者说，现有业务量再降低多少，才会发生亏损。

安全边际可以用绝对量表示，也可以用相对量表示。用绝对量表示，称为安全边际量（MS量）或安全边际额（MS额）；用相对量表示，称为安全边际率（MSR）。以 x_1 表示现有（或预计）销售量，y_1 表示现有（或预计）销售额，可以得到安全边际有关指标：

$$
\text{MS}
\begin{cases}
\text{绝对量}
\begin{cases}
\text{MS量} = x_1 - x_0 \\[2mm]
\text{MS额} = p\,(x_1 - x_0) = y_1 - y_0
\end{cases} \\[6mm]
\text{相对量：MSR} = \dfrac{x_1 - x_0}{x_1} = \dfrac{y_1 - y_0}{y_1}
\end{cases}
$$

需要说明的是，上述公式中的现有（或预计）业务量，有时就直接用 x、y 来表示。

安全边际可以用来评价企业经营安全程度，该指标越大，就表示企业经营越安全。

在西方就有用安全边际率来评价企业经营安全程度的，其评价标准如表4-1所示。

表 4-1　企业经营安全性检验标准

MSR	40%以上	30%~40%	20%~30%	10%~20%	10%以下
安全评价	很安全	安全	较安全	值得注意	不安全

2. 销售利润率

销售利润率，是经营利润与销售收入的比率，以"PR"表示：

$$PR = \frac{P}{px} = cmR \times MSR$$

推导过程如下：

$$PR = \frac{P}{px} = \frac{cmx - a}{px} = \frac{cmx - cmx_0}{px} = \frac{cm(x - x_0)}{px} = \frac{cm}{p} \times \frac{x - x_0}{x} = cmR \times MSR$$

3. 保本作业率

保本作业率，也称危险率，以 dR 表示，是保本点业务量与现有（或预计）业务量的比率。其计算公式如下：

$$保本作业率dR = \frac{保本点业务量}{现有（或预计）业务量} = \frac{x_0}{x_1} = \frac{y_0}{y_1}$$

保本点作业率表明企业保本的业务量在现有（或预计）业务量中所占的比重。一般情况下，企业的正常生产都是基于现有（或预计）业务量来进行的，所以保本作业率实际上表明，当企业的作业率达到怎样的程度才能实现保本。

【例 4-3】　某企业 20×5 年只生产乙产品，其单位售价 p 为 100 元，单位变动成本 b 为 40 元，固定成本总额 a 为 90 000 元，全年预计产销量 x_1=4 000 件，则可以计算该公司的有关指标如下：

$$cmR = \frac{p - b}{b} = \frac{100 - 40}{100} \times 100\% = 60\%$$

$$x_0 = \frac{a}{p - b} = \frac{a}{cm} = \frac{90\,000}{100 - 40} = 1\,500\,(件)$$

$$y_0 = px_0 = \frac{a}{cmR} = \frac{90\,000}{60\%} = 150\,000\,(元)$$

$$MS量 = x_1 - x_0 = 4\,000 - 1\,500 = 2\,500\,(件)$$

$$MS额 = p(x_1 - x_0) = 100 \times 2\,500 = 250\,000\,(元)$$

$$MSR = \frac{MS量}{x_1} = \frac{2\,500}{4\,000} \times 100\% = 62.5\%$$

$$PR = cmR \times MSR = 60\% \times 62.5\% = 37.5\%$$

$$dR = \frac{x_0}{x_1} = \frac{1\,500}{4\,000} \times 100\% = 37.5\%$$

（三）本量利关系图

本量利关系图又称为保本图，是以保本点为核心，在直角坐标系中绘制的反映成本、收入、利润等指标位置关系的图形。一般有下列三种形式。

1. 基本式

基本式本量利关系图（图4-2）中，主要反映以下指标。

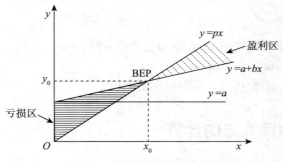

图 4-2　基本式本量利关系图

（1）三条线，即销售收入线 $y=px$、总成本线 $y=a+bx$、固定成本线 $y=a$。

（2）一个点，即保本点 BEP（x_0，y_0）。

（3）两个区域，即盈利区、亏损区。

2. 贡献式

贡献式本量利关系图（图4-3）中，主要反映以下指标。

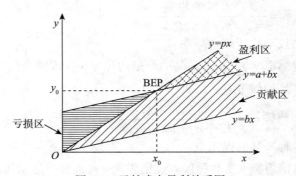

图 4-3　贡献式本量利关系图

（1）三条线，即销售收入线 $y=px$、总成本线 $y=a+bx$、变动成本线 $y=bx$。

（2）一个点，即保本点 BEP（x_0，y_0）。

（3）三个区域，即盈利区、亏损区和贡献区。

3. 量利式

量利式本量利关系图（图4-4）中，主要反映以下指标。

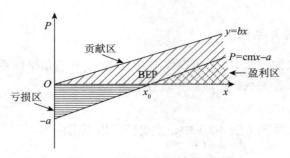

图 4-4   量利式本量利关系图

（1）两条线，即利润线 $P=cmx-a$ 和变动成本线 $y=bx$。

（2）一个点，即保本点 BEP。

（3）三个区域，即盈利区、亏损区和贡献区。

二、多品种保本点的计算

以上介绍了单一品种条件下保本点的计算，但在实际经济生活中，很少有只经营一种产品的企业。在企业同时产销多种产品的情况下，应先计算企业整体的保本点销售额，再反过来计算各种产品的保本点。一般可按下列步骤进行计算。

第一步，计算全部产品的销售总额：

全部产品的销售总额 $=\sum($ 各种产品的单价 $\times$ 预计销售量 $)$

第二步，计算各产品的销售额比重：

$$某产品销售额比重 = \frac{该产品的销售额}{全部产品销售总额}$$

第三步，计算加权平均贡献边际率：

加权平均贡献边际率 $=\sum($ 各种产品的贡献边际率 $\times$ 各该种产品销售额比重 $)$

第四步，计算多品种保本点：

$$多品种保本点销售额 = \frac{全厂固定成本总额}{加权平均贡献边际率}$$

第五步，计算各种产品的保本点：

各种产品保本点销售额 = 多品种保本点销售额 $\times$ 各该种产品销售额比重

【例 4-4】   某企业经营 A、B 两种产品，全年固定成本总额为 72 000 元，有关资料如表 4-2 所示。

表 4-2   A、B 产品有关资料

项目	A 产品	B 产品
售价/元	5	2.5
贡献边际率/%	40	30
预计产销量/件	30 000	40 000

要求：

（1）计算该企业的保本点销售额；

（2）分别计算 A、B 两种产品的保本点；

（3）计算企业的安全边际额和预期利润。

【解答】

按照上述多品种保本点的计算步骤，有

全部产品销售总额=5 × 30 000 + 2.5 × 40 000=250 000（元）

（1）A 产品销售额比重=150 000/250 000 × 100% = 60%

　　　B 产品销售额比重=100 000/250 000 × 100% = 40%

　　　综合 cmR=40% × 60% + 30% × 40% = 36%

　　　企业多品种保本点销售额 y_0=72 000/36% = 200 000（元）

（2）A 产品保本额=200 000 × 60% = 120 000（元）

　　　A 产品保本量=120 000/5 = 24 000（件）

　　　B 产品保本额=200 000 × 40% = 80 000（元）

　　　B 产品保本量=80 000/25 = 3 200（件）

（3）MS 额=250 000 - 200 000 = 50 000（元）

$$P = \text{cm}x - a = \text{cm}x - \text{cm}x_0 = \text{cm}(x - x_0) = \frac{\text{cm}}{p} \times p(x - x_0)$$

$$= \text{cmR} \times \text{MS额} = 36\% \times 50\,000 = 18\,000（元）$$

三、有关因素变动对保本点及安全边际的影响

（一）因素变动对保本点的影响

如前所述，$x_0 = \dfrac{a}{p-b} = \dfrac{a}{\text{cm}}$，而 $\text{cm} = p - b$。

1. 售价变动而其他不变

售价变动不外乎两种情况：要么售价上升；要么售价下降。

如果是售价上升，即有 $p\uparrow \Rightarrow \text{cm}\uparrow \Rightarrow x_0\downarrow$；如果售价下降，即有 $p\downarrow \Rightarrow \text{cm}\downarrow \Rightarrow x_0\uparrow$。

可见，保本点会随售价的变动而反向变动。同时我们从本量利关系图上可知，保本点是收入线与成本线的交点，其必定不会离开成本线，因此我们还可以更确切地说，保本点随着售价的变动而沿着成本线反向变动。

【例 4-5】 某企业生产的 A 产品单位售价 40 元，单位变动成本 30 元，全月固定成本总额 40 000 元。为扩大产品销售，企业拟在下年度降低售价10%。则：

$$降价前的保本点销售量 = \frac{36\,000}{40-30} = 3\,600(件)$$

$$降价后的保本点销售量 = \frac{36\,000}{40 \times (1-10\%) - 30} = 6\,000(件)$$

计算结果表明，A产品降价10%后，保本点销售量从原来的3 600件上升到6 000件，上升了2 400件。

2. 单位变动成本变动而其他不变

同样，单位变动成本变动也有上升和下降两种情况：$b\uparrow \Rightarrow cm\downarrow \Rightarrow x_0\uparrow$；$b\downarrow \Rightarrow cm\uparrow \Rightarrow x_0\downarrow$。

可见，保本点随单位变动成本的变动而反向变动。同样的，由于保本点是收入线与成本线的交点，其必定不会离开收入线，因此我们还可以更进一步说，保本点随着单位变动成本的变动而沿着收入线同向变动。

在例4-5中，若A产品的单位变动成本下降10%而其他不变，则：

$$单位变动成本降低后的保本点销售量 = \frac{36\,000}{40-30\times(1-10\%)} = 2\,769(件)$$

计算结果表明，A产品单位变动成本降低10%后，保本点销售量从原来的3 600件下降到2 769件，下降了831件。

3. 固定成本变动而其他不变

$a\uparrow \Rightarrow x_0\uparrow$；$a\downarrow \Rightarrow x_0\downarrow$。

可见，保本点随固定成本变动而同向变动。由于保本点不会离开收入线，因此我们还可以说，保本点随着固定成本的变动而沿着收入线同方向变动。

在例4-5中，若企业的固定成本下降10%而其他不变，则：

$$固定成本降低后的保本点销售量 = \frac{36\,000\times(1-10\%)}{40-30} = 3\,240(件)$$

计算结果表明，企业固定成本降低10%后，保本点销售量从原来的3 600件下降到3 240件，下降了360件。

4. 多因素同时变动

此时，保本点的变动要视具体情况而定，既可能上升，也可能下降，甚至还可能不变。另外，即使售价与单位变动成本保持同向同比例变动，也不能保证保本点不变。

【例4-6】 某企业生产B产品，本年度其单价为100元，单位变动成本60元，固定成本总额50 000元。下年度打算将B产品的售价提高10%，同时增加材料投入，将单位变动成本提高10%，而固定成本保持不变，则：

售价和单位变动成本变动前的保本点销售量

$$= \frac{50\,000}{100-60} = 1\,250(件)$$

售价和单位变动成本变动后的保本点销售量

$$= \frac{50\,000}{100\times(1+10\%)-60\times(1+10\%)} = 1\,136(件)$$

可见，售价与单位变动成本同时增加10%，保本点销售量由1 250件下降到1 136件。

（二）因素变动对安全边际的影响

安全边际=现有（或预计）销售量–保本点业务量，即

$$MS量 = x_1 - x_0 = x_1 - \frac{a}{p-b}$$

可见安全边际受 a、p、b、x 四个因素的影响。由于 x_0 作为减数，因此因素变动对安全边际的影响可以通过 x_0 的变动表现出来。

1. 售价变动

当售价变动时，由于保本点会向反方向变动，因而在销售量既定的条件下，安全边际会同向变动。

2. 单位变动成本变动

当单位变动成本变动时，由于保本点会向同方向变动，故在销售量既定的条件下，安全边际会反向变动。

3. 固定成本变动

当固定成本变动时，由于保本点会向同方向变动，故在销售量既定的条件下，安全边际会反向变动。

4. 销售量变动

当销售量变动时，若保本点不变，则安全边际会同向变动。

5. 多因素同时变动

当两个及两个以上因素同时发生变动时，安全边际的变动要视具体情况而定。

四、保本措施

前面述及，保本点销售量是企业经营处于保本状态时的销售量或销售额水平。那么，企业要实现保本，除销售量或销售额分别取值为 x_0 或 y_0 外，还可以采取哪些措施呢？借鉴保本点销售量或销售额的计算，由利润公式：

$$P = px - bx - a = 0$$

可以得到

保本售价$p_0 = b + \dfrac{a}{x}$

保本单位变动成本$b_0 = p - \dfrac{a}{x}$

保本固定成本$a_0 = (p-b)x = \mathrm{cm}x$

【例 4-7】　某企业只经营一种产品，其单价 100 元，单位变动成本 60 元，全年固定成本预计 90 000 元，预计销售量 6 000 件。若该企业要实现保本，可以采取以下措施：

保本销售量$x_0 = \dfrac{a}{p-b} = \dfrac{90\,000}{100-60} = 2\,250(件)$

$$保本售价 p_0 = b + \frac{a}{x} = 60 + \frac{90\,000}{6\,000} = 75(元)$$

$$保本单位变动成本 b_0 = p - \frac{a}{x} = 100 - \frac{90\,000}{6\,000} = 85(元)$$

$$保本固定成本 a_0 = (p - b)x = \mathrm{cm}x = (100 - 60) \times 6\,000 = 240\,000(元)$$

第三节　保利分析

保利分析，是指在保证某个特定盈利状态的条件下所进行的本量利分析。现代企业作为市场经济的参与者，具有进行独立核算、自主经营、自负盈亏的重要特征，因此，追逐利润是企业的正常诉求。保本经营不是企业的目标，确定保本点只是为企业建立了一条经营中的"预警线"。只有盈利，才能满足企业进行扩大再生产的要求，才能体现企业存在的价值。因此，企业应在保本分析的基础上进一步开展保利分析，以充分揭示成本、业务量和利润之间的关系。

一、保利点的计算

所谓保利点，又称"实现目标利润的业务量"，是指企业经营处于某个特定盈利状态（保利状态）时的业务量水平。在该业务量水平上，企业的总收入大于总成本，利润大于零。有实物指标（以 x_T 表示）和金额指标（以 y_T 表示）。

（一）保利点销售量和销售额

设一定期间企业的税前目标利润为 P_T，则由 $P_T = (p - b)x - a$，可以得到

$$保利量 x_T = \frac{a + P_T}{p - b} = \frac{a + P_T}{\mathrm{cm}}$$

$$保利额 y_T = px_T = \frac{p \times (a + P_T)}{\mathrm{cm}} = \frac{a + P_T}{\mathrm{cm}\big/p} = \frac{a + P_T}{\mathrm{cmR}}$$

【例 4-8】　某企业只产销一种 B 产品，其单位售价为 200 元，单位变动成本 120 元，本年度共产销 B 产品 10 000 件，发生固定成本 500 000 元。若下年度要使利润增长 20%，则需要产销多少 B 产品？

【解答】

计算如下：

$$
\begin{aligned}
目标利润 P_T &= \big[(p - b)x - a\big] \times (1 + 20\%) \\
&= \big[(200 - 120) \times 10\,000 - 500\,000\big] \times (1 + 20\%) \\
&= 360\,000(元)
\end{aligned}
$$

$$保利量\, x_\mathrm{T} = \frac{a + P_\mathrm{T}}{p - b} = \frac{500\,000 + 360\,000}{200 - 120} = 10\,750(件)$$

$$保利额\, y_\mathrm{T} = px_\mathrm{T} = 200 \times 10\,750 = 2\,150\,000(元)$$

（二）保利点与保本点的关系

保本点销售量与保利点销售量的计算公式分别为

$$保本点销售量\, x_0 = \frac{a}{p - b} = \frac{a}{\mathrm{cm}}$$

$$保利点销售量\, x_\mathrm{T} = \frac{a + P_\mathrm{T}}{p - b} = \frac{a + P_\mathrm{T}}{\mathrm{cm}}$$

对比两个计算公式，我们可以发现，保利点在分子上比保本点多出一项目标利润 P_T，如果目标利润 P_T 为 0，那么保利点与保本点就是一样的了。这就说明，保本点其实是一个特殊的保利点，而保本状态也就是一种特殊的保利状态。当我们将目标利润确定为 0 时，实际上我们就是要求保本。

（三）有关因素变动对保利点的影响

由保利点的计算公式：

$$x_\mathrm{T} = \frac{a + P_\mathrm{T}}{p - b} = \frac{a + P_\mathrm{T}}{\mathrm{cm}}; \quad y_\mathrm{T} = px_\mathrm{T}$$

可见影响保利点的因素有四个，即固定成本 a、售价 p、单位变动成本 b 和目标利润 P_T。

1. 售价变动

$$p \uparrow \Rightarrow \mathrm{cm} \uparrow \Rightarrow x_\mathrm{T} \downarrow; \quad p \downarrow \Rightarrow \mathrm{cm} \downarrow \Rightarrow x_\mathrm{T} \uparrow$$

可见，当售价发生变动时，保利点会随之发生反方向变动。

2. 单位变动成本变动

$$b \uparrow \Rightarrow \mathrm{cm} \downarrow \Rightarrow x_\mathrm{T} \uparrow; \quad b \downarrow \Rightarrow \mathrm{cm} \uparrow \Rightarrow x_\mathrm{T} \downarrow$$

可见，当单位变动成本发生变动时，保利点会随之发生同方向变动。

3. 固定成本变动

$$a \uparrow \Rightarrow x_\mathrm{T} \uparrow; \quad a \downarrow \Rightarrow x_\mathrm{T} \downarrow$$

可见，当固定成本发生变动时，保利点会随之发生同方向变动。

4. 目标利润变动

由保利量的计算公式可以看出，目标利润与固定成本都在分子上，其对保利点的影响与固定成本对保利点的影响相同。

5. 多因素同时变动

如果两个及以上的因素同时发生变动，则保利点将会怎样变动要视具体情况而定。

二、实现目标利润的措施

如前所述，一定期间企业的税前目标利润以 P_T 表示，则有利润公式 $P_T = (p-b)x-a$。

由此可知，要实现目标利润，除了销售量、销售额分别取值 x_T、y_T 之外，一般还可以采取以下措施：

保利单价 $p_T = b + \dfrac{a + P_T}{x}$

保利单位变动成本 $b_T = p - \dfrac{a + P_T}{x}$

保利固定成本 $a_T = px - bx - P_T$

【例 4-9】　某公司产销 C 产品，本年度产销量为 40 000 件，售价 18 元，单位变动成本为 10 元，全年固定成本总额 150 000 元，本年度共获利润 170 000 元。现根据本公司的生产能力及市场调查，将计划年度的目标利润确定为 204 000 元。

要求：计算影响目标利润的各项因素应分别怎样变动（假定只考虑单因素变动），才能保证目标利润的实现。

【解答】

（1）$x_T = \dfrac{150\,000 + 204\,000}{18 - 10} = 44\,250$ ；

$\Delta x = 44\,250 - 40\,000 = 4\,250$，$\dfrac{\Delta x}{x} = \dfrac{4\,250}{40\,000} \times 100\% = 10.625\%$ 。

在其他因素不变的情况下，将销售量提高 10.625%，即由 40 000 件提高到 44 250 件，可以实现目标利润。

（2）$p_T = 10 + \dfrac{150\,000 + 204\,000}{40\,000} = 18.85$，$\dfrac{\Delta p}{p} = \dfrac{18.85 - 18}{18} \times 100\% = 4.72\%$ 。

在其他因素不变的情况下，将销售单价提高 4.72%，即由 18 元提高到 18.85 元，可以实现目标利润。

（3）$b_T = 18 - \dfrac{150\,000 + 204\,000}{40\,000} = 9.15$，$\dfrac{\Delta b}{b} = \dfrac{9.15 - 10}{10} \times 100\% = -8.5\%$ 。

在其他因素不变的情况下，将单位变动成本降低 8.5%，即由 10 元降低到 9.15 元，可以实现目标利润。

（4）$a_T = (18 - 10) \times 40\,000 - 204\,000 = 116\,000$ ；

$\dfrac{\Delta a}{a} = \dfrac{116\,000 - 150\,000}{150\,000} \times 100\% = -22.67\%$ 。

在其他因素不变的情况下，将固定成本降低 22.67%，即由 150 000 元降低到 116 000 元，可以实现目标利润。

【本章小结】

本章介绍了本量利分析的含义及假设、贡献边际及相关指标、保本点及保利点分析。在保本分析中,详细阐述了单品种条件和多品种条件下确定保本点的方法或步骤,分析了有关因素变动对保本点及安全边际的影响,给出了保本措施;在保利分析中,说明了保本点与保利点的关系,分析了有关因素变动对保利点的影响,并给出了实现目标利润的一些措施。应该指出,本量利分析在变动成本计算的基础上,以数量模型或图示的方式来揭示成本、业务量、利润及其他有关指标之间的规律性联系,其目的主要是为会计预测、决策和规划提供必要的财务信息。

【关键术语】

本量利分析　保本点　保利点　安全边际　目标利润

【思考题】

(一)什么是 CVP 分析?其具有什么作用?

(二)什么是贡献边际?它有哪些表现形式?怎样计算?

(三)什么是保本点、保利点?怎样计算?

(四)什么是安全边际?其有什么意义?

(五)当有关因素发生变动时,对保本点、保利点、安全边际和经营利润分别会产生什么影响?

(六)试说明有哪些保本措施、保利措施。

【练习题】

1. 某企业产销 A 产品(单位:件),其各项变动成本占销售收入的百分比如下:直接材料占 45%,直接人工占 25%,变动制造费用占 6%,变动销售及管理费用占 4%。假定该企业的固定成本总额为 30 000 元,产品单位售价为 20 元。试计算该产品的保本点销售量。

2. 某公司只产销 B 产品(单位:台),本年度销售收入为 150 000 元,经营利润为 12 000 元。公司准备在计划年度将产销量增加 10%(假定产销平衡),产销量增加后,该公司经营利润将增加 25%。如果计划年度的产品售价仍维持在 40 元的水平,单位变动成本与固定成本总额也维持不变。试计算该公司计划年度的保本点销售量。

3. 某企业只产销 C 产品,每件售价为 50 元,正常年产销量 8 000 件,成本及费用资料如表 4-3 所示。

表 4-3　C 产品成本费用资料(单位:元)

项目		金额
制造成本	直接材料	10
	直接人工	8
	变动制造费用	9
	固定制造费用	50 000

续表

项目		金额
销售费用	变动销售费用	2
	固定销售费用	30 000
管理费用	变动管理费用	1
	固定管理费用	15 000

要求:

（1）计算贡献边际率、保本点销售量、安全边际率、销售利润率;

（2）若所得税税率为 25%,计算实现税后目标利润 9 750 元所需的销售量。

4. 某企业产销 D 产品,保本点销售额为每月 12 000 元。如果固定成本增加 4 000 元,则为达到保本必须增加销售额 16 000 元。假设 D 产品的售价及单位变动成本均保持不变。

要求:

（1）计算变动成本率;

（2）计算未增加 4 000 元以前的固定成本;

（3）计算固定成本增加的幅度和保本点销售额增加的幅度。

5. 某公司经营 E、F、G 三种产品,全年固定成本总额为 30 720 元,有关资料如表 4-4 所示。

表 4-4　售价、成本及产销量资料

项目	E 产品	F 产品	G 产品
单位售价/元	25	10	5
单位变动成本/元	20	6	2.5
预计产销量/件	1 600	4 000	4 000

要求:

（1）计算该公司的保本总额和安全边际;

（2）该公司拟调整产品结构,将 F 产品销售量降低到 2 000 件,G 产品销售量提高到 6 000 件,要使调整方案可行,则 E 产品应作何调整?

6. 某企业产销 H 产品,20×5 年度的简明损益表如表 4-5 所示。

表 4-5　某企业简明损益表（单位:元）

项目	金额
销售收入	1 000 000
减:销售成本	800 000（其中变动成本占 62.5%,其余为固定成本）
销售毛利	200 000
减:销售及管理费	250 000（其中固定成本 60%,其余为变动成本）
经营利润	−50 000

经财务人员分析,企业亏损的原因是对产品的宣传力度不够。20×6 年若能增加广告投入 50 000 元,可使销售量增加,从而扭转亏损。

要求：

（1）20×6年度企业为扭转亏损，销售额至少应达多少？

（2）若计划在20×6年度实现利润100 000元，则销售额又应达多少？

7. 某企业经营J产品一种产品，上年度实现销售6 000件，利润8 000元，单位售价20元，单位变动成本16元，固定成本16 000元。

要求：

（1）要使企业经营不发生亏损，则可以采取哪些措施？

（2）若计划年度企业的目标利润增长率预计为60%，试分析可采取哪些措施。

【案例分析】

贵阳兴黔金属制品厂生产一种不锈钢产品，假定产销一致，不考虑期间费用。

第一年资料：产销1 000件，单位售价100元，单位产品变动成本50元，固定成本总额30 000元，年经营利润为20 000元。按变动成本法编制的简明利润表如表4-6所示。

表4-6　利润表（一）（单位：元）

项目	金额
销售收入	100 000（100元×1 000件）
变动生产成本	50 000（50元×1 000件）
贡献边际总额	50 000
固定成本总额	30 000
经营利润	20 000

单位生产成本=（50 000+30 000）/1 000=80（元）

单位经营利润=20 000/1 000=20（元）

第二年资料：产销800件，售价不变，销售收入80 000元，总成本70 000元，营业利润10 000元。根据第二年资料，可计算出：

单位生产成本=70 000/800=87.5（元）

单位经营利润=10 000/800=12.5（元）

上列资料表明：第二年单位生产成本提高7.5元，单位经营利润下降7.5元，经营利润总额减少10 000元。

下面我们对第二年资料进行分析。

首先用传统方法分析该产品成本降低额和降低率：

产品成本降低额=（80×800）－70 000=－6 000（元）（超支）

产品成本降低率=－6 000/（80×800）×100%=－9.375%

其次分析经营利润减少10 000元的原因：

由于成本变动的影响=单位生产成本降低额×本年产销量

　　　　　　　　　=－7.5×800=－6 000（元）（超支）

由于产销量变动的影响=基期单位经营利润×产销量变动数

　　　　　　　　　=20×（－200）=－4 000（元）（减少）

结论：第二年成本比第一年成本超支 6 000 元，超支率 9.375%。经营利润减少 10 000 元，原因是成本超支使经营利润减少 6 000 元，产销量减少 200 件使经营利润减少 4 000 元，故经营利润总额减少 10 000 元。

下面我们再用本量利分析原理对第二年的情况进行分析。

首先列出第二年按变动成本法编制的利润表，见表 4-7。

表 4-7　利润表（二）（单位：元）

项目	金额
销售收入	80 000（100 元×800 件）
变动生产成本	40 000（50 元×800 件）
贡献边际总额	40 000
固定成本总额	30 000
经营利润	10 000

从表 4-7 看，该企业第二年与第一年成本水平并无变化，即单位变动成本未变，固定成本总额也未变。按传统方法说成本超支 9.375% 是不符合实际情况的。

下面分析经营利润减少 10 000 元的原因。

在四个影响经营利润的因素中，只有产销量有变化，其他三项，如单位变动成本、固定成本总额、销售单价均无变化。因此，分析产销量变动对经营利润的影响额的方法如下：

经营利润变动额=产销量变动数×单位贡献边际=–200×50=–10 000（元）

可见，经营利润减少 10 000 元完全是由产销量减少 200 件引起的，没有其他原因。仅从这一实例就可看出，传统分析方法由于不准确会带来如下影响：第一，不能正确评价企业的业绩。该企业本来成本水平未变，却被认为比上年超支 9.375%，这一评价显然是不公平的。第二，分析是为了发现问题、查明原因、采取解决问题的措施。而按传统分析的结论，要到成本中去查找超支 6 000 元的原因岂不是"水中捞月"。第三，本量利分析的一个重要作用，就是它揭示了生产能力利用程度不同对企业经济效益产生的巨大影响。例如，本例产销量在上年 1 000 件的基础上减少 20%，使经营利润减少 50%；反之，如果本例产销量增加 20%，则经营利润也会增加 50%。这就提醒人们注意在充分发挥生产能力方面下功夫。而传统分析却认为，产销量减少 200 件，经营利润只减少 4 000 元，把另外 6 000 元转嫁给成本。这必然造成财务分析的混乱，把人们的注意力引入歧途。当管理者所作的决策影响产量时，就必然想了解这些决策对成本和收入有什么影响。他们会发现除产量以外的许多因素都对成本有影响。但在决策过程中，首先必须确定产量与成本、利润的关系。

（资料来源：http://www.592kaoshi.com/thread.php?fid-24.html，有改动）

【参考文献】

韩文连. 2001. 管理会计学[M]. 北京：首都经济贸易大学出版社.

吴大军，刘彦秀. 2013. 管理会计[M]. 大连：东北财经大学出版社.

余绪缨，蔡淑娥. 1999. 管理会计[M]. 北京：中国财政经济出版社.

第五章

经营预测分析

【本章学习目标】通过本章学习，学生要了解经营预测的定义及分类、基本程序、方法和特点；掌握销售预测的几种常见方法，包括算术平均法、趋势平均法、指数平滑法及直线回归预测法；掌握成本预测的内容，包括产品成本水平发展趋势的预测、因素变动预测法及最佳产品质量成本的预测；掌握影响利润变动的主要因素、本量利预测分析法、利润增长比率预测法、经营杠杆系数法等；掌握资金需要量预测的几种常见方法。

第一节　经营预测分析概述

一、预测分析的定义及分类

所谓预测分析，是根据反映客观事物的资料信息，运用科学方法来预计和推测客观事物发展的必然趋势及可能性的方法。由此可见，预测分析是对不确定的或不知道的事件做出推测，其主要特点是根据过去或现在预计未来。

经营预测分析，相对于企业的预测分析，主要对其未来经营状况、发展前景以及可能产生的经济效益做出科学的估计和推测，是企业经营管理的一个重要组成部分。企业经营预测不同于一般经济增长预测，也不同于国民经济的宏观预测，它是以保证企业的生存与发展为中心，以提高经济效益为目的，从组织人事到科技、经济、市场各类专业兼而有之的综合性预测。

经营预测可以从各个不同的角度进行分类：

（1）按预测的时间分类，可分为短期预测、中期预测和长期预测。短期预测一般为一年以内的预测，如年度预测或季度预测，是指对计划年度或季度经济发展前景的预测。短期预测是制订月度计划、季度计划、年度计划，明确规定一年以内经济活动具体任务的依据。中期预测是指对一年以上、五年以下经济活动的预测，常用的是三年预测，主要是为了检查长期计划的执行情况以及检查长期决策的经济效果，以便及时发现问题，纠正偏差。长期预测是指对五年以上时间的经济发展前景的预测，为企业考虑远期规划时制定重大的经营管理决策提供依据。

（2）按预测的内容分类，可分为资金预测、利润预测、销售预测和成本预测。资金预测是关于企业短期和长期资金的供应与需求情况的预测，也包括社会资金供求趋势及资金供求成本变动情况的预测。利润预测是关于企业未来利润额和利润增减变动趋势及变动原因的预测。销售预测是关于企业未来销售产品的数量、价格和销售结构等因素的预测。成本预测是关于企业未来面对激烈的市场竞争，其单位成本和总成本变动趋势的预测。

二、预测分析的基本程序

预测分析是一项复杂细致的工作，必须有计划、有步骤地进行。其步骤一般如下。

（一）确定预测目标

确定预测目标是做好预测的首要前提，它是制订预测工作计划、确定资料来源、选择预测方法、组织预测人力的重要依据。预测目标一般是根据企业的经营目标确定的。例如，为了提出进一步降低成本的各种方案，企业必须根据一定时期经营的总目标，对目前成本可能达到的水平进行测算。

（二）收集整理资料

它是预测工作的起点，是进行预测的依据。收集的资料是否准确、可信、全面，对预测的准确性起着决定性的作用。因此，所收集的资料其来源是否可靠、真实、全面，要认真进行审查，同时要把这些资料分组、归类，以确保这些资料的系统性、可比性、连续性。

（三）选择预测方法

每种预测方法都有特定的用途，我们必须根据预测目标、内容、要求和所掌握的资料，选择相应的预测方法。如果选择的预测方法不适当，就难以达到预测的目的。

（四）综合分析预测

也就是要分析内部、外部的各种影响因素。考虑重大因素的影响。例如，在成本预测中，必须考虑财务制度的重大改变等重要因素的影响。

（五）计算预测误差

因为预测是把过去事物发展的模式引申到未来，带有一定的假定性，所以预测的结果难免会有一定的误差存在。但误差过大，就将失去预测的意义，因此，还要根据有实际经验的专家所估计的数据，对预测的结果进行修正，以保证预测目标的实现。

（六）得出预测结论

根据上述的综合分析及计算预测的误差，用文字的形式将预测的结果传输给企业的有关管理部门，为其决策提供依据。

（七）评价预测结果

由于企业面对的市场因素复杂多变，存在很多不确定的因素，因此预测的结果很难同企业的实际结果相吻合，或多或少存在一些差异，企业要分析出差异的原因，并根据具体原因，具体对待，认真总结经验，为下一次的预测结果更接近现实做好准备。在企业的整个预测过程中，任何一个环节都非常重要，每一个环节都要依赖上一个环节提供的信息。因此，在预测中，一定要保证信息资料的畅通性，做到及时反馈相应的资料和信息。

预测分析的一般程序，如图 5-1 所示。

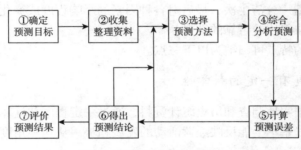

图 5-1　预测分析的一般程序

三、预测分析的方法

预测分析的方法有很多种，但基本上可以归纳为以下两类，即定性分析法和定量分析法。

（一）定性分析法

定性分析法，依靠人们的主观分析判断来确定未来的估计值。其一般做法是召集主管人员、经办人员、有经验的技术和管理人员，依据过去积累的资料，进行分析判断，分别提出预测意见，然后加以整理综合，得出综合性的预测意见。这种方法适合于在资料缺乏，或主要因素难以定量分析的情况下应用。属于这类方法的有经验分析法、直接调查法、集合意见法和集体思考法等。

（二）定量分析法

定量分析法，根据过去比较完备的统计资料，应用一定的数学模型或数理统计方法对各种数量资料进行科学的加工处理，借以充分揭示有关变量之间的规律性联系，作为对未来事物发展趋势预测的依据。

定量分析法又可分为两类：

其一，趋势预测法，它以某项指标过去的变化趋势作为预测的依据，这意味着其将未来作为"过去历史的延伸"。这类方法主要有简单平均法、移动平均法、指数平滑法等。

其二，因果预测法，它从某项指标与其他有关指标之间的规律性联系中进行分析研究，以它们之间的规律性联系作为预测的依据。这类方法主要有回归分析法、相关分析法等。

在实际工作中，定量方法与定性方法需要结合起来应用，相互取长补短，才能收到较好的效果。

四、预测分析的特点

预测的过程，实际上是信息处理的过程。首先要收集大量的信息资料；其次是整理分析资料、去粗存精、分清主次；最后对各种因素的影响程度或变化趋势进行测算，并修正预测值，才能取得比较可靠的结果。

企业经营预测的特点可归纳为以下三点。

（一）预测具有一定的科学性

因为预测是根据实地调查和历史统计资料，通过一定程序和计算方法，来推算未来的经营信息的，所以基本上能反映经营活动的发展趋势。从这一角度来说，预测具有一定的科学性。

（二）预测具有一定的近似性

如前所述，预测是事先对未来经营状况的推测和预计。因为企业经营活动受各种因素的影响，未来的经营活动又不是过去的简单重复，所以预测值与实际值之间难免存在一定的误差，不可能完全一致。正是从这一角度来说，预测具有一定的近似性。

（三）预测具有一定的局限性

这是因为我们对未来经营活动的认识和预见，总带有一定的主观性和局限性。而且预测所掌握的资料有时不全、不太准确或者在计算过程中省略了一些因素，所以预测的结果不可能完整地、全面地表述未来的经营状况，因而具有一定的局限性。

企业在决策时必须充分考虑到预测的这些特点，结合实际情况，及时加以修正或调整。

■ 第二节   销售预测

销售预测是指在充分调查、研究的基础上预计市场对本企业产品在未来时期的需求趋势。在实行"以销定产"的条件下，企业的全部经营活动和产品的销售是密切相关的。所以销售预测不仅对改善销售工作具有重要的意义，而且能为企业进行经营决策和安排产品生产等方面提供重要的资料。

销售预测的方法同其他方面的预测一样，可分为定性预测和定量预测两种。所谓定性预测是指由熟悉销售业务的专业人员根据过去的销售情况，结合市场调查资料，凭他们的经验进行分析和判断，分别提出预测意见，然后通过一定形式进行汇总，综合集体意见，作为预测未来销售量的依据。定量预测主要是利用销售的历史资料，运用一定的数学方法进行计算。以下着重对销售定量预测中常用的几种方法进行较具体的说明。

一、算术平均法

算术平均法是根据过去若干期的销售量，计算简单的算术平均数，作为未来的销售预测数。其计算公式为

计划期销售预测数=各期销售量之和÷期数

【例 5-1】　假设某公司 2010 年上半年某产品及产品的实际销售额的历史资料如表 5-1 所示。

表 5-1　2010 年上半年某品实际销售额（单位：元）

项目	1 月	2 月	3 月	4 月	5 月	6 月	合计
实际销售额	24 000	21 200	28 000	26 000	30 000	28 000	157 200

如果用简单平均法对 7 月销售额进行推算，得

7 月销售预测数=157 200÷6=26 200（元）

这种方法的优点是计算简单，但是最大的缺陷是把各月间的差异平均化，没有考虑到近期（如例 5-1 中的 4~6 月）的发展趋势，因而所测出的预计数量与实际数量会发生较大的误差。所以这种方法只适用于销售额基本稳定的产品。

二、趋势平均法

趋势平均法如果用于销售预测，是假定未来时期的销售与它相接近时期销售的直接联系，而同较远时期的销售关系较小，同时为了尽可能缩小偶然因素的影响，可以最近若干时期的平均值作为计算预测期的预测值的基础。

【例 5-2】　某公司 2010 年各月实际销售额如表 5-2 所示。

表 5-2　2010 年各月实际销售额（单位：万元）

2010 年月份	实际销售额	五年平均	变动趋势	三期趋势平均数
1	10			
2	12			
3	13	14.0		

续表

2010 年月份	实际销售额	五年平均	变动趋势	三期趋势平均数
4	16	16.6	2.6	
5	19	19.4	2.8	2.93
6	23	22.8	3.4	2.86
7	26	25.2	2.4	2.60
8	30	27.2	2.0	1.93
9	28	28.6	1.4	1.53
10	29	29.8	1.2	
11	30			
12	32			

根据以上资料测算 2011 年 1 月的销售额, 其预测值可按下式计算:

28.6+4 × 1.53＝34.72(万元)

式中, 28.6 是指 2010 年 9 月计算的平均销售额, 从 2010 年 9 月到 2011 年 1 月相距 4 个月, 而 2010 年 8~10 月这 3 个月平均每月增长 1.53 万元, 所以预测 2011 年 1 月的销售额可达到 34.72 万元。

由上可见, 本例中是根据各期历史资料连续五期进行平均的, 通过平均看出其变动趋势是逐期增加或减少, 表 5-2 中最后一栏是对趋势再平均, 这样可以尽量消除一些偶然因素的影响, 即可从中看出较稳定的变动趋势, 然后以此作为预测的依据, 较为可靠。

这种方法适用于各期产品的生产和销售量逐渐增加的企业。

三、指数平滑法

指数平滑法是根据前期销售量的实际数和预测数, 以加权因子为权数, 进行加权平均来预测下一期销售量的方法。其计算公式如下:

预测期销售量 = 平滑系数×上期实际销售量+(1－平滑系数)×上期预测销售量

$$F_t = aA_{t-1} + (1-a)F_{t-1}$$

式中, F_t 代表本期预测数; A_{t-1} 代表上期的实际数; F_{t-1} 代表上期的预测值; a 代表平滑系数, 它的取值范围为 $0 < a < 1$, 一般取中值, 即在 0.3~0.7。这样可以使得出的预测值较平稳, 能反映企业有关数据稳定的变化趋势。

现仍沿用例 5-2 中表 5-2 的资料, 来说明指数平滑法的具体运算。假设 a=0.4, 1 月的预测值为 11.00 万元。

设 A_1=10, F_1=11.00, a=0.4, 则 F_2 可计算如下:

F_2=aA_1+(1－a)F_1=0.4×10+(1－0.4)×11.00=10.60

其他月份的具体计算如表 5-3 所示。

表 5-3 指数平滑法的具体运算表（单位：万元）

2010 年月份	实际销售额	上月实际销售额×0.4	上月预测	上月预测×0.6	本月平滑预测
1	10				11.00
2	12	4.0	11.00	6.60	10.60
3	12	4.8	10.60	6.36	11.16
4	16	5.2	11.16	6.70	11.90
5	19	6.4	11.90	7.16	13.54
6	23	7.6	13.54	8.12	15.72
7	26	9.2	15.72	9.43	18.63
8	30	10.4	18.63	11.18	21.58
9	28	12.0	21.58	12.95	24.95
10	29	11.2	24.95	14.97	26.17
11	30	11.6	26.17	15.70	27.30
12	32	12.0	27.30	16.38	28.38

2011 年 1 月销售额预测：

0.4×32+（1–0.4）×28.38=29.83（万元）

指数平滑法虽然也是以一个指标本身过去变化的趋势作为预测未来的依据的，但具体计算和趋势平均法有较大的不同：采用趋势平均法，计算以前若干期的平均数和趋势平均数时，前后各个时期的权数相同；而采用指数平滑法对未来进行预测，考虑到近期资料的影响程度应比远期更大，因而对不同时期的资料取不同的权数，越是近期的资料，权数越大，越是远期的资料，权数越小，这样计算更能符合客观实际。这是指数平滑法对趋势平均法的一个重要改进。

四、直线回归预测法

直线回归预测法一般是运用直线回归方程，根据自变量的变动预测因变量变动趋势的方法。

运用直线回归模型进行预测时，首先应将过去一定时期的历史资料按时间序列在坐标系上作图，能大致形成一条直线，则说明这个变量是时间的函数，它们之间基本上存在着线性联系，可建立直线回归方程式。其计算公式如下：

$$y = a + bx$$

式中，

$$a = \frac{\sum x_i^2 \sum y_i - \sum x_i \sum x_i y_i}{n \sum x_i^2 - \left(\sum x_i\right)^2}$$

$$b = \frac{n \sum x_i y_i - \sum x_i \sum y_i}{n \sum x_i^2 - \left(\sum x_i\right)^2}$$

n 表示年份。

【例 5-3】　设某公司 2005~2010 年实际销售额资料（单位：万元）及有关数据计算如表 5-4 所示。

表 5-4　2005~2010 年实际销售额资料及有关数据计算表

年份	销售额（y_i）	年（x_i）	x_iy_i	x_i^2
2005	28	0	0	0
2006	34	1	34	1
2007	36	2	72	4
2008	42	3	126	9
2009	50	4	200	16
2010	52	5	260	25
合计（n=6）	242	15	692	55

代入公式求得

$$a=\frac{55\times242-15\times692}{6\times55-15^2}=\frac{13\,310-10\,380}{330-225}=\frac{2\,930}{105}=27.90$$

$$b=\frac{6\times692-15\times242}{6\times55-15^2}=\frac{4\,152-3\,630}{330-225}=\frac{522}{105}=4.97$$

即

$$y=27.90+4.97x$$

若预测第 7 年的销售额，则 x_i=6，代入上式，可测算第 7 年销售额的预测值为

$$y_7=27.90+4.97\times6=57.72（万元）$$

■ 第三节　成本预测

成本预测就是预测未来成本的一种科学方法。通过成本预测，掌握未来的成本水平和变动趋势，将有助于提高经营管理工作中的预见性，减少盲目性；有利于控制成本、促进成本降低、提高企业生产经营的经济效益，同时也为进行科学决策提供依据。

一、目标成本预测

目标成本是指企业在生产经营活动中某一时期要求实现的成本目标。确定目标成本，是为了控制生产经营过程中的活劳动消耗和物质消耗，降低产品成本，实现企业的目标利润。如果目标成本不能实现，则企业的目标利润也就没有实现的基础。目标成本的确定，通常有两种方法：

第一，选择某一先进成本水平作为目标成本。它可以是本企业历史最好水平，或国内外同样产品的先进成本水平；也可以是计划成本、定额成本或标准成本。

第二，先确定目标利润，然后从产品的销售收入中减去销售税金和目标利润，余额就是目标成本。可根据下列公式测算：

目标成本=预计的产品销售收入-预计应交税费-目标利润

式中，预计的产品销售收入，是指预测期内计划销售的全部产品的销售收入总额；预计应交税费，按国家规定的税种、税率和计税办法的要求计算；目标利润是指企业根据国家有关要求和自身生产经营的正常需要，在预测期有计划获得的合理的利润总额。

【**例 5-4**】 假设某企业在计划年度预计的销售收入为 300 000 元，产品税率为 6%，要实现的目标利润为 50 000 元，则企业的目标成本为

300 000-（300 000×6%）-50 000=232 000（元）

目标成本可作为衡量生产费用实际支出的标准，考虑费用节约和超支的情况，以便及时监督和分析脱离目标成本的偏差。所以，目标成本的确定既要注意先进性，又要注意可行性。这样，才有利于调动企业多方面完成目标的积极性和保证目标的实现。

二、产品成本水平发展趋势的预测

产品成本水平的预测，就是预测计划期内产量变化条件下的总成本水平。如前所述，产品成本按其特性可划分为变动成本和固定成本两大类。所谓变动成本是指其总额会随着产量的变动而变动的成本，如原材料、计件工资等，都是和单位产品的生产成本直接相联系的，其总额会随着产量的增减成比例增减。所谓固定成本，是指其发生额不直接受产量变动的影响，产量在一定范围内变动，其总额仍能保持不变，如固定资产的折旧费、大修理费等。产品成本与产量的这种依存关系，如果用直线方程表示，就是

$$y=a+bx$$

式中，y 代表产品成本；a 代表固定成本总额；b 代表单位变动成本；x 代表产品产量。

这个方程表示了产品成本的发展趋势，只要求出 a、b 的数值，就可以利用这个直线方程式预测出产品在任何产量下的总成本。确定 a 与 b 值的方法有高低点法和回归直线法。

（一）高低点法

将一定时期的历史资料中的最高、最低产量下成本的差额与最高、最低产量的差额进行对比，求出单位变动成本 b。然后求得固定成本总额 a，最后即可根据计划期的预计产量来预测计划期的产品总成本。其具体计算公式如下所示：

$$b=\frac{\text{最高产量的成本}-\text{最低产量的成本}}{\text{最高产量}-\text{最低产量}}$$

a=最高点成本总额-b×最高点的产量

或

a =最低点成本总额$-b$×最低点的产量

b 与 a 的值求得后，再代入计划期的总成本方程式即可预测出计划期的产品总成本和单位成本：

预测计划期产品总成本 $y_1=a+bx_1$

预测计划期产品单位成本 $b_1=y_1\div x_1$

【例5-5】　某企业基年的历史成本数据表明：产量最高月份为11月，共生产4 000件，其总成本为28 000元；产量最低月份为3月，共生产2 400件，其总成本为20 000元。假设计划年度的产量为3 800件，预计其总成本与单位成本各为多少？

【解答】

首先，计算单位变动成本（b）：

b=（28 000－20 000）÷（4 000－2 400）=8 000÷1 600=5（元）

其次，计算固定成本（a）：

a =28 000－5×4 000=8 000（元）

或

a =20 000－5×2 400=8 000（元）

最后，计算计划期产品总成本和单位成本：

计划期产品总成本 y_1=8 000+5×3 800=27 000（元）

计划期产品单位成本 b_1=27 000÷3 800=7.11（元）

高低点法是一种最简易的预测分析方法，在产品成本的变动趋势比较稳定的情况下，采用这种方法比较适宜。如果各期成本变动幅度较大，采用此法则会造成较大误差。此时，采用下列方法进行测算较为精确。

（二）回归直线法

回归直线法是一种比较精确的方法。它是根据若干期的历史成本资料，利用最小二乘法，分析成本在一定条件下增减变动的趋势和基本规律，确定成本预测方程式，据以进行成本预测的方法。

设：y 代表总成本；a 代表固定成本总额；b 代表单位变动成本；x 代表产品产量；n 代表历史资料的期数。

则它们之间基本上呈线性关系，可表现为 $y=a+bx$。式中 a 与 b 的值可按下列公式计算：

$$a=\frac{\sum y-b\cdot\sum x}{n}$$

$$b=\frac{n\sum xy-\sum x\cdot\sum y}{n\sum x^2-\left(\sum x\right)^2}$$

求得 a、b 值后，代入 $y=a+bx$ 方程式，即可预测未来时期的成本。

【例5-6】　假设某公司生产甲产品，其最近五年的产量和产品单位成本资料如表5-5所示。

表 5-5　产量和产品单位成本资料

年度	产量/万件	产品单位成本/元
1	10	200
2	40	150
3	30	220
4	20	120
5	50	100

如果该公司计划年度产量为 150 万件,运用回归直线法预测甲产品总成本的方法如下。

首先,将该公司产量及成本资料进行加工,如表 5-6 所示。

表 5-6　产量及成本资料

年度	产量 x/万件	产品单位成本/元	总成本 y/万元	xy	x^2
1	10	200	2 000	20 000	100
2	40	150	6 000	240 000	1 600
3	30	220	6 600	198 000	900
4	20	120	2 400	48 000	400
5	50	100	5 000	250 000	2 500
合计(n=5)	150	—	22 000	756 000	5 500

其次,将表 5-6 最后一行合计数字代入下述两公式进行计算:

$$b = \frac{n\sum xy - \sum x \cdot \sum y}{n\sum x^2 - \left(\sum x\right)^2} = \frac{(5 \times 756\,000) - 150 \times 22\,000}{5 \times 5\,500 - 150^2}$$

$$= \frac{3\,780\,000 - 3\,300\,000}{27\,500 - 22\,500} = \frac{480\,000}{5\,000} = 96(元)$$

$$a = \frac{\sum y - b \cdot \sum x}{n} = \frac{22\,000 - 96 \times 150}{5} = \frac{7\,600}{5} = 1\,520(万元)$$

最后,测算甲产品计划期的预计总成本:

$y = a + bx = 1\,520 + 96 \times 150 = 1\,520 + 14\,400 = 15\,920$（万元）

三、因素变动预测法

成本水平发展趋势的预测根据历年来的会计、统计上所积累的产品产量和产品成本的实际资料,运用高低点法和回归直线法来预测今后产品成本水平。而因素变动预测法是以基年实际产品成本为基础,预见到各个成本项目中今后一定时期内将受哪些因素的影响及影响程度,预测今后的产品单位成本及总成本。

影响产品成本变动的因素很多，测算的具体方法也不尽一致，归纳起来有以下几种。

（一）直接材料消耗数量变动对产品成本的影响

产品成本中所消耗的直接材料，大概有原材料、辅助材料、燃料等，它是以单位产品耗用量乘以单价来计算的。如果基期与预计期之间单位产品耗用量与单价有变动，就会影响预计期产品的单位成本和总成本。所以，如果我们能够事先测定直接材料的变动数量，就可以直接测算出其对产品成本的影响程度。

【例 5-7】　某企业生产甲产品，耗用 A、B 两种原材料，基期单位产品耗用 A 材料 2 千克，单价 10 元；B 材料 1.5 千克，单价 8 元。计划期单位产品耗用 A 材料 1.8 千克，B 材料 1.2 千克，单价不变。现可以直接测算这两种材料耗用量变动对甲产品单位成本的影响。其计算公式为

材料消耗量变动对单位成本的影响

$$= \sum \left[(计划期单位产品材料消耗量 - 基期单位产品材料消耗量) \times 基期材料单价 \right]$$

$$= (1.8 - 2) \times 10 + (1.2 - 1.5) \times 8$$

$$= (-2) + (-2.4)$$

$$= -4.4 (元)$$

计算结果说明：由于计划期材料耗用量降低，产品单位成本减少 4.4 元。

（二）直接材料单位价格变动对产品成本的影响

产品成本中原材料、辅助材料等的单位价格发生变动对单位成本的影响，可按以下公式计算：

材料价格变动对单位成本的影响

$$= \sum \left[(计划期某材料单位价格 - 基期某材料单位价格) \right.$$

$$\left. \times 计划期单位产品耗用材料数量 \right]$$

【例 5-8】　甲产品耗用 A 材料，基期平均单价每千克 10 元，计划期降低到 9 元，计划耗用 1.8 千克；B 材料基期单价为每千克 8 元，计划期上升到 8.5 元，计划期耗用 1.2 千克。对甲产品单位成本的影响可计算如下：

$$(9 - 10) \times 1.8 + (8.5 - 8) \times 1.2$$

$$= (-1.8) + 0.6$$

$$= -1.2 (元)$$

上述计算说明：由于计划期材料单价的变化，产品单位成本下降 1.2 元。

（三）工资水平和劳动生产率变动对产品成本的影响

单位成本中的工资费用数额，取决于生产工人的平均工资和生产工人劳动生产率的高低。如果工资增长幅度大于劳动生产率增长幅度，产品成本就会上升，相反，如果工资增长幅度小于劳动生产率增长的幅度，产品成本就会降低；如果工资增长的幅度等于

劳动生产率增长的幅度，对产品成本就没有影响。因此，可以利用它们的关系来具体测算劳动生产率与平均工资的变动对成本的影响程度。其计算公式如下所示：

工资和劳动生产率变动对单位成本的影响

$$=\left(1-\frac{1+平均工资增长率}{劳动生产率增长率}\right)\times 基期单位成本中的工资费用$$

【例 5-9】　某企业生产的甲产品，基期单位成本工资费用为 10.20 元，工资平均增长 8%，劳动生产率增长 12%。据此，可测算计划期工资水平及劳动生产率变动对产品单位成本的影响：

$$\left(1-\frac{1+8\%}{1+12\%}\right)\times 10.20=0.035\,7\times 10.20=0.36(元)(降低额)$$

以上计算表明，由于工资的增长幅度小于劳动生产率的增长幅度，单位成本降低 0.36 元。

（四）产量变动对成本的影响

如前所述，固定成本的总额在相关范围内保持不变，所以，随着产量的增加，单位产品分摊的固定成本份额将相应地减少；当产量减少时，分摊到产品单位成本的固定成本就相应地增加。因此，根据基年的产品产量和计划期产量以及基年单位成本中的固定费用额，能测定其影响程度。其计算公式为

产量变动对单位成本中固定费用的影响

$$=\left(1+\frac{1}{1+产量增长率}\right)\times 基期单位成本中的固定费用$$

【例 5-10】　某企业甲产品基年总成本中的固定费用为 100 000 元，单位成本中固定费用为 5 元，基年甲产品产量为 20 000 件，计划期测定为 30 000 件，计划期产品产量比基年增长 50%，由于产品产量增加，单位成本中的固定费用降低。

$$\left(1-\frac{1}{1+50\%}\right)\times 5=0.033\times 5=1.67(元)(降低额)$$

根据以上测算的资料，各因素变动对产品单位成本的影响综合如下：①材料耗用量降低，使产品单位成本减少 4.4；②材料单价变动，使产品单位成本减少 1.2 元；③工资增长幅度小于劳动生产力增长幅度，使产品单位成本减少 0.36 元；④产量变动使成本减少 1.67 元。

各因素变动使产品单位成本降低 7.63 元。

【例 5-11】　承接例 5-10，假定已知基年甲产品平均单位成本为 120 元，已测定计划期甲产品产量为 30 000 件，测定计划期甲产品预计总成本为

（120−7.63）× 30 000=3 371 100 元

预测甲产品成本降低率为

7.63 ÷ 120 × 100%=6.36%

四、最佳产品质量成本的预测

质量成本，是企业推行全面质量管理中提出的一个新的成本概念。它是指在产品质量上发生的一切费用支出，包括由于未达到质量标准造成损失而发生的费用以及为保证和提高产品质量而支出的各种费用。

工业企业产品的质量成本一般包括：

（1）内部质量损失，是指企业内部由于产品质量不好而造成的损失，包括废品损失、返修费用、材料损失、复检费用以及因质量事故造成的停工损失和事故处理费用等。

（2）外部质量损失，是指产品售出后因质量问题而产生的一切损失和费用，包括退货损失、保修费用、降价处理损失、赔偿损失、违反合同损失等。

（3）评价质量费用，是指为检验、鉴定产品质量而发生的一切费用，包括原材料检验费、成品检验费等。

（4）质量预防费用，是指为了减少外部质量损失和降低评价费用而支出的费用，包括质量控制管理费、质量控制技术费、其他质量计划费用、培训费用等。

一般来说，当产品质量下降时，不合格率和废品率会升高，工业企业的内部质量成本和外部质量成本就会上升；当产品质量提高时，预防成本会逐步上升；至于评价质量成本，一般比较稳定。只有当质量成本总和达到最低时，才为最佳质量成本。

预测最优质量成本的目的是把质量水平与成本水平联系起来考查质量费用的构成和总额，寻找提高质量、降低成本的有效途径，力求以最低的质量成本来保证和不断提高产品的质量。

第四节　利润预测

利润预测是指按照企业经营目标的要求，通过对影响企业利润高低的业务量（产销数量）、成本、价格等因素的综合分析与计算，对企业未来一定期间可能达到的利润水平及其升降变动趋势所进行的预计和测算。正确做好利润的预测工作，可以为企业确定最优的利润目标提供依据，这对加强企业管理、扩大经营成果、提高经济效益有着极为重要的作用。

利润预测本身是科学根据与主观判断的结合体，它与实际情况往往存在一定的误差。特别是当客观条件发生显著变化时，原来预测的利润就必须加以修正或调整。为了对利润进行预测分析，有必要研究影响利润高低的销售收入、销售成本与利润之间的依存关系，而销售收入和销售成本又都与业务量，即产品的生产量或销售量和销售价格等有密切的联系。

一、影响目标利润的有关因素分析

企业的目标利润确定后，应根据本企业的实际情况和市场对产品的需求情况，对影响利润高低的各因素进行测算，如销售数量、销售单价、单位变动成本和固定成本总额及产品产销结构等，以便找出差距，及时采取措施，保证目标利润的实现。这种通过分析各有关因素的变动来确定它们对企业目标利润影响程度的方法，在管理会计中也可称为"利润敏感性分析"。

利润是产品销售收入与其销售成本之间的差额。它综合反映了企业生产经营成果和管理工作质量，是衡量和考核企业经济效果及工作业绩的重要依据。利润的计算公式为

$$利润 = 销售收入总额 - 全部成本总额$$
$$= 产品销售数量 \times 产品销售价格 - 产品销售数量$$
$$\times 单位产品变动成本 - 固定成本总额$$

可见，影响利润的主要因素有以下几个方面。

1. 产品产销数量

产品销售数量是销售收入的重要构成部分，它的增减变动是企业一定期间内的利润数额发生相应变动的重要因素。在其他有关因素保持不变的情况下，企业生产规模扩大，市场份额增加，产品销售数量增加，利润数额随之增加；反之，利润数额随之减少。而产品的销售量是以生产量为基础的，但在买方市场情况下，企业的销售数量由市场决定而非生产决定，企业应根据市场的需求组织产品的生产，防止产品的积压和价格下降给企业带来的市场风险。所以，产品产销数量是影响利润的重要因素，且两者变动方向相同。

2. 产品销售价格

单位产品的销售价格是影响销售收入的另一个重要构成部分，它的升降变动也是企业一定期间内利润数额发生相应变动的重要因素。在其他有关因素保持不变的情况下，单位产品销售价格提高，利润数额随之增加；反之，利润数额随之减少。产品销售价格与利润的变动方向相同。

3. 单位产品变动成本

单位产品变动成本是构成销售成本的一个重要因素，它的增减变动，必然引起企业一定期间内成本总额发生相应的变动。在其他因素保持不变的条件下，单位产品变动成本上升，利润数额随之降低；反之，利润数额随之增加。单位产品变动成本与利润的变动方向相反。

4. 固定成本总额

固定成本是构成销售成本的另一个重要因素，它的增减变动必然引起企业一定期间成本总额发生相应的变动。在其他有关因素保持不变的情况下，固定成本总额增加，利润数额随之减少；反之，利润数额随之增加。固定成本总额的变动与利润的变动方

向相反。

5. 产品产销结构

当企业生产两种以上的产品时，即使在以上其他因素都不发生变化的情况下，由于每一种产品的利润率不同，企业各种产品的销售在总销售额中的比率发生变化，也会影响企业利润的变动。边际贡献率较高的产品销售额在总销售额中的比重上升时，企业的利润就会随之增加；反之，企业的利润就会随之下降。

二、本量利预测分析法

本量利分析是研究产品销售价格、销售数量、销售成本和利润之间的关系，从而进行预测、决策的一种方法。产品的销售数量乘以销售单价即为产品的销售收入，在销售收入的基础上，减去销售成本，就是利润。

本量利分析的基本公式为

利润 = 销售收入 − 销售成本

　　　 = (销售数量×销售单价) − (变动成本总额+固定成本总额)

　　　 = (销售数量×销售单价) − (销售数量×单位变动成本+固定成本总额)

　　　 = 销售数量×(销售单价 − 单位变动成本) − 固定成本总额

　　　 = 销售数量×单位产品边际贡献 − 固定成本总额

　　　 = (销售数量×销售单价)×(单位产品边际贡献÷销售单价) − 固定成本总额

　　　 = 销售收入总额×边际贡献率 − 固定成本总额

本量利分析法是根据有关产品的产销数量、销售价格、变动成本和固定成本等因素同利润之间的相互关系，通过分析计量而确定企业目标利润的方法。

其确定目标利润的公式为

目标利润=预计产品产销数量×（预计单位产品售价−预计单位产品变动成本）

　　　　 −预计固定成本

采用本量利分析法预测目标利润时，应根据企业计划期间的实际生产能力及产品的市场需求、生产技术条件、物流保障情况及生产经营情况等，分别确定各影响因素的数据，进而计算出计划期可能达到的利润水平。

【例 5-12】 某企业经营丙产品，计划期预计销售量为 36 000 件，预计销售单价 60 元，预计单位变动成本 36 元，固定成本总额为 540 000 元，该企业计划期的目标利润应为

目标利润=36 000×（60−36）−540 000=324 000（元）

三、利润增长比率预测法

利润增长比率预测法是根据有关产品基期的实际利润额和过去若干期间平均利润增长幅度确定企业目标利润的方法。其预测目标利润的公式为

目标利润=基期利润总额×（1+预计利润增长百分率）

采用利润增长比率预测法预测目标利润，应根据有关产品基期的利润数额和计划期利润的增长幅度，并综合考虑影响利润的有关因素的预期变动。其目标利润数额的大小取决于基期利润额和预期利润的增长幅度。

【例 5-13】　某企业同时经营多种产品，上年度实现利润 120 万元，过去连续几年的利润增长率一直在 15%左右，根据当年的技术进步情况，预计计划期的利润增长率可以达到 17%。该企业计划期的目标利润应为

目标利润=120×（1+17%）=140.4（万元）

四、经营杠杆系数法

经营杠杆是指由于固定成本的存在及其影响，有关产品的利润变动率大于其销售变动率的一种经济现象。一般而言，当某种产品的其他生产经营条件保持不变时，若其产销量发生变动，则必定使这种产品的边际贡献也发生相应的变动。不仅如此，这种产品的边际贡献变动率还会同其产销量变动率保持相等。成本性态分析告诉我们，经营某种产品的成本总额中必然包含一定数额的固定成本，且这一部分成本不会因产品产销量发生变动而相应变动。因此，当某种产品在其特定或既定的生产能力限度内增加产销量时，单位产品平均固定成本将随之相应减少，从而使其单位产品盈利额不断增加。显然，这种情况必将带来产品利润增长率超过其销售增长率的结果。与此相反，当某种产品在其特定或既定的生产能力限度内减少产销量时，单位产品平均固定成本将随之相应增加，从而使单位产品盈利额不断减少。同理，这种情况必定会带来产品利润降低率大于其销售降低率的结果。

衡量经营杠杆力度的指标是经营杠杆系数，即某种产品利润变动率同其产销量变动率的比率。经营杠杆系数的计算公式为

$$经营杠杆系数 = \frac{利润变动率}{产销量变动率}$$

或

$$经营杠杆系数 = \frac{基期边际贡献额}{基期利润额}$$

从计算公式可以看出，所谓经营杠杆系数，实际上是指由于产销量每增减变动 1%所引起的利润增减变动的百分数。经营杠杆系数越大，意味着利润受产销量变动的影响越大，因而经营风险也越大；反之，利润受产销量变动的影响越小，经营风险也越小。此外，经营杠杆系数还同固定成本紧密联系。就某种产品的生产经营而言，若其所需负担（补偿）的固定成本数额越多，则其经营杠杆系数也越大，因而经营风险越大。相反，若固定成本越少，则经营杠杆系数越小，经营风险也越小。基于这种情形，企业为尽可能压低其经营风险，就要尽可能充分地利用现有生产经营能力，努力扩大有关产品的生产销售量；就要尽可能有效地发挥厂房及机器设备等固定资产的作用，尽量降低固定费用，不断提高固定资产的利用效率。

采用经营杠杆系数法计算、确定未来一定期间目标利润的一般公式为

目标利润＝基期实际利润×(1＋经营杠杆系数×销售量变动率)

【例 5-14】 某企业本年度实现盈利 100 万元，预计下年度产品销售额将比本年度增加 30%，经计算，其经营杠杆系数为 2。该企业下年度的目标利润为

目标利润=100×（1+2×30%）=160（万元）

五、利润率法

（一）资金利润率法

资金利润率法是根据过去若干期的实际资金利润率和计划期预计的资金占用情况确定企业目标利润的方法。资金利润率是反映企业资金使用情况的重要指标，其预测目标利润的公式为

目标利润=预计计划期资金占用额×资金利润率

企业在确定计划期的资金利润率时，应根据企业在计划期间的资金使用情况及使用效率，科学合理地确定资金利润率。

【例 5-15】 某企业通过对计划期的资金需求情况的预测，预计计划期企业的资金需求量为 7 800 000 元，根据前几年的资金利润率，并结合计划期的实际资金使用效率，预计计划期该企业的资金利润率可以达到 16%，则计划期的目标利润为

目标利润=7 800 000×16%=1 248 000（元）

（二）比例法

所谓比例法，就是根据各种利润率指标（如销售收入利润率、销售成本利润率和产值利润率等）来预测计划期产品销售利润的一种方法。其计算公式分别如下。

1. 根据销售收入利润率测算

预计计划期产品销售利润额=预计计划期产品销售收入×销售收入利润率

式中，销售收入利润率是指产品销售利润与产品销售收入的比率，它说明了每一元的销售收入可以获得多少的利润。所以只要能预计出计划产品销售收入，就可以据此测算出预计的产品销售利润额。

2. 根据销售成本利润率测算

预计计划期产品销售利润额=预计计划期产品销售成本×销售成本利润率

式中，销售成本利润率是指企业在一定时期内取得的销售利润和同一时期发生的成本的比率。它说明了每耗费一元的成本，可以取得多少的利润，能敏锐地反映出成本升降的经济效果。所以，在实际工作中只要能预计出计划期产品的销售成本，就可以据此测算出预计的产品销售利润。

上述可见，采用比例法匡算预测期的产品销售利润，计算方法简便，易于掌握。但这种方法仅适用于企业生产、销售的产品品种结构比较稳定，而且销售价格和销售成本

等因素变动不大的情况。否则，利润预测值就不准确。

第五节　资金需要量的预测

资金预测主要是对未来一定时期内企业生产经营活动所需资金、资金利用效果，以及扩展业务需要追加的资金进行的估计和测算。

资金需要量预测的方法，主要有销售百分比法、移动平均法、资金占用预测法和资金周转速度预测法等。

一、销售百分比法

销售百分比法，是指根据基期资料中资金各个项目与销售收入总额之间的依存关系，并假定这些关系在未来时期将保持不变，然后，根据计划期销售额的增长情况来预测需要相应追加多少资金的一种方法。

用销售百分比法来预测资金需要量的程序如下：

（1）分析研究资产负债表上哪些项目能随销售额变动而发生变化，并将这些项目分别除以基期的销售额，以销售百分比的形式表示。

一般来说，资产负债表中资产类项目，如货币资金、正常的应收账款和存货等项目都会随销售额的增长而增长。固定资产项目的利用率如果已经达到饱和状态，则要随销售额的增长而相应地增添设备。负债类项目，如应付账款、其他应付款等项目，一般会随销售的增长而增长。而应付票据、长期负债及所有者权益等项目，则不随销售的增长而增加。

（2）将资产以销售百分比表示的合计数减去负债随销售增长而增加的项目乘以销售百分比表示合计，求出未来年度每增加一元的销售额需要增加筹资的百分比。

（3）以预测未来年份增加的销售额乘以每增加一元销售额需筹资金额的百分比，然后扣除企业内部形成的资金来源（如未分配利润增加额等），即可得出未来年度需增加筹资的预测值。

【例5-16】　北方酿酒厂2010年12月31日的资产负债表如表5-7所示。

表5-7　2010年12月31日资产负债表（单位：万元）

资产	金额	负债及所有者权益	金额
现金	2 000	应付费用	5 000
应收账款	28 000	应付账款	13 000
存货	30 000	短期借款	12 000
固定资产净值	40 000	应付债券	20 000
		实收资本	40 000
		未分配利润	10 000
合计	100 000	合计	100 000

北方酿酒厂 2010 年的销售收入为 100 000 万元，销售净利率为 10%，现在还有剩余生产能力，即增加收入不需要进行固定资产的投资。预测 2011 年的销售收入为 150 000 万元，销售净利率不变，股利支付率为 60%，那么要筹集多少资金？

【解答】

（1）分析资产负债表中随销售收入变动的项目的百分比（表 5-8）。

表 5-8 资产负债表中随销售收入变动的项目的百分比（单位：%）

资产	占销售收入的比例	负债及所有者权益	占销售收入的比例
现金	2	应付费用	5
应收账款	28	应付账款	13
存货	30	短期借款	不变动
固定资产净值	不变动	应付债券	不变动
		实收资本	不变动
		未分配利润	不变动
合计	60	合计	18

（2）计算 2010 年度每增加一元的销售额需要增加筹资的百分比，即

60%-18%=42%

（3）2011 年应增加筹集的资金为

（150 000-100 000）×42%=21 000（万元）

（4）2011 年应向外部筹集的资金计算如下。

由于销售收入为 150 000 万元，销售净利率不变（10%），股利支付率 60%，则有增加的未分配利润 150 000×10%×（1-60%）= 6 000（万元）被留存下来，则所有者权益会增加 6 000 万元，所以向外部筹集资金为 21 000-6 000=15 000（万元）。

二、移动平均法

移动平均法也称时间序列法，它是根据资金指标的历史资料，按时间先后顺序，由过去、现在引申到未来，根据计算出的顺序移动平均数来确定资金预测值的一种方法，其中平均数一般采用简单算术平均数。

【例 5-17】 根据企业上年度各月流动资金占用额资料（表 5-9），用移动平均法预测该企业本年度各月的流动资金占用额。

表 5-9 移动平均法资金需要量测算表（单位：万元）

月份	流动资金实际占用额	资金需要量预测值
1	300	
2	340	
3	320	

月份	流动资金实际占用额	资金需要量预测值
4	310	（300＋340＋320）÷3＝320
5	350	（340＋320＋310）÷3＝323
6	360	（320＋310＋350）÷3＝327
7	330	（310＋350＋360）÷3＝340
8	370	（350＋360＋330）÷3＝347
9	400	（360＋330＋370）÷3＝353
10	380	（330＋370＋400）÷3＝367
11	420	（370＋400＋380）÷3＝383
12	430	（400＋380＋420）÷3＝400

在计算移动平均数时，期数的选择可以根据具体情况而定。一般说来，期数越多，平均数反映的各个时期资金实际占用额波动的敏感性越小；反之，期数较少，平均数敏感程度就大一些。因此，应观察组成序列的历史数据，如果各期的波动不大，可用较多的时期计算平均数；如果各期的波动较大，则宜用较少的时期计算平均数。

采用移动平均法预测企业资金需要量，计算简便。但该方法只有在企业生产经营活动的规模、范围和市场物价比较稳定的情况下方可采用。

三、资金占用预测法

资金占用预测法，即根据以往的资金占用率指标（即每100元销售额占用的流动资金）来预测流动资金需要量的一种方法。

计算公式如下：

资金需要量＝预测的本期销售额×上年同期的平均资金占用率

【例5-18】 某企业本年第一季度预测的销售额平均每月为1 200万元，上年第一季度资金占用率平均每月为31%。试用资金占用预测法预测该企业本年第一季度的流动资金需要量。

本年第一季度的流动资金需要量＝1 200×31%＝372（万元）

四、资金周转速度预测法

资金周转速度预测法是通过历史的实际流动资金周转速度（天数或次数）来预测流动资金需要量的一种方法。

其计算公式如下：

流动资金需要量＝预测的销售额÷资金周转次数

资金周转次数＝商品销售额÷流动资金平均占用额

【例 5-19】　某企业上年分月的资金周转情况如表 5-10 所示。

表 5-10　某企业资金周转情况表

月份	销售收入/万元	流动资金实际占用额/万元	资金周转次数/次
1	1 000	300	3.33
2	1 100	340	3.24
3	1 050	320	3.28
4	1 040	310	3.35
5	1 180	350	3.37
6	1 240	360	3.44
7	1 170	330	3.55
8	1 300	370	3.51
9	1 380	400	3.45
10	1 360	380	3.58
11	1 480	420	3.52
12	1 500	430	3.49

如果该企业当年 4~6 月预测的销售额分别是 1 300 万元、1 350 万元、1 400 万元，而按照该企业已达到的历史水平及今后的奋斗目标，要求流动资金周转次数不低于 3.5 次。试预测各月的流动资金需要量。

4 月的流动资金需要量=1 300÷3.5=371.43（万元）

5 月的流动资金需要量=1 350÷3.5=385.71（万元）

6 月的流动资金需要量=1 400÷3.5=400.00（万元）

资金需要量预测出来之后，要进一步测算资金追加量。资金追加量是指计划期内预计需要追加的资金数量。

其计算公式如下：

资金追加量的预测值=计划期资金需要量–上年年末资金实有数

此外，还可以进行流动资金利用效果的预测。商品流通企业的流动资金，随着商品购销活动的进行而不断地运动着，它以商品资金、货币资金和结算资金的形态存在。加强流动资金的管理，有必要预测流动资金的利用效果。流动资金的周转是与商品流通过程紧密相连的。在日常商品购销业务中，提高流动资金的利用效果，主要有两个途径：一是在完成一定销售额的情况下，少增加或不增加流动资金的占用额；二是在占用一定量流动资金的条件下，完成更多的销售任务。所以，流动资金利用效果的预测，要在加速流动资金周转的基础上，采取有效的措施进行。这是因为加速流动资金周转，可以及时供应业务经营的资金需要，促进商品流通的顺利进行，可以相对减少企业对流动资金的需要量，从而节约费用开支，增加企业盈利。流动资金利用效果，可用流动资金周转率、流动资金占用率和流动资金利润率等指标来表示。由于对这些指标的预测方法与流动资金指标的计算方法相同，这里不再赘述。

【本章小结】

本章简单简绍了经营预测的定义及分类、基本程序、方法和特点；重点分析了销售预测的几种常见方法，并对成本预测的相关内容进行阐述，在此基础上分析了影响利润变动的主要因素以及目标成本规划和目标利润规划，最后介绍了资金需要量预测的几种常见方法。

【关键术语】

经营预测　销售预测　成本预测　高低点法　利润预测　目标利润　资金预测

【思考题】

（一）什么是预测分析？进行预测分析的内容和意义是什么？

（二）销售预测常用的方法有哪些？利用这些方法怎样对企业的销售收入进行预测？

（三）什么是利润的预测分析？它在企业的内部管理中有着怎样的作用？

（四）怎样预测企业的目标利润和目标利润销售额？

（五）怎样预测售价变动后为实现目标利润需要完成的销售额？怎样预测实现目标利润需要降低的成本额？

（六）什么叫高低点法和回归分析法？如何利用这两种方法预测企业的成本数额？

（七）资金预测有哪些内容？主要采用什么方法？请简要说明。

【练习题】

（一）判断题

1. 销售百分比法适用于长期筹资的预测。　　　　　　　　　　　　　（　　）

2. 经济预测是人们对未来经济活动可能产生的经济效益及其发展趋势，事先提出的一种科学预见。　　　　　　　　　　　　　　　　　　　　　　　　　（　　）

3. 预测分析项目，所选取的样本量越大，预测结果越准确。　　　　　（　　）

4. 进行样本量选择时，应尽量加大样本量，越大越好。　　　　　　　（　　）

5. 预测分析的时间越短，预测结果越准确。　　　　　　　　　　　　（　　）

6. 预测分析必须充分估计可能发生的误差。　　　　　　　　　　　　（　　）

7. 预测分析选用的方法应先进行测试。　　　　　　　　　　　　　　（　　）

8. 在实际工作中，定量分析法与定性分析法需结合起来使用，相互取长补短。（　　）

9. 算术平均法考虑到近期的变动趋势，是销售预测中较常用的一种方法。（　　）

10. 简单平均法（算术平均法）适用于各种情况下的销售预测。　　　（　　）

11. 在实际工作中，企业可按基期的实际平均成本扣减上级下达的成本降低额作为目标成本。　　　　　　　　　　　　　　　　　　　　　　　　　　　（　　）

12. 在采用趋势预测分析法预测成本时，作为预测根据的历史资料所选用的时期不应过长，也不应过短。　　　　　　　　　　　　　　　　　　　　　　（　　）

13. 采用高低点法预测成本，适用于产品成本变动趋势比较稳定的情况，否则会造成较大的误差。（　　）

14. 长期投资、无形资产等项目随着销售收入的增加而相应增加。（　　）

15. 固定资产项目随着销售收入的增加而增加。（　　）

16. 长期负债及股东权益等项目，不随销售的增加而增加。（　　）

（二）简答题

1. 什么是目标成本？目标成本的确定方法主要有几种？

2. 资金需要量预测最常用的方法是什么？该方法的预测程序如何？

（三）计算题

1. 某企业经营甲产品，其经营资金为 200 万元。该产品上年度单位售价 100 元，获得利润 200 000 元。经市场预测，该产品下年度可产销 30 000 件，其售价必须下降 2%，资金利润率要求必须增加 5%，营业税率为 10%。

要求：预测下年度该产品的目标成本。

2. 假定某公司今年上半年 6 个月的实际销售收入如表 5-11 所示。

表 5-11　某公司今年上半年 6 个月的实际销售收入情况

月份	1	2	3	4	5	6
实际销售额/元	24 000	23 600	28 000	25 400	26 000	27 000

又假定 6 月的预测销售收入为 27 900 元。

要求分别采用以下方法预测 7 月的销售额：

（1）算术平均法。

（2）加权平均法（$w_1=0.01$，$w_2=0.04$，$w_3=0.08$，$w_4=0.12$，$w_5=0.25$，$w_6=0.5$）。

（3）指数平滑法（平滑系数 $\alpha=0.6$）。

（4）回归分析法。

3. 假定某五金公司 A 产品 2006~2010 年有关成本及产量情况如表 5-12 所示。

表 5-12　五金公司 A 产品 2006~2010 年有关成本及产量情况

项目	2006 年	2007 年	2008 年	2009 年	2010 年
产量/台	250	200	300	360	400
总成本/元	275 000	240 000	315 000	350 000	388 000
其中：固定成本	86 000	88 000	90 000	89 000	92 000
单位变动成本	756	760	750	725	740

若计划年度 2011 年的预计产量为 480 台。

要求分别采用以下方法预测 2011 年 A 产品的总成本和单位成本：

（1）高低点法。

（2）加权平均法（$w_1=0.03$，$w_2=0.07$，$w_3=0.15$，$w_4=0.25$，$w_5=0.5$）。

（3）回归分析法。

4. 华新公司 2010 年的销售额为 100 万元，这已是该公司现有设备的最大生产能力。

已知该公司 2010 年税后净利润占销售额的 4%，2010 年 12 月 31 日的资产负债表有关项目资料如表 5-13 所示。

表 5-13 资产负债表

编制单位：华新公司　　　　　　　　2010 年 12 月 31 日　　　　　　　　单位：元

资产		负债及所有者权益	
银行存款	40 000	应付账款	140 000
应收账款	120 000	未交税费	60 000
存货	200 000	长期借款	200 000
固定资产	350 000	实收资本	500 000
无形资产	290 000	未分配利润	100 000
资产总计	1 000 000	负债及所有者权益总计	1 000 000

又假设 2011 年预计销售收入为 150 万元，股利发放率预计为 40%。计划年度折旧基金提取数为 100 000 元，其中 60% 用于更新改造原有的设备，又假定 2011 年的零星资金需要量为 30 000 元。

要求：按销售百分比法预测计划年度（2011 年）需要对外追加资金数。

5. 某企业只生产一种产品，单价 200 元，单位变动成本 160 元，固定成本 400 000 元，2010 年销售量为 10 000 件。企业按同行业先进的资金利润率预测 2011 年企业目标利润基数。

已知：资金利润率为 20%，预计企业资金占用额为 600 000 元。

要求：

（1）测算企业的目标利润基数；

（2）测算企业为实现目标利润应该采取哪些单项措施。

6. 已知：某企业只生产一种产品，已知本企业销售量为 20 000 件，固定成本为 25 000 元，利润为 10 000 元，预计下一年销售量为 25 000 件。

要求：预计下一年利润额。

7. 某企业经营若干种产品，本年度的销售收入总额为 80 万元，边际贡献总额为 32 万元，利润总额为 16 万元。经调查测算，该企业下年度销售收入总额预定增长 10%。

要求：用经营杠杆系数法确定下年度的目标利润。

【案例分析】

一个关于华为的经典成功销售案例

1. 项目背景

2001 年 3 月初，国内第五大电信运营商中国铁通挂牌成立。铁通要想参与其他电信运营商竞争，就必须进行电信本地网的建设，而铁通在这方面的基础完全是空白的，所以铁通本地网建设项目"铁通一号工程"成为铁通成立后的第一个重大项目。由于电信行业的特点，对设备供应商来讲，这不只是一个单纯的销售项目，而是会直接影响到其将来市场战略格局划分的，各个厂家无不倍加重视。

　　"铁通一号工程"分为两期进行,一期项目是各个省会城市本地网建设,作为一个城市的本地网,一般情况下只可能使用一种机型,而且省会城市的设备选型情况会直接影响到以后其他城市的设备选型,所以一期项目的重要性非同寻常。华为公司的 A 受命与另外两个同事组成项目组负责 J 省"铁通一号工程"项目,A 负责客户关系平台的建立和项目协调,另外两位同事负责技术推广工作。

　　2. 项目背景分析

　　"铁通一号工程"由铁通总部对国内三个知名厂家进行招标,但各省分公司有权自己选择机型。除华为公司以外,另外两个厂家分别为 B 公司和 Z 公司。

　　接到任务后最重要的事是做深入的调查研究。一方面了解 J 省铁通内部的组织结构和决策链以及关键人物的个人背景与彼此之间的关系。另一方面了解各相关厂家与 J 省铁通交往的历史和现有设备使用情况,并根据厂家的情况对项目进行了 SWOT 分析 [即优势(strength)、劣势(weakness)、机遇(opportunity)、威胁(threat)分析]。

　　根据了解,华为公司的设备在 J 省铁通以往只有少量的应用,客户的反应一般。优势在于设备功能比较强,有一定的品牌优势;劣势在于价格相对较贵,而且客户关系十分薄弱,平时与客户几乎没有交往,甚至不知道客户的工作地点在哪里。而 B 公司在 J 省铁通已有 8 000 门的交换机在网上使用,由于设备比较陈旧,功能较差而且运行不太稳定。但该公司与 J 省铁通有长期的交往,关系密切,而且当时铁道部持有 B 公司的股份,所以 B 公司有来自铁通上层的支持,在与客户关系上占有明显的优势。Z 公司设备性能与华为公司不相上下,优势在于其设备价格低、市场策略灵活,但该公司产品在 J 省铁通从没有过应用,同样没有客户关系基础。综合以上情况,A 认为相比之下 B 公司的威胁更大,是主要竞争对手。

　　3. 以客户为中心

　　作为销售人员应该清楚地知道,通常情况下客户最不信任的人就是销售人员,如何取得客户的信任是进行销售的第一步。要想取得客户的信任,关键是要让客户感受到你为客户服务的良好态度,要处处为客户着想,站在客户的立场上去看待问题,帮助客户解决问题。在与客户交往的过程中,A 特别注意设身处地地为客户着想,在为客户提出任何意见和建议时,都会告诉客户这样做对他的好处。铁通的市场人员都是技术维护出身,没有丝毫的市场经验和意识,A 就利用在这方面的优势和他们探讨铁通未来如何经营,主动为他们上销售技巧课,并且以他们客户经理的名义,为他们拓展重要的客户,使 J 省铁通非常高兴和满意。在 J 省铁通要进行网络规划设计时,A 就主动和他们一起连续几天干到深夜。当发现他们的建设思路存在问题的时候,就主动为他们写了一篇铁通市场分析报告,为客户做市场的 SWOT 分析并提醒他们在电信网建设中应注意的问题等。A 不仅做到了客户期望厂家要做的工作,而且还做了许多超出客户期望值的事情。当你为客户做了这么多工作,而你的竞争对手却没做到时,客户对不同的销售人员和厂家的态度就可想而知了。

　　4. 抓住客户主要需求,迅速切入

　　"铁通一号工程"一期项目时间非常紧迫,从开始运作到最后的投标只有不到三个月的时间，在这种情况下，如果按照通常的方式先拉近客户感情再打入产品的话，时间上是不允许的，而且短时间内在客户关系上也很难超越 B 公司。所以，只有抓住客户的主要需求，迅速切入。通过与客户的初次交往，A 发现面对的客户有强烈的危机感。铁通初建，他们不仅是没有设备，没有市场，更没有电信运营的经验，对未来的发展感到困惑和茫然。在这种情况下，人人考虑的都是铁通如何生存，而无暇考虑个人利益。用马斯洛的人的需求层次理论进行分析，客户的需求应该在高于生理（物质）需求的安全需求的层次上，把握住这一点，就确定了市场关系的切入点。A 有着十几年电信行业工作的经验，对电信的建设和运营有比较深入的了解，而这正是客户所缺乏和急切想知道的。于是在与客户交往的时候，不是一味地去宣传公司产品的优越性，而是与客户畅谈电信运营商的建设和经营之道，这些对客户非常有吸引力，所以客户非常乐于与 A 进行交流，这就使客户关系迅速地建立起来。同时，也把握住了客户的本地网的建设思路。

5. 发现问题，引导客户

虽然客户关系迅速地建立起来，但在产品问题上华为并没有得到客户的完全认可。客户长期使用 B 公司的交换设备，对此设备的操作与维护都比较熟悉和了解，虽然不是十分满意，但客户并不打算引进新的机型。客户对华为公司设备的认识也仅仅是对公司品牌的认可和对原来使用的少量设备形成的印象而已。所以客户再三表示说："听说你们公司交换机的模块功能比较强，所以这部分我们想用你们公司的，但汇接局我们还是要用 B 公司的，因为我们原来就用他们的设备，对它比较了解。"这对 A 来说是个非常严重的问题。因为了解电信行业的人都十分清楚，如果在电信本地网中不能占据汇接局这一战略制高点的话，你只能充当一个配角，随时都有可能被挤出本地网。但在这种情况下，强力的推销是不起作用的。此时 A 没有急躁，而是冷静地通过询问来使客户发现问题、寻找机会、引导客户。A 有意识地询问客户 B 公司设备的使用情况，终于在客户陈述的情况中发现了机会。客户说他们使用的 B 公司 8 000 门交换设备不具备局间计费功能（事实上 B 公司的新设备未必存在此问题），所以与中国电信之间的结算只能完全由中国电信说了算，估计每个月损失十几万元。于是 A 进一步询问客户："如果 8 000 门的交换机一个月损失十几万的话，那么将来铁通发展到几十万门、几百万门的时候将会怎么样呢？"一句话顿时使客户感到了问题的严重性。同时，A 在技术交流中除介绍本公司交换设备的一般功能外，着重介绍了它的局间计费功能和由此能为客户带来的经济利益。这就使客户完全动摇了对 B 公司交换设备的信心，而完全信赖了华为公司的交换设备。最终，一期项目的 37 000 门交换设备被华为公司尽收囊中，并为下一步拓展市场打下了良好的基础。

6. 因势利导，扩大客户需求

一期项目刚刚尘埃落定，二期项目随之而来——J 省内五个城市本地网交换设备建设项目。省会城市由于一期项目被 A 全部得到，所以二期扩容已非华为公司莫属。J 省经济发达，市场潜力很大，但由于客户在当时看不到未来的市场空间，对市场前景缺乏信心，所以另外四个城市的交换机建设总量只有 26 500 门。这样小的建设量不仅根本不能满足客户的市场发展需要，而且不足以使华为公司的交换设备占据市场的主导地位。

同时，将价格昂贵的主控设备分摊到这么少的用户线上，会使平均价格变得极高，客户不可能接受。这种情况下必须想办法扩大客户的建设量。恰好此时，为了帮助其他办事处建立市场关系，A 为 S 市铁通进行了一次市场培训。回来后，A 借机把 S 市铁通在本地网建设上的大胆做法"介绍"给客户，从侧面对客户施加影响。同时亲自为客户拓展了几个重要顾客，树立客户对市场前景的信心。此时铁通总部也对 J 省铁通提出了扩大建设量的要求。在内外因素的共同影响下，客户把建设量逐步扩大到了 30 万门，一跃成为全国铁通各分司建设量之首，使华为公司有了更大的市场空间。

7. 把握客户的思路

B 公司和 Z 公司在一期项目失利后，在二期项目中都加强了市场工作的力度，使市场竞争更加白热化。各个公司的产品都有其特点，厂家为客户提出的解决方案都是要最大限度地发挥自身优势的。厂家中 B 公司的本地网设计为汇接局下带若干个需要有人值守的端局，华为公司的设计则是汇接局下带若干个不需要人员值守的模块。如何把客户的思路引导到华为的轨道上来呢？在与客户的交流中，A 从电信经营的角度与客户探讨如何才能减员增效，如何才能及时灵活地拓展市场。这些问题都引起了客户的共鸣，而这些也正是能够充分发挥华为公司设备优势的地方。客户接受了 A 的经营思想，其建设思路也就纳入了华为公司的轨道，并且由 A 帮助客户做本地网设计，这样客户的购买意向也就必然倾向于华为公司的产品了。

8. 强调利益，克服缺点

虽然客户对华为公司的交换设备有了高度的认可，但华为公司的交换设备价格在三个厂家中是最高的。如果客户全部选用的话，要多花四五百万元，对资金十分紧张的客户来说是个不可忽视的问题。而且竞争对手为了争夺市场，纷纷向客户许诺给予更多的优惠条件，使客户在给予华为公司多大的市场份额问题上产生疑虑。在此情况下，A 在交流中充分阐述华为公司交换设备的优势所在，强调产品功能为客户带来的长期利益，帮助客户从投入产出的角度算一笔账，使客户明白，虽然前期投入大一些，但得到的回报则是长期的，这样的投入是值得的。通过此方法，克服了华为公司在价格方面的缺点，客户表示愿意尽可能多地选用华为公司的交换设备。

9. 有条件让步，一箭双雕

随着投标日期的一天天临近，厂家间的竞争更加激烈。竞争对手不仅各自抛出更优惠的条件，而且通过高层关系向客户施加影响，而这正是 A 的劣势所在。在此情况下，要想百分之百地占有市场是不可能的，为了尽可能多地占有市场，A 适时提出了华为公司的优惠条件：如果客户购买华为公司交换设备超过 24 万门的话，华为公司将免费赠送 8 000 门的交换机设备。其中 A 还特别声明，这 8 000 门的交换设备是可以等价转换成华为公司的其他通信产品的。此时，A 考虑的不仅是二期项目的市场占有率问题，而且为下一步传输设备进入 J 省铁通埋下了伏笔。因为，A 估计到客户订购的三十几万门的交换设备大概需要两年才能消化掉，另外是否再多 8 000 门的交换设备对客户并不十分重要，但可以预见的是，交换设备间的传输问题将马上成为客户的迫切问题。由于 A 提供了这样的优惠承诺，客户更加坚定了使用华为公司交换设备的决心。在二期项目招标中，客户顶住了来自各方面的压力，订购华为公司交换机设备近 29 万门，金额约 1 亿元，更重要的是，几个本地网的汇接局全部使用了华为公司的 128 套设备，而 B 公司和 Z 公司只各自得到一个县的端局。"铁通一号工程"由此结束，华为公司交换设备在 J 省铁通本地网上已占据了绝对的主导地位。

10. 有所为，有所不为

在拿下了 J 省铁通交换设备项目后，公司其他产品部门也都想利用这个市场关系平台，销售自己的产品，如通信电源、配线架等。在与客户交流之后 A 决定放弃在销售这些产品上的努力。因为，大客户销售的特点之一是集体决策，作为销售人员要想得到一个决策群中所有人的支持几乎是不可能的，反对意见存在是必然的。在"铁通一号工程"中，交换设备作为本地网核心产品，其好坏直接关系到客户集体利益和决策者个人利益。所以，决策者在选择使用华为公司交换设备时能顶得住来自上级和内部的反对意见。但如果要使决策者全部使用一家公司的产品，他将承受反对者舆论的压力，有可能对自身造成伤害。况且，像电源、配线架之类的产品，质量问题对客户直接的影响相对比较小，决策者则可以通过购买上级领导推荐的产品，给上级面子，还领导人情。此时，A 则把下一个重要的产品销售目标放在了传输设备上。

11. 把握节奏，步步为营

在销售过程中，抓住客户最迫切关心的问题也就抓住了重点。交换设备和传输设备作为本地网建设的基础，对设备生产厂家而言其销售同等重要，哪个都是不能放弃的。但在销售过程中要抓住重点，把握节奏。在"铁通一号工程"项目中，A 没有为了展示公司的"实力"把公司的各种产品统统介绍一番，当时只重点针对客户最关心的交换设备进行交流和介绍。而在得知"铁通一号工程"二期项目被 A 拿下之后，客户马上面临传输问题的时候，A 则提前一步提醒客户该考虑传输设备问题了，才开始对传输产品进行介绍。此时客户已经拓展了一些用户，对传输设备的需要已经迫在眉睫，仅由于铁通百业待兴，资金非常紧张，再拿出一笔钱来购买传输设备是很困难的。A 不失时机地向客户建议，把原来向客户承诺赠送的 8 000 门交换设备等价转换成传输设备，客户非常高兴地接受了 A 的建议。紧接着 A 又从提高客户经济收益的角度出发，向客户推荐华为公司的智能网产品。在 A 离开这个项目组，离开华为的时候，传输设备已经顺利地"送"进了客户的本地网，抢占了市场先机，智能网项目也已经提上了客户的日程。取得如此的销售业绩，而 A 付出的销售费用仅仅几千元而已。在整个销售过程中，既没有给客户送厚礼，也没有请客户吃大餐。能够得到客户的认可是因为 A 给予了客户更需要的东西，那就是帮助他们获得事业上的成功。

回顾整个销售过程，深深地感受到成功的销售源于理性的思考、系统的分析和具体的方法。而这一切不仅是几年销售经验的积累，更得益于在几年培训工作中对销售更深刻的理解和认识，从中真正感受到"观念的改变导致行为的改变，行为的改变导致结果的改变"的深刻含义。

结合此案例，要求：

（1）对你所熟知的产品或业务进行调查，搜集资料，对未来需求情况进行预测。

（2）写出预测分析报告。

（3）提出关于这一产品或业务未来的发展策略。

【参考文献】

冯巧根. 2013. 管理会计[M]. 第二版. 北京：中国人民大学出版社.

李守武. 2016. 管理会计案例[M]. 北京：中国财政经济出版社.

孙茂竹，文光伟. 2014. 管理会计学[M]. 北京：中国人民大学出版社.

余恕莲，李相志，吴革. 2013. 管理会计[M]. 第 3 版. 北京：对外经济贸易大学出版社.

第六章

经营决策

【本章学习目标】本章主要介绍经营决策中的一些基本方法和基本问题。学习本章，应了解决策的含义、分类和基本程序，理解经营决策中的一些特定概念，掌握短期经营决策所使用的主要方法并能解决各种短期经营决策问题，熟悉定价决策的方法和策略。

第一节 经营决策概述

一、决策概念

所谓决策（decision），是指为了实现特定目标，根据当前条件和对未来发展情况的预测，借助于科学的理论与方法进行必要的计算、分析和判断，从两个或两个以上的备选方案中选择一个方案的过程。

在人类的实践活动中，决策涉及政治、经济、军事、文化、教育、科学、技术等各个方面。管理会计中的决策主要是针对企业有关经济管理方面所面临的问题来说的，属于一种经济决策，也是企业经济管理的核心内容，关系到企业的未来发展和兴衰成败。

在我国，随着社会主义市场经济的建立和完善，企业的生产经营也发生了很大变化，企业作为社会主义市场经济的参与者，必须在国家法律、制度允许的范围内，自主经营、自负盈亏、自我约束、自我发展。所以，企业在运用其生产经营自主权的过程中，怎样从企业当前的主、客观条件出发，采用科学的决策理论和方法进行决策，以提高决策的科学性和正确性，就显得特别重要。

二、决策的类型

决策可以按不同的标准进行分类。了解不同类型决策的特点，有助于管理者合理地进行决策。

（一）按风险程度，可将决策分为确定型决策、风险型决策和不确定型决策

（1）确定型决策，是指与决策相关的客观条件或因素的未来状况是肯定的、明确的，决策者可以根据完全确定的情况从诸备选方案中选择最优行动方案。例如，某企业有一台机器是5年前购入的，原价60 000元，现拟进行处置。如果直接报废清理，可得残值12 000元，而如果花5 000元修理后卖给其他需要的企业，可作价20 000元。那么企业究竟选择哪一个方案呢？显然，不论企业选择直接报废还是修理后作价出售，决策的条件都是肯定的、明确的，因此，这种决策就属于确定型决策。

（2）风险型决策，是指与决策相关的客观条件或因素的未来状况不能肯定，但决策者可以通过预测未来可能出现的几种不同状况，且各种不同状况出现的客观概率也可以估计，因此决策者可以通过各种状况及其概率分布求出决策对象的期望值，从而选择相对较好的行动方案。这类决策由于结果不唯一，故存在一定的风险。例如，大华公司打算将1 000万元投资于四方公司股票，预计四方公司股票在经济繁荣时每年能获得20%的回报，在经济状况一般时能获得10%的回报，而在经济萧条时只能获得−5%的回报。根据各种资料预测分析，认为下年度经济繁荣的概率为30%，经济状况一般的概率为50%，经济萧条的概率为20%。大华公司根据这些条件来进行是否投资四方公司股票的决策，这就属于风险型决策。

（3）不确定型决策，或称非确定型决策，是指决策者在进行某项经营决策时，对影响这类决策的相关因素的未来状况不仅不能完全确定，而且连出现各种可能结果的概率也无法确切地进行预计。例如，星湖公司拟10 000万元资金投资能辉煤炭勘探公司股票，如果能辉煤炭勘探公司能顺利找到煤矿，则星湖公司即获得200%的报酬；而若能辉煤炭勘探公司找不到煤矿，则星湖公司的报酬为0。但"找到煤矿"和"找不到煤矿"的可能性各有多大，事先无法知道。这时，星湖公司所面临的这项决策就属于不确定型决策。

（二）按时间长短，可将决策分为短期决策和长期决策

（1）短期决策，是指只涉及一年内的生产经营的决策，该类决策仅对年度内收支盈亏产生影响，并在年度内实现决策目标，因此又称经营决策。它主要考虑怎样使现有资源得到最充分、最合理的利用，以获得最佳经营效益，包括生产决策、库存决策、定价决策等几个方面。

（2）长期决策，是指那些产生报酬的期间超过一年并对较长时间的收支盈亏产生影响而进行的决策。该类决策一般需要投入的资金较多，投资见效的时间较长，风险较大，因此也称投资决策或资本支出决策，如固定资产购置决策、固定资产处置决策、固定资产更新改造决策等。

长期决策要解决的问题主要是改变或扩充企业的生产经营能力，而短期决策解决的问题则是合理、充分地利用企业现有的生产经营能力以获得更多经济利益。

（三）按决策的层次，可以分为高层决策、中层决策和基层决策

（1）高层决策，是指由企业的最高阶层领导做出的决策，它所涉及的主要是有关企业全局性、长远性的大问题，因此又称战略性决策。例如，确定或改变企业的经营目标和经营方向、新产品开发、企业并购、企业上市、改变生产能力等。

（2）中层决策，是指由企业的中级管理人员所做出的决策，它主要涉及企业的人、财、物等资源的合理配置，以及对企业经营组织机构进行改变等问题，具有局部性、战术性的特点。例如，企业机构重组、人事调整、生产设备利用、短期资金的筹措与运用等。

（3）基层决策，是指由基层管理人员做出的决策，它主要涉及企业日常业务的处理，是对上一层次所做出决策的具体实施，因此属于执行性决策，其目的在于妥善解决在执行过程中所遇到的问题。

三、经营决策的基本程序和常用方法

（一）经营决策的基本程序

（1）提出决策问题，确定决策目标。决策是为了解决企业生产经营活动中已经发生或将要发生的问题，实现某项预期目标，所以首先要弄清楚一项决策要解决什么问题，要达到什么目标。决策目标是决策分析的出发点和归宿点，它一般应具有以下特点：一方面目标成果可以计量；另一方面目标的实现具有现实可能性。

（2）拟订可供决策备选的可行性方案。所谓"可行"，必须是技术上先进，同时也要经济上合理。管理人员应根据决策目标的要求，在对企业的内部条件和外部环境进行分析的基础上，从不同方面拟订若干可供选择的行动方案。

（3）分析、评价、对比，选定最优方案。这是决策的关键环节，决策者通过对各备选方案的分析、评价、对比，从中选出最优的行动方案。选优的标准主要是在一定条件下，方案的经济效益最大或者成本最低。为此需要全面权衡有关因素的影响，如企业自身的资源条件、市场的需求情况、国家的有关方针政策等，在综合考虑了这些因素的影响之后，采用专门的方法计算出各备选方案的预期收入、预期成本、预期收益等主要经济指标，对各备选方案的有关指标进行定量和定性分析，评价、对比各方案的优劣，从而确定最优行动方案。

（4）组织监督方案实施。实施就是由有关人员将决策方案付诸行动。在实施过程中要进行大量的组织、计划、协调和控制工作。只有良好的实施环境才能保证方案的顺利实施。

（5）进行信息反馈。在方案实施过程中，应对实施情况进行检查监督，并将结果与决策目标进行对比，进行信息反馈。决策者要根据反馈信息，找出实施结果与决策目标产生差异的原因，采取各种相应的调整措施，或修订决策目标，或制订补充决策方案。

上述决策程序如图 6-1 所示。

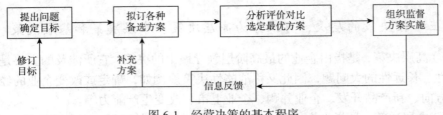

图 6-1　经营决策的基本程序

（二）经营决策的常用方法

经营决策使用的方法因决策的具体内容不同而有所不同，一般来说常用的有以下几类。

（1）差量分析法。其将各备选方案的有关金额（包括收入、成本、利润等）进行比较，从而选择最优行动方案。这类方法一般用于两个备选方案的选优决策。最典型的是"差别损益法"，其基本模式如表 6-1 所示。

表 6-1　差别损益表

项目	方案		差别
	A	B	
相关收入	R_A	R_B	$\Delta R=R_A-R_B$
相关成本	C_A	C_B	$\Delta C=C_A-C_B$
差别损益			$\Delta P=\Delta R-\Delta C$

决策规则：$\Delta P>0$，选 A 方案；$\Delta P<0$，选 B 方案。如果 $\Delta P=0$，则从经济上来看，两个方案没有差别，这时可以根据具体情况从中选择一个方案。

（2）直接比较法。这种方法将各备选方案的有关指标进行对比，从中选择最有利的一个方案，包括总额法（通过比较各备选方案的利润总额、贡献边际总额、成本总额等指标做出决策）和单位额法（通过比较各备选方案的单位利润、单位贡献边际、单位成本等进行决策）。这类方法使用时不受备选方案数量多少的限制。在零部件自制或外购决策、普通品种决策、资源有限条件下的品种决策等决策问题中均可使用直接比较法。

（3）无差别点分析法。这是通过计算不同备选方案的某个指标值相等时的特定业务量（即无差别点业务量）来进行决策的方法。某个指标值的无差别点又称"平衡点"，所以该法又称"平衡点法"，如利润无差别点法、成本无差别点法等。

（4）数学模型法。这是通过建立一定的数学模型，借助于求解这些数学模型，来判断哪个方案最优的方法。例如，在存货决策中要确定经济订货量、最优生产批量等，均需建立数学模型来计算。

（5）图解法。这是指通过作图进行决策的方法，如在品种组合决策中，可以通过图解法来求解两种品种组合的线性规划问题（当然，若组合的品种超过两种，则不能通过图解法求解）。

（6）风险型决策使用的概率分析法，以及不确定型决策中的大中取大法、小中取大法、大中取小法，等等。

以上这些都是经营决策中经常被用到的决策方法，其中某些方法的具体运用，将在后面的决策问题分析中作介绍。

■ 第二节　经营决策中的一些特定概念

一、相关收入与非相关收入

（一）相关收入

相关收入是指与特定决策有关的未来收入。如果某项收入只属于某个决策方案，即若该方案存在就会发生这项收入，若该方案不存在就不会发生这项收入，那么这项收入就是相关收入。相关收入的计算，应以特定决策方案的单价和相关业务量为基础。

（二）非相关收入

非相关收入是指与特定决策没有关系的收入。如果无论是否存在某项决策，均会发生某项收入，那么就可以认为该项收入是某项决策的非相关收入。

二、相关成本与非相关成本

（一）相关成本

相关成本是与某项决策有关的未来成本。如果某项成本只属于某个特定决策方案，即若该方案存在就会发生这项成本，若该方案不存在就不会发生这项成本，那么这项成本就是相关成本。相关成本一定是将来可能要发生的成本，过去或现在已经发生了的成本不是相关成本。

相关成本主要包括下列成本。

1. 差别成本

差别成本是指不同备选方案成本差。差别成本有广义和狭义之分。一般所说的差别成本都是指广义差别成本，即不同备选方案预计成本的差额。狭义的差别成本又称"增量成本"，是指由于生产能力利用程度不同而形成的成本差额。在相关范围内，如果不涉及专属固定成本，则狭义差别成本一般表现为变动成本。

2. 边际成本

边际成本是指当业务量发生无限小变化时所引起的成本变动，也就是当业务量变动趋于 0 时，成本变动额与业务量变动的比值取极限。

在会计实际中，所谓业务量的无限小变动是不存在的，业务量的变动，最小只能小到一单位。因此，会计上对边际成本的实际计量，通常是指业务量增加或减少一单位所引起的成本变动额。

边际成本在经营决策中有如下应用：

（1）当边际成本=平均成本时，平均成本最低。

（2）当边际成本=边际收入时，利润最大，从而售价最优。

在相关范围内，如果不涉及专属固定成本，则边际成本与单位变动成本、增量成本就将取得一致，因此，单位变动成本和增量成本都是边际成本的实际表现形式。

3. 机会成本

机会成本是指在经济决策中应由中选的最优方案负担的、按所放弃的次优方案的潜在收益计算的那部分资源损失，又称机会损失。许多经济资源均可有多方面用途，但在一定条件下资源又总是有限的，选择某一个方案必然意味着其他方案可能获利的机会被放弃，只有把被放弃的次优方案可能获得的收益作为已选中的最优方案的成本加以考虑，才能对最优方案的利弊得失做出全面客观的评价。

机会成本是进行决策时必须加以考虑的一项相关成本。在理解机会成本这个概念时需要注意以下几点：

（1）机会成本是以资源的稀缺和资源有两种及以上用途为前提的，如果资源无限，如果某项资源只有一项用途，别无选择，则不存在机会成本。

（2）机会成本不是一种实际支付成本，因而在财务会计中是不能计入账册的。

（3）机会成本的承担者是被选中的方案，即哪个方案被选中，则该方案就可能会有机会成本。

（4）机会成本的实际计量是按所放弃的次优方案的潜在收益来进行的。

4. 假计成本

假计成本是需要经过假定推断才能确定的估算成本，它是机会成本的一种特殊表现形式。假计成本的典型形式就是利息。例如，在货币资金使用的决策中，不论该项资金是自有的还是借入的，也不论其是否真的存入银行，均可将可能取得的存款利息视为该项资金的机会成本，这种假设性的利息就是其估算成本。

5. 重置成本

重置成本是指按现行市场价格购买目前所持有的某项资产所需支付的成本，也称现行成本。资产的市场价格是经常波动的，因此，当一项资产购置一段时间后，从市场上再次购买该项资产时的购置成本往往会发生变化。例如，企业有一批库存材料，其账面成本为100元/千克，现在这种材料的市场价格已经发生了变化，当前市场价格为150元/千克。现在在进行涉及该种材料的决策时，应以其现行成本150元/千克来计算。

6. 付现成本

付现成本又称现金支付成本，是指决策时需实际动用现金予以支付的成本。在经营决策中，当企业的货币资金较为紧张，支付能力受到限制时，决策者对付现成本的考虑重于对总成本的考虑，往往会选择付现成本最小的方案来代替总成本最低的方案。

7. 专属成本

专属成本是指能明确归属于特定决策方案的成本。它往往是为了弥补生产能力不足，增加有关装置、设备、工具等而发生的。例如，在特殊订货决策中，为了满足客户追加订货的特殊要求，可能需要追加专用设备，这种专用设备的购价就是接受追加订货的专属成本。

8. 可延缓成本

当某一方案已经决定要采用，但如果推迟执行，对企业全局影响不大，那么，同这一方案相关联的成本就称为可延缓成本。例如，某企业已决定对厂部大门进行改建，共需资金200万元。但目前企业的资金一时周转不开，所以大门改建工程就可以延期进行，这对企业的生产经营基本不会产生什么影响。这时，大门改建工程的成本200万元就是可延缓成本。

9. 可避免成本

可避免成本是指通过某项决策行动可以改变其数额的成本。这种成本与特定决策方案直接相联系，其发生与否，取决于特定决策方案是否被采纳。也就是说，如果某项特定决策方案被采纳，这项成本就会发生；反之，如果该项特定决策方案未被采纳，则此项成本就不会发生。

（二）非相关成本

非相关成本是指与某项特定决策没有直接联系的成本。如果无论是否存在某项决策，均会发生某项成本，那么就可以认为该项成本是某项决策的非相关成本。非相关成本可能是过去或现在已经发生了的成本，也可能是将来将要发生的成本。

非相关成本主要有以下几种。

1. 沉落成本

沉落成本又称沉入成本或旁置成本，是指过去决策所发生的，无法由现在或将来的任何决策所能改变的成本。沉落成本是一种典型的非相关成本，决策时可不予考虑。在短期经营决策中，大多数固定成本均属于沉落成本，但并不是所有的固定成本都是沉落成本，在决策时要注意加以甄别。

2. 共同成本

共同成本是指应当由多个方案共同负担的注定要发生的成本。这类成本的发生与特定决策方案的选择没有关系，也是一种典型的非相关成本，因此在决策中可不予考虑。在短期经营决策中，一般来说固定成本大多都是共同成本。

3. 不可延缓成本

如果一选定某一决策方案就必须立即实施，否则将会对企业生产经营活动的正常运行产生重大的不良影响，这时，与这一方案有关的成本就称为不可延缓成本。例如，企业产品生产线上的一台机器发生了故障，需要更换零件。这时，更换零件的有关成本就是不可延缓的，因为如果延缓发生，零件不能更换，必然会影响整条生产线的运行，从而影响到企业的整个生产经营。

4. 不可避免成本

不可避免成本是指某项决策行动不能改变其数额的成本。这种成本与特定决策方案没有直接联系，其发生与否，不取决于特定决策方案是否被采纳。也就是说，不论特定决策方案是否被选中，这类成本都必然要发生。

■ 第三节　生产决策

现代企业作为市场经济的参与者和商品产品的经营者，具有进行独立核算、自主经营、自负盈亏的重要特征，因此企业应根据市场情况和自身条件进行合理安排，做好产品的生产决策，确保企业在市场竞争中处于有利地位并实现最佳经济效益。

生产决策是企业经营决策的一项重要内容，是在企业经营目标的总体要求下，为实现经济资源的合理利用和经济效益的不断提高，对生产什么、生产多少及如何生产等几个方面的问题做出的决策。生产决策一般是围绕产品而展开的，因此又称产品生产决策，它要解决的问题通常包括不同生产方案的选择、零部件取得方式决策、特殊订货决策、品种最优组合决策、产品是否深加工决策、亏损产品决策等。

一、不同生产方案的选择

（一）生产何种产品的决策

企业在生产经营中，经常需要根据市场情况和企业现有的资源条件对生产何种产品做出决策。例如，企业利用现有的生产能力既可以生产 A 产品，也可以生产 B 产品，但由于条件限制，不能同时生产 A、B 产品，在这种情况下，企业就必须在 A、B 产品之间做出选择，既使企业现有生产能力得到充分利用，又使企业在经济上获得尽可能多的经济效益。

【例 6-1】　某厂现有生产能力 10 000 机器工时，既可用于生产 A 产品，也可用于生产 B 产品，二者必取其一，有关资料如表 6-2 所示。

表 6-2　A、B 产品有关资料

产品名称	A	B
产品销售数量/件	200	100
预计单价/元	110	260
单位变动生产成本/元	70	200
单位变动销售及管理费用/元	10	20
固定制造费用/元	20 000	
固定销售及管理费用/元	5 000	

要求：根据表 6-2 的资料，做出该厂究竟生产哪种产品的决策。

【解答】

例 6-1 中，固定制造费用 20 000 元和固定销售及管理费用 5 000 元对 A、B 产品的选择不会产生任何影响，属于非相关成本，因此可不予考虑。根据差别损益法，可分析如表 6-3 所示。

表 6-3　差别损益分析表（一）（单位：元）

项目	方案		差别
	A 产品	B 产品	
相关收入	110×200=22 000	260×100=26 000	−4 000
相关成本	（70+10）×200=16 000	（200+20）×100=22 000	−6 000
差别损益			2 000

ΔP =2 000 元，说明生产 A 产品将会比生产 B 产品多获得 2 000 元的利润，因此企业应该选择 A 产品进行生产。

需要注意的是，如果可供选择的产品品种多于两种，使用差别损益法进行分析需逐次进行筛选，比较麻烦。一般的，当备选方案多于两个时，不使用差别损益法，而使用其他方法（如直接比较法）进行分析。

（二）生产设备利用决策

同一种产品（或零件）往往可以用不同类型的设备来进行加工制造，但其成本却有较大差别，因此，企业应在确保产品（或零件）质量的前提下，对各种设备的加工成本进行分析，以便从中选择一种设备来加工产品（或零件）。各种设备的加工成本通常由加工设备的一次性调整准备费用和待加工产品（或零件）的加工费用共同构成。一般来说，普通设备一次性调整准备费用较少，但单件产品（或零件）的加工费用较高；而较精密设备则相反，单件产品（或零件）加工费较低，但一次性调整准备费用较高。因此在进行决策时，需计算不同类型设备之间产品（或零件）加工批量的成本无差别点，然后根据所需加工的产品（或零件）的批量大小，选择合适的设备进行加工。

【例 6-2】　某企业生产一种 M 零件（计量单位：个），可以用甲、乙、丙三种设备进行加工，不同设备加工的成本资料如表 6-4 所示。

表 6-4　M 零件加工成本资料（单位：元）

设备名称	一次性调整准备费	单个零件加工费
甲	2 000	60
乙	4 000	40
丙	10 000	10

要求：确定应该选用何种设备加工 M 零件。

【解答】

根据表 6-4 中提供的资料和题目要求，可以采用无差别点法进行决策。

假定设备甲的总成本为 $C_甲$，设备乙的总成本为 $C_乙$，设备丙的总成本为 $C_丙$。根据表 6-4 提供的资料，甲、乙、丙三种设备加工批量的成本无差别点可分别计算如下。

以 x 表示甲、乙两种设备加工 M 零件的成本无差别点，以 y 表示乙、丙两种设备加工 M 零件的成本无差别点，以 z 表示甲、丙两种设备加工 M 零件的成本无差别点，于是可以得到三个独立方程：

$2\,000+60x=4\,000+40x$

$4\,000+40y=10\,000+10y$

$2\,000+60z=10\,000+10z$

解上述三个方程，可以得到 $x=100$ 个，$y=200$ 个，$z=160$ 个，如图 6-2 所示。

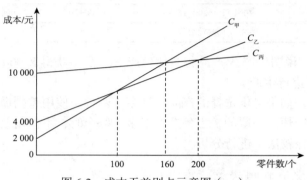

图 6-2　成本无差别点示意图（一）

据此，可以得出决策结论：

当 M 零件的生产批量在 100 个以内时，宜选用甲设备进行加工；当 M 零件的生产批量在 100 到 200 个之间时，宜选用乙设备进行加工；而如果 M 零件的生产批量大于 200 个，则应该选用丙设备进行加工。

（三）材料利用决策

有时企业同时生产的几种产品都要耗用某种材料，而企业所拥有的材料物资却是有限的，或者是非常紧俏的，这时，企业就需要在各种产品中进行比较，将紧俏的材料物资用于生产对企业最为有利的产品。对于材料利用的决策问题，可以利用直接比较法对各种产品的"单位资源贡献边际"进行比较，从而做出决策。

【例 6-3】　某企业同时经营甲、乙、丙三种产品，它们都要耗用一种紧俏的特殊材料 N，有关资料如表 6-5 所示。

表 6-5　甲、乙、丙三种产品有关材料

产品	单位售价/元	单位变动成本/元	单位产品耗用材料/千克
甲	40	20	8
乙	45	31	7
丙	150	110	25

要求：试确定企业应该选择哪种产品进行生产。

【解答】

本例可采用直接比较法进行决策。根据表 6-5 提供的资料，我们可以计算甲、乙、丙三种产品每消耗单位材料所能创造的贡献边际，如表 6-6 所示。

表 6-6 单位材料贡献边际计算表

产品名称	甲产品	乙产品	丙产品
单位产品贡献边际/元	20	14	40
单位产品耗用材料/千克	8	7	25
单位材料贡献边际/元	2.5	2	1.6

从表 6-6 的计算可知，即使单位丙产品创造的贡献边际最多，但考虑到产品消耗的紧俏材料不同，因此企业还是应该选择甲产品进行生产。

二、零部件取得方式决策

企业在生产中需用的零部件，可以从市场上直接采购，企业也有能力自行制造。但究竟采用哪种方式取得生产所需的零部件，需要从经济上进行考虑。一般来说，这类决策问题分两种情况，即需要量确定的情况和需要量不确定的情况。对于前一种情况，可用差别损益法或直接比较法进行决策，而对于后一种情况，则可用无差别点法进行决策。

（一）需要量确定情况下的零部件取得方式决策

【例 6-4】 设某企业生产某产品，每年需要 A 零件 40 000 个，如果外购，其单价为 50 元。该企业还有剩余生产能力并无其他用途，可供制造这种零件，有关单位成本资料如表 6-7 所示。

表 6-7 A 零件单位成本资料（单位：元）

项目	金额
直接材料	15
直接人工	10
变动制造费用	20
固定制造费用	15
合计	60

要求：试分析 A 零件应该自制还是外购。

【解答】

如果按直接比较法，有

外购单价=50（元）

自制单位相关成本=直接材料+直接人工+变动制造费用=15+10+20=45（元）

结论：自制比外购每个零件节约成本 5 元，全年共可节约成本 200 000（40 000×5）元，故宜自制。

如果按差别损益法，则如表 6-8 所示。

表 6-8　差别损益分析表（二）（单位：元）

项目	方案		差别
	自制	外购	
相关收入	0	0	0
相关成本	（15+10+20）×40 000=1 800 000	50×40 000=2 000 000	−200 000
差别损益			200 000

ΔP =200 000 元，说明自制比外购多获得利润（实际上是成本节约）200 000 元，故宜自制。

【例 6-5】　沿用例 6-4 的资料，并假定自制 A 零件，每年还需为此追加专属固定成本 120 000 元，在这种情况下，A 零件自制还是外购？

【解答】

按直接比较法，有

外购单价=50（元）

自制单位相关成本=单位直接材料+单位直接人工+单位变动制造费用
　　　　　　　　+单位专属固定成本
　　　　　　=15+10+20+120 000/40 000=48（元）

结论：自制比外购每个零件节约成本 2（50−48）元，全年共可节约成本 80 000（40 000×2）元，故 A 零件宜自制。

按照差别损益法，则如表 6-9 所示。

表 6-9　差别损益分析表（三）（单位：元）

项目	方案		差别
	自制	外购	
相关收入	0	0	0
相关成本	（15+10+20+120 000/40 000）×40 000=1 920 000	50×40 000=2 000 000	−80 000
差别损益			800 00

ΔP =80 000 元，说明自制比外购多获得利润（实际上是成本节约）80 000 元，故宜自制。

【例 6-6】　沿用例 6-4 的资料，并假设该企业的剩余生产能力如果不用于自制 A 零件，也可出租给其他企业使用，每年可收到租金 260 000 元，在这种情况下，A 零件应该自制还是外购？

【解答】

采用直接比较法：

外购单价=50（元）

自制单位相关成本=单位直接材料+单位直接人工+单位变动制造费用
　　　　　　　　+单位机会成本
　　　　　　=15+10+20+260 000/40 000=51.5（元）

结论：自制比外购每个零件将多付成本 1.5（51.5−50）元，全年共需多付成本 60 000（40 000×1.5）元，故 A 零件宜外购。

若按照差别损益法，则如表 6-10 所示。

表 6-10 差别损益分析表（四）（单位：元）

项目	方案		差别
	自制	外购	
相关收入	0	0	0
相关成本	（15+10+20+260 000/40 000）× 40 000=2 060 000	50 × 40 000=2 000 000	60 000
差别损益			−60 000

ΔP =−60 000 元，说明自制比外购少获得利润（实际上是多付成本）60 000 元，此时 A 零件宜外购。

需要说明的是，例 6-6 在采用差别损益法进行分析时，对租金收入还可以有另一种处理方式，即将其作为"相关收入"处理，如表 6-11 所示。

表 6-11 差别损益分析表（五）（单位：元）

项目	方案		差别
	自制	外购	
相关收入	0	260 000	−260 000
相关成本	（15+10+20）× 40 000=1 800 000	50 × 40 000=2 000 000	−200 000
差别损益			−60 000

显然，不管采用何种处理方式，结论都是一样的。

（二）需要量不确定情况下的零部件取得方式决策

当零部件的需要量不确定时，我们不能计算出单位相关成本，因此不能采用直接比较法或差别损益法来进行分析，此时，可以利用成本无差别点法进行决策，以下举例说明。

【例 6-7】 某工厂生产中需用 D 零件，其外购单价为 20 元，若自制，单位变动成本为 10 元，每年还需追加专属固定成本 20 000 元，试问 D 零件应自制还是外购?

【解答】

设每年 D 零件全年的需要量为 x，则每年的成本为

$C_自$=20 000+10x; $C_外$=20x

令 $C_自$=$C_外$，于是有 20 000+10x =20x，解之得成本无差别点 $x_无$=2 000 件。

这就是说，当每年 D 零件的需要量为 2 000 件时，自制成本与外购成本没有差别，可用图 6-3 表示。

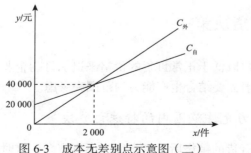

图 6-3 成本无差别点示意图（二）

借助图 6-3，可得出结论：

当 $x > 2\,000$ 件时，D 零件宜自制；

当 $x < 2\,000$ 件时，D 零件宜外购；

当 $x = 2\,000$ 件时，D 零件自制或外购均可。

【例 6-8】 某厂生产中需用 E 零件，若外购，其单价随采购量不同而不同：当采购量在 60 000 件以下时，单价为 16 元；当采购量达到或超过 60 000 件时，单价为 15 元。若自制，则单位变动成本为 14 元，每年需追加固定成本 100 000 元。试分析 E 零件应自制还是外购。

【解答】

当 E 零件需要量在 60 000 件以内时，设每年 E 零件的需要量为 x_1，则每年的成本为

$C_{自} = 100\,000 + 14x_1$ ； $C_{外} = 16x_1$

令 $C_{自} = C_{外}$，于是有 $100\,000 + 14x_1 = 16x_1$，解之得成本无差别点 $x_1 = 50\,000$ 件。

当 E 零件需要量在 60 000 件及以上时，设每年 E 零件的需要量为 x_2，则每年的成本为

$C_{自} = 100\,000 + 14x_2$ ； $C'_{外} = 15x_2$

令 $C_{自} = C'_{外}$，于是有 $100\,000 + 14x_2 = 15x_2$，解之得成本无差别点 $x_2 = 100\,000$ 件（图 6-4）。

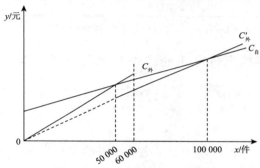

图 6-4 成本无差别点示意图（三）

据此，可得出如下结论：

当 E 零件需要量在 60 000 件以内时，x 小于 50 000 件宜外购，x 大于 50 000 件宜自制；

当 E 零件需要量在 60 000 件及以上时，x 小于 100 000 件宜外购，x 大于 100 000 件宜自制；

当 E 零件需要量正好为 50 000 件或 100 000 件时，自制、外购均可。

三、特殊订货决策

特殊订货是指客户以低于正常订货的价格来追加订购企业产品的一种业务。企业在进行这类决策时，一般需要结合生产能力的范围来考虑。

（一）生产能力允许范围内的特殊订货决策

企业在满足正常订货的销售后，生产能力还有富余，这时可能会有某些客户来进行

追加订货。这种追加订货一般出价较低，往往会低于正常售价，有时甚至会低于产品的生产成本。但只要这种特殊订货价格不低于产品的变动成本，且不会对企业正常订货产生影响，则订货是可以接受的。

【例 6-9】 某企业生产能力为年产 F 产品 30 000 件，目前已经接受正常订货 20 000 件，单价 200 元，发生固定成本 1 200 000 元，单位变动成本为 140 元。现有一客户前来追加订购 F 产品 8 000 件，每件只出价 150 元。假定企业的剩余生产能力没有其他用途，则企业可否接受该批追加订货？

【解答】

从传统会计的观点来看，由于追加订货的出价比产品单位成本低（产品单位成本=140+1 200 000/30 000=180），所以接受该订货是不划算的。但从管理会计的观点来看，该订货可以利用剩余生产能力来进行生产，且剩余生产能力没有其他用途，因此，是否接受订货取决于接受订货前后的利润比较，可以通过差别损益法来进行分析（表 6-12）。

表 6-12 差别损益分析表（六）（单位：元）

项目	方案		差别
	接受订货	拒绝订货	
相关收入	8 000 × 150=1 200 000	0	1 200 000
相关成本	8 000 × 140=1 120 000	0	1 120 000
差别损益			80 000

ΔP =80 000 元，说明接受订货比拒绝订货多获得利润 80 000 元，因此应该接受该批追加订货。

如果追加订货需要发生专属固定成本，或者剩余生产能力可以有其他用途，则在进行决策时还要把这些因素考虑进来。

【例 6-10】 某企业生产 G 产品，年实际生产能力为 10 000 件，单位售价 90 元，其正常的单位成本资料如表 6-13 所示。

表 6-13 G 产品单位成本（单位：元/件）

项目	金额
直接材料	30
直接人工	21
变动制造费用	12
固定制造费用	15
合计	78

根据目前的生产状况，该企业还有 35% 的剩余生产能力未被充分利用，若将其出租，每年可获租金收入 15 000 元。现有一客户要求再订购乙产品 3 000 件，每件只出价 72 元，并在生产上有某些特殊要求，需另行购置一台 9 000 元的专用设备。该企业应否接受订货？

【解答】

通过差别损益法进行分析，如表 6-14 所示。

表 6-14　差别损益分析表（七）（单位：元）

项目	方案		差别
	接受订货	拒绝订货	
相关收入	72 × 3 000=216 000	15 000	201 000
相关成本：			
直接材料	30 × 3 000=90 000	0	90 000
直接人工	21 × 3 000=63 000	0	63 000
变动制造费用	12 × 3 000=36 000	0	36 000
专属成本	9 000	0	9 000
差别损益			3 000

ΔP =3 000 元，说明接受订货比拒绝订货有利，因此应该接受该批追加订货。

例 6-10 中，剩余生产能力的租金收入还可以有另一种处理方法，即将其作为"接受订货"方案的机会成本，而不作为"拒绝订货"方案的相关收入。

（二）超越生产能力允许范围的特殊订货决策

超越生产能力允许范围的特殊订货存在两种情况：一是压缩正常订货以满足特殊订货（如将一部分正常订货转包给其他企业加工，这样可以避免产生合同纠纷）；二是扩大生产能力以满足特殊订货。前一种情况会产生机会成本；而后一种情况涉及企业生产能力的改变，如扩建厂房、增购机器设备等问题，这些在短时期内一般无法实现，属于投资决策，因此该种情况在短期经营决策中不考虑。

【例 6-11】　根据例 6-10 的资料，如果客户的追加订货量为 4 000 件，其他条件不变，则应否接受追加订货？

【解答】

由于追加订货量超过企业剩余生产能力 500 件，如果接受该批追加订货，必然要减少 500 件正常订货（假定不受合同制约），那么这 500 件正常订货的收入将要放弃，同时这 500 件订货的变动性成本也不会发生，这样，接受追加订货将要放弃的是 500 件正常订货的贡献边际，即 500 ×（90–63）=13 500 元，而这就是接受追加订货的机会成本（表 6-15）。

表 6-15　差别损益分析表（八）（单位：元）

项目	方案		差别
	接受订货	拒绝订货	
相关收入	72 × 4 000=288 000	15 000	273 000
相关成本：			
直接材料	30 × 4 000=120 000	0	120 000
直接人工	21 × 4 000=84 000	0	84 000
变动制造费用	12 × 4 000=48 000	0	48 000
专属成本	9 000	0	9 000
机会成本	500 ×（90–63）=13 500	0	13 500
差别损益			−1 500

ΔP =−1 500 元，说明接受订货比拒绝订货少获利 1 500 元，因此应拒绝该批追加订货。

四、品种最优组合决策

如果企业同时生产两种或两种以上的产品，那么要怎样安排各种产品的生产呢？这是企业管理人员在生产决策中经常面临的一个问题。管理人员必须根据市场的需求情况和企业现有的资源（如加工能力、原材料、电力供应、人力资源等），合理安排各种产品的生产数量，以期最大限度地发挥现有资源的作用，为企业带来最佳的经济效益。对于这类品种组合的决策问题，一般可以利用线性规划的图解法求解。

【例 6-12】 设某企业生产 J、K 两种产品，有关数据如表 6-16 所示。

表 6-16 J、K 两种产品有关资料

项目	J 产品	K 产品
单价/元	30	20
单位变动成本/元	16	12
单位贡献边际/元	14	8
单位产品耗用机器工时/小时	6	8
预计最大订货量/件	2 200	3 000

假设该企业最大生产能力为 26 400 机器工时，则应如何安排 J、K 两种产品的生产，才能为企业提供最多的贡献边际？

【解答】

设 J 产品的产量为 x，K 产品的产量为 y。

目标函数 $Tcm = 14x + 8y$

约束条件为
$$\begin{cases} 6x + 8y \leq 26\,400 \\ x \leq 2\,200 \\ y \leq 3\,000 \\ x \geq 0 \\ y \geq 0 \end{cases}$$

将约束条件在坐标图上描绘出来，可得到一个"可行域"，其中每一个点的坐标都是"可行解"，如图 6-5 所示（假定横、纵坐标的单位均为"1 000 件"）。

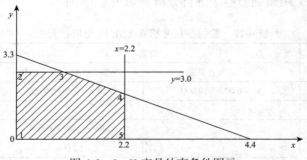

图 6-5 J、K 产品约束条件图示

【解答】

在图 6-5 的"可行域"中有 5 个顶角，每个顶角有一个角点，分别标注为 1、2、3、4、5，我们可以先求出其坐标值，然后将每个角点的坐标值分别代入目标函数中，计算出它们的目标函数值，通过比较各目标函数值的大小，就可以得出最优组合了。计算过程如表 6-17 所示。

表 6-17　计算表

角点	产品组合		目标函数值（Tcm=14x+8y）
	x	y	
1	0	0	Tcm=0
2	0	3 000	Tcm=14×0+8×3 000=24 000
3	400	3 000	Tcm=14×400+8×3 000=29 600
4	2 200	1 650	Tcm=14×2 200+8×1 650=44 000
5	2 200	0	Tcm=14×2 200+8×0=30 800

从表 6-17 中可以看出，最大贡献边际值为 44 000 元，其对应的角点为 4，所以最优组合为 x=2 200 件，y=1 650 件，即当 J、K 产品的产量分别为 2 200 件和 1 650 件时，可以获得最大贡献边际 44 000 元。

五、产品是否深加工决策

企业所生产的产品在完成一定的加工步骤后，可以作为半成品直接向外销售，也可以继续加工后再出售。作为半成品直接出售，一般售价不高，当然也不需要追加加工成本；继续加工后再行出售，其售价相对较高，但要追加一定的加工成本。这就要求企业管理者从经济角度进行分析，从而选择一个最好的行动方案。

【例 6-13】　某公司每年生产 A 产品 6 000 件，单位变动成本为 81 元，单位售价为 85 元。如果将 A 产品进行深加工，可加工成市场售价为 150 元的 B 产品，但深加工需要每件追加变动成本 50 元，同时还需要增加一台专用设备，每年追加专属固定成本 50 000 元。那么 A 产品是直接出售还是深加工成 B 产品出售？

【解答】

这个问题可以采用差别损益法进行分析，如表 6-18 所示。

表 6-18　差别损益分析表（九）（单位：元）

项目	方案		差别
	直接出售 A 产品	深加工成 B 产品再出售	
相关收入	85×6 000=510 000	150×6 000=900 000	−390 000
相关成本：			
加工成本——变动	0	50×6 000=300 000	−300 000
加工成本——专属	0	50 000	−50 000
差别损益			−40 000

ΔP =−40 000 元，说明直接出售 A 产品将会少获利润 40 000 元，因此企业应该将 A 产品深加工成 B 产品再出售。

六、亏损产品决策

企业日常经营中，某些产品由于质量不稳定、款式不新颖等原因，产品滞销，仓库积压，发生亏损。亏损产品按亏损情况可分为两种，一种为"实亏"，即该产品已经不能创造贡献边际了；另一种为"虚亏"，即该产品还能创造贡献边际。对于前者，一般不存在决策问题，都应该停产。而对于后者是否应该停产，则需要比较停产前后的企业利润来做出决策。需要特别注意的是，亏损产品无论是否生产，其发生的固定成本总是存在的，在决策时属于非相关成本，因此可不予考虑。

【例 6-14】 某企业原来生产 X、Y、Z 三种产品，有关资料如表 6-19 所示。

表 6-19 产品有关资料（单位：元）

项目		X	Y	Z	合计
销售收入		600 000	450 000	150 000	1 200 000
销售成本	变动成本	360 000	270 000	105 000	735 000
	固定成本	120 000	90 000	30 000	240 000
销售毛利		120 000	90 000	15 000	225 000
销售费用	变动费用	40 000	30 000	15 000	85 000
	固定费用	30 000	22 500	7 500	60 000
经营利润		50 000	37 500	（7 500）	80 000

显然，Z 产品出现了亏损，那么 Z 产品是否应该停产呢？

【解答】

我们可以利用差别损益法进行分析（表 6-20）。

表 6-20 差别损益分析表（十）（单位：元）

项目	方案		差量
	继续生产 Z	停产 Z	
相关收入	150 000	0	150 000
相关成本：			
变动成本	105 000+15 000=120 000	0	120 000
差别损益			30 000

ΔP =30 000，说明继续生产可多获利 30 000 元，故不宜停产。

第四节　风险条件和不确定条件下的经营决策

一、风险条件下的经营决策

风险条件下的经营决策也称风险型决策，其特点一是存在着两种以上不以决策者主观意志为转移的客观自然状态；二是决策者可以根据有关资料事先估计或计算出各种自然状态的可能性大小（即概率）。风险型决策的一般标准是"报酬最大、风险最小"。各种可能状态的收入与其概率相乘后求和，再减掉成本，称为期望值，它表示各个决策方案的预期报酬。因此，风险型决策使用的方法，就是通过计算比较各方案收益期望值大小来选择最优方案的概率分析法。

【例 6-15】　某企业拟参加一次大型产品展销会，需要租用摊位以展销商品，展销会摊位分设于甲、乙、丙、丁四个不同区域，其租金也因区域不同而不同。展销商品收益的大小，除受摊位场所影响外，还受展销期间天气好坏的影响，预计晴天、阴天的概率分别为 0.7 和 0.3，其他有关资料如表 6-21 所示。

表 6-21　各摊位租金及贡献边际（单位：元）

方案	租金	贡献边际	
		晴天	阴天
甲摊位	4 000	9 000	4 000
乙摊位	3 000	7 000	5 000
丙摊位	3 500	8 000	6 000
丁摊位	2 500	6 000	4 000

要求：试计算分析企业应选择哪个摊位。

【解答】

我们用 E 表示决策方案的期望收益，则：

$E_甲 = （9\,000 \times 0.7 + 4\,000 \times 0.3）- 4\,000 = 3\,500$（元）

$E_乙 = （7\,000 \times 0.7 + 5\,000 \times 0.3）- 3\,000 = 3\,400$（元）

$E_丙 = （8\,000 \times 0.7 + 6\,000 \times 0.3）- 3\,500 = 3\,900$（元）

$E_丁 = （6\,000 \times 0.7 + 4\,000 \times 0.3）- 2\,500 = 2\,900$（元）

由此可以得出，租用丙区域摊位的期望贡献边际最大，故该企业应该租用丙区域摊位。

【例 6-16】　某公司准备开发一种新产品，现有 A、B 两个品种可供选择，有关资料见表 6-22。

表 6-22 售价、成本资料（单位：元）

产品名称	A 品种	B 品种
单价	100	180
单位变动成本	60	120
固定成本总额	40 000	40 000

两种产品预计销售量随市场情况不同而不同，如表 6-23 所示。

表 6-23 销售量资料

市场状况	概率	预计销售量/件	
		A 产品	B 产品
好	0.1	5 000	6 000
较好	0.3	4 000	3 000
一般	0.3	2 000	1 000
较差	0.2	800	500
差	0.1	200	0

要求：试分析确定应选择哪个品种进行生产。

【解答】

根据上述资料，可计算 A、B 两种产品的期望收益值，见表 6-24。

表 6-24 期望收益值计算表

产品	销售量/件 ①	单位贡献边际/元 ②	贡献边际总额/元 ③=①×②	概率 ④	期望贡献边际/元 ⑤=③×④
A 品种	5 000		200 000	0.1	20 000
	4 000		160 000	0.3	48 000
	2 000	100−60=40	80 000	0.3	24 000
	800		32 000	0.2	6 400
	200		8 000	0.1	800
	合计				99 200
B 品种	6 000		360 000	0.1	36 000
	3 000		180 000	0.3	54 000
	1 000	180−120=60	60 000	0.3	18 000
	500		30 000	0.2	6 000
	0		0	0.1	0
	合计				114 000

由于固定成本相同，均为 40 000 元，因此哪种产品的期望贡献边际越大，则该种产品期望收益值越大。很显然，B 品种的期望收益值大于 A 品种的期望收益值，故本例中该公司应选择 B 品种进行新品开发。

二、不确定条件下的经营决策

前已指出，不确定条件下的经营决策，是指决策者在进行某项经营决策时，对影响这类决策的相关因素的未来状况不仅不能完全确定，而且连出现各种可能结果的概率也无法确切地进行预计。在这种条件下进行决策，通常可使用的方法包括大中取大法、小中取大法和大中取小法等。

（一）大中取大法

大中取大决法，也称最大最大决策法，其思想基础是对客观情况按乐观态度，从最好的客观状况出发，去寻找预期结果最好的方案，因此又称乐观决策法。但在实际中，由于客观状况千变万化，不以人的主观意志为转移，所以采用这种决策方法往往带有较大的冒险性。

【例 6-17】　某公司决定生产新产品 A，根据销售部门的预测资料，提出三个不同产量方案，并预计不同销路状态下各方案可获得的贡献边际如表 6-25 所示。

表 6-25　贡献边际资料

产量方案/件	销售情况/元		
	畅销	平销	滞销
4 000	16 000	14 400	4 800
6 000	20 000	13 600	6 400
8 000	22 400	13 200	3 600

要求：采用大中取大法选择最优产量方案。

【解答】

按照大中取大法，决策的基本步骤如下：

首先，从各备选方案中选取一个最大的贡献边际值。

本例中，4 000 件、6 000 件、8 000 件三个产量方案下的最大贡献边际分别为 16 000 元、20 000 元和 22 400 元。

其次，通过比较各方案的最大贡献边际，从中选出最大值，其所对应的方案即为最优方案。

经比较 16 000 元、20 000 元和 22 400 元三个最大贡献边际值，可知 22 400 元是其中最大的一个，则 22 400 元所对应的方案"8 000 件"即为最优方案。

（二）小中取大法

小中取大法，也称悲观决策法，是一种以悲观保守的态度进行决策的方法，在这种方法下，决策者从最坏的客观环境条件出发，选择预期效果最佳的行动方案。

小中取大法的决策过程如下：首先从各备选方案中选出一个最小的贡献边际值；其

次从这些最小值中选出一个最大值，该最大值所对应的方案即为最优方案。

沿用例 6-17 的资料，如果按照小中取大法进行决策，4 000 件、6 000 件、8 000 件三个产量方案下的最小贡献边际分别为 4 800 元、6 400 元、3 600 元，其中最大的一个数值是 6 400 元，则其所对应的方案 "6 000 件" 就是最优方案。

（三）大中取小法

大中取小法，也称最小的最大后悔值决策法，是根据各备选方案的 "后悔值" 大小来选择决策行动方案的一种方法。所谓 "后悔值"，是用来反映后悔程度大小的一个数值，一般可以用预期最大收益值（或预期最大贡献边际）减去实际收益值（或实际贡献边际）得到，即

后悔值＝预期最大收益值–实际收益值

　（或＝预期最大贡献边际–实际贡献边际）

沿用例 6-17 的资料，如果按照大中取小法进行决策，计算过程如下。

首先，找出在不同销售状态下各方案的预期最大收益值。

畅销时最大收益值为 22 400 元，平销时为 14 400 元，滞销时为 6 400 元。

其次，计算不同销售状态下各方案的后悔值。

在畅销状态下：

4 000 件产量方案的后悔值＝22 400–16 000＝6 400

6 000 件产量方案的后悔值＝22 400–20 000＝2 400

8 000 件产量方案的后悔值＝22 400–22 400＝0

在平销状态下：

4 000 件产量方案的后悔值＝14 400–14 400＝0

6 000 件产量方案的后悔值＝14 400–13 600＝800

8 000 件产量方案的后悔值＝14 400–13 200＝1 200

在滞销状态下：

4 000 件产量方案的后悔值＝6 400–4 800＝1 600

6 000 件产量方案的后悔值＝6 400–6 400＝0

8 000 件产量方案的后悔值＝6 400–3 600＝2 800

再次，根据计算结果，可编制各方案 "后悔值计算分析表"，如表 6-26 所示。

表 6-26　后悔值计算分析表

产量方案/件	后悔值/元			各方案最大后悔值/元
	畅销	平销	滞销	
4 000	6 400	0	1 600	6 400
6 000	2 400	800	0	2 400
8 000	0	1 200	2 800	2 800

最后，根据后悔值计算分析表，选定最优方案。

三个产量方案下的最大后悔值分别为 6 400 元、2 400 元、2 800 元，其中最小的一个为 2 400 元，它所对应的方案"6 000 件"即为最优方案。

另外，需要指出的是，大中取小法中的"大""小"是指后悔值，而大中取大法、小中取大法中的"大""小"是指收益值，在应用中要注意区别。

■ 第五节　定价决策

企业为其产品和劳务制定合理的销售价格，是企业经营中的一项重要决策内容。定价过低，企业的收入会下降，利润减少甚至出现亏损；定价过高，会削弱企业在市场上的竞争优势，同样会造成收入下降，利润减少。因此，企业在制定产品或劳务的销售价格时，要充分考虑影响价格的各种内、外因素，选择最适当的售价，以保证企业取得足够的收入来补偿成本并实现利润。

一、产品定价的方法

（一）以成本为基础的定价方法

这类方法的基本观点是价格必须首先能补偿成本，然后才考虑利润等其他因素。定价所依据的成本指标，既可以是完全成本，也可以是变动成本，一般有以下方法。

1. 完全成本定价法

这是在完全成本的基础上制定产品成本的方法，即在产品完全成本的基础上，附加一定比例的利润，以此作为产品的销售价格。采用这种定价方法，不仅能如数收回全部生产成本，并可取得一定数额的利润，而且计算简便，易于理解。

单位产品价格=单位产品完全成本×（1+成本加成百分比）

【例 6-18】　某企业计划年度预计甲产品产量为 30 000 件，固定成本总额为 150 000 元，单位产品变动成本为 12 元，目标利润按照完全成本的 20%予以加成。则该产品的销售价格为

单位产品价格=（12+150 000/30 000）×（1+20%）=20.4（元）

2. 变动成本定价法

这是在变动成本的基础上制定产品成本的方法，即在产品变动成本的基础上，附加一定比例的贡献边际，以此作为产品的销售价格。采用这种方法，只要产品的销售价格能够补偿其变动生产成本并可提供一定数额的贡献边际，就是可以接受的。

$$单位产品价格 = \frac{单位变动生产成本}{1-贡献边际率} = \frac{单位变动生产成本}{成本补偿率}$$

【例 6-19】　某企业计划年度预定生产乙产品，单位产品直接材料 20 元，直接人工 14 元，变动制造费用 25 元，固定制造费用总额 50 000 元，企业预定的乙产品贡献边

际率为 40%。若以变动成本为定价基础，则乙产品的售价应为

$$单位产品价格 = \frac{20+15+25}{1-40\%} = 100(元)$$

（二）以特殊要求为导向的定价方法

1. 保本定价法

这是以保本为目标确定产品价格的方法，公式为

$$保本价格 = 单位变动成本 + \frac{固定成本}{预计销售量}$$

很显然，这样制定的产品售价与我们在第四章中所计算的保本单价是一致的。

2. 保利定价法

这是在事先制定的目标利润、预计销售量和有关成本资料的基础上，以确保目标利润的实现为目的的一种产品定价方法，公式为

$$保利价格 = 单位变动成本 + \frac{固定成本+目标利润}{预计销售量}$$

按照这种方法制定的产品售价，也与我们在第四章中计算的保利价格相一致。

3. 极限定价法

即将事先确定的某一成本作为产品价格的底限（如在企业尚有剩余生产能力未被充分利用时，可将单位变动成本作为接受特殊订货的最低售价）。

二、最优售价的确定

产品最优售价是能使产品销售后获得最大利润的单价。产品售价的高低受很多因素的影响，其中市场对产品需求情况的影响是最为重要的一个因素。一般来说，产品的市场需求会影响产品的价格，而产品价格的变动反过来又会影响产品的市场需求。为了确定产品的最优售价，就要充分考虑售价与需求量之间的关系。通常情况下，我们借助边际分析的方法，根据边际收入和边际成本的基本概念，以及二者之间的特定数量关系和经济内涵，来确定产品的销售价格。

（一）连续可导条件下的最优售价

若收入、成本函数均为连续可导的函数，这时可以利用数学中求导数的方法来计算。

设总收入函数 $TR=a_1+b_1x+c_1x^2$，总成本函数 $TC=a_2+b_2x+c_2x^2$，于是利润函数为 $P=TR-TC=(a_1+b_1x+c_1x^2)-(a_2+b_2x+c_2x^2)$。

应用边际分析法，需要计算边际收入和边际成本。对于连续可导的收入和成本函数，边际收入（MR）是收入函数的一阶导数，边际成本（MC）是成本函数的一阶导数。当边际收入与边际成本相等时，即 MR=MC 时，利润 P 取到最大值，此时的销售量即为最

佳销售量，用 x_m 表示。

将 x_m 代入利润函数中，即可求得最大利润：

$$P_m = (a_1 - a_2) + (b_1 - b_2)\ x_m + (c_1 - c_2)\ x_m^2$$

将 x_m 代入收入函数中，即可得最佳售价：

$$\text{sp} = \frac{\text{TR}}{x_m} = \frac{a_1}{x_m} + b_1 + c_1 x_m$$

【例 6-20】　设某企业生产的丙产品的成本、收入与产销量（假定产销平衡）之间的关系如下（数量单位为万件，金额单位为元）：

$$\text{TR} = 3x - 0.04x^2; \text{TC} = 10 + 0.2x + 0.04x^2$$

则

$$P = \text{TR} - \text{TC} = \left(3x - 0.04x^2\right) - \left(10 + 0.2x + 0.04x^2\right) = -10 + 2.8x - 0.08x^2$$

$$\text{MR} = 3 - 0.08x; \text{MC} = 0.2 + 0.08x$$

令 MR=MC，可解得

$$x_m = 17.5(\text{万件})$$

于是，最大利润 $P_m = -10 + 2.8\times17.5 - 0.08\times17.5^2 = 14.5(\text{万元})$。

而丙产品最优售价 $\text{sp} = \dfrac{\text{TR}}{x_m} = 3 - 0.04\times17.5 = 2.3(\text{元})$。

（二）不连续条件下的最优售价

若收入、成本函数不是连续函数，就不能利用求导数的方法计算边际收入和边际成本，这时要确定产品的最优售价，就要用列表计算的方式来进行了。以下举例来说明不连续条件下最优售价的确定。

【例 6-21】　某公司生产的丁产品，单位变动成本为 6 元，固定成本 10 000 元，其在不同销售价格水平上的各期销售量资料见表 6-27。

表 6-27　丁产品售价、销量资料

销售单价/元	销售量/件
23	1 000
22	1 100
21	1 200
20	1 300
19	1 400
18	1 500
17	1 600
16	1 700
15	1 800
14	1 900

要求：计算该产品的销售价格为多少，才能使企业获得最大利润。

【解答】

利用边际分析法，根据上述资料，可编制分析计算表如表6-28所示。

表6-28 分析计算表

售价/元	预计销售量/件	销售收入/元	边际收入/元	销售成本/元			边际成本/元	边际利润/元	利润总额/元
				固定成本	变动成本	总成本			
①	②	③=①×②	④	⑤	⑥	⑦=⑤+⑥	⑧	⑨=④-⑧	⑩=③-⑦
23	1 000	23 000	—	10 000	6 000	16 000	—	—	7 000
22	1 100	24 200	1 200	10 000	6 600	16 600	600	600	7 600
21	1 200	25 200	1 000	10 000	7 200	17 200	600	400	8 000
20	1 300	26 000	800	10 000	7 800	17 800	600	200	8 200
19	1 400	26 600	600	10 000	8 400	18 400	600	0	8 200
18	1 500	27 000	400	10 000	9 000	19 000	600	−200	8 000
17	1 600	27 200	200	10 000	9 600	19 600	600	−400	7 600
16	1 700	27 200	0	10 000	10 200	20 200	600	−600	7 000
15	1 800	27 000	−200	10 000	10 800	20 800	600	−800	6 200
14	1 900	26 600	−400	10 000	11 400	21 400	600	−1 000	5 200

从表6-28中可以看出，虽然售价为20元和19元时利润都达到最大，但在售价为19元时，边际收入与边际成本相等（框中数值），因此丁产品的最优售价为19元。

三、定价策略

定价策略是指企业在定价决策过程中，依据经验制定各种不同产品价格时所遵循的一些原则或技巧。

（一）新产品定价策略

1. 撇油性定价策略

撇油性定价策略是指在新产品投放市场初期定出较高的价格，以后随着市场的扩大和竞争的加剧，再逐步降低价格。这种策略能保证新产品在投放初期获得高额利润，并可保证新产品在产销方面无法预知的成本得到足额补偿。但由于投放初期的高额利润必然会迅速引来竞争，高价难以持久。因此这是一种短期性的定价策略，一般用于市场上没有类似替代物、没有竞争对手、弹性小、容易开辟市场的新产品。

2. 渗透性定价策略——先低后高

渗透性定价策略是在新产品投放市场的初期先制定较低的价格，以期能迅速获得较大市场，等到赢得了市场好评、占有了市场以后，再逐步提高售价。这种策略虽然在新产品投放初期会减少一些短期利润，但它能有效地排除竞争，以便建立长期的市场地位，给企业带来长远的经济效益，是一种立足长远的策略，一般用于有类似替代物、需求弹性较大、市场前景光明的新产品。

（二）系列产品定价策略

系列产品是指配套使用的产品。这类产品一般可以采用差别定价，即对成套产品制定一个价格，对单件产品制定另一个价格，而且成套价格通常低于单件价格之和，这样可以鼓励顾客购买成套产品，从而增加企业产品的销售。

（三）心理定价策略

这类定价策略包含的方法很多，如去整取余法、整数定价法、对比定价法等。去整取余法又称尾数定价法或取九舍十法，如某商品价格不定为 100 元而定为 99 元，使顾客觉得价格不到 100 元，比较便宜，常用于中低档商品的定价；整数定价法正好相反，定价时只取整数，舍掉余数，如某商品价格不定为 65 980 元，而定为 66 000 元，这样顾客觉得比较容易记住，同时又可以提高商品身价，多用于高档商品定价；而对比定价法是将过去和现在的售价同时列出，让顾客感到现在购买比以前划算了，促使顾客通过对比积极购买商品。

（四）跟随定价策略

跟随定价实际上是根据竞争对手的情况来定价的。如果竞争对手实力较弱，可先采用低价倾销的策略挤走对手，抢占其市场份额，然后提高价格。如果竞争对手实力较强，则宜在创造自己竞争优势的基础上紧紧跟随：竞争对手提价，企业也提价；竞争对手降价，企业也降价。

（五）弹性定价策略

这类策略主要根据产品的价格弹性大小来确定其价格。价格弹性又称需求弹性，是指在一定时期内一种产品的需求量变动率对该产品的价格变动率的反映程度。一般来说，对弹性较大的产品，价格较小的变动就会引起销售量较大的变动，因此应采取适当调低价格的方法，促进销售，即所谓的降价促销；相反，对弹性较小的产品，其销售量对价格变动不敏感，对这类产品不仅不能降价，反而要提高其售价，以期实现较大的利润。

【本章小结】

本章介绍了决策的不同分类、经营决策的基本程序及特定概念，以及经营决策中的一些主要问题，包括生产决策、定价决策等，并对如何解决这些问题提供了相应的决策方法。经营决策的主要目的，在于为企业经营管理者进行日常生产经营管理提供理论上的指导和解决具体问题的方法，从而为企业改善经营管理、提高经济效益服务。

【关键术语】

决策　短期经营决策　风险型决策　不确定型决策　相关收入　相关成本　差别成本　机会成本　专属成本　沉落成本　差别损益　成本无差别点　亏损产品　后悔值　撇油性定价策略　渗透性定价策略　价格弹性

【思考题】

（一）什么是决策？怎样对决策进行分类？

（二）经营决策的基本程序怎样？

（三）什么是机会成本？举例说明在经营决策中为什么要考虑机会成本。

（四）举例说明如何利用差别损益法进行特殊订货决策。

（五）如何利用成本无差别点法进行零部件自制或外购决策、生产设备利用决策？

（六）如何利用图解法进行产品最优组合决策？

（七）怎样进行风险条件下的经营决策？

（八）什么是后悔值？如何利用后悔值法进行不确定型决策？

（九）怎样利用边际分析原理确定产品最优价格？

【练习题】

1. 某工厂生产中需用 A 零件，其外购单价与自制单位成本资料如表 6-29 所示。

表 6-29　A 零件有关资料

外购		自制	
采购量 600 件以下	单价 6 元	单位变动生产成本	4 元
采购量 600 件以上	单价 5 元	专属固定成本	800 元

要求：试确定 A 零件自制还是外购。

2. 某工厂生产一种 B 零件，可以用普通车床、半自动化车床或全自动化车床进行加工，不同类型设备进行加工的成本资料如表 6-30 所示。

表 6-30　B 零件加工成本（单位：元）

设备	一次性调整准备费	单个零件加工费
普通车床	2 000	3
半自动化车床	3 500	2
全自动化车床	8 000	0.5

要求：分析确定应选用何种车床进行 B 零件加工。

3. 某企业最大生产能力为年产 C 产品 10 000 件，目前已接受正常订货 8 500 件，售价为 30 元，单位变动成本 16 元，全年固定制造费用 50 000 元。若将剩余生产能力出租，每年可获租金收入 5 000 元。今有某海外客户前来追加订购 C 产品 2 000 件，每件只出价 24 元，并对 C 产品的款式有某些特殊要求，为此需添置专用设备一台，价值 3 000 元，试帮助该企业确定应否接受该批追加订货。

4. 某企业生产 D、E 两种产品，资料如表 6-31 所示。

表 6-31　D、E 产品有关资料

项目	D 产品	E 产品	备注
单位售价/元	30	20	
单位贡献边际/元	10	8	
每件产品在 I 车间加工时间/小时	10	4	I 车间生产能力 30 000 工时
每件产品在 II 车间加工时间/小时	4	8	II 车间生产能力 24 000 工时
产品预计最大销售量/件	2 500	2 000	

要求：用图解法确定 D、E 两种产品的最优组合和最大贡献边际。

5. 某企业经营 F 产品，其中最大生产量为 10 000 件/年，目前年产销量为 8 000 件。该产品单位售价 100 元，单位变动成本 58 元，固定成本总额 150 000 元。现为了应国家某重点工程建设之需，务必于今后若干年内每年满足此种产品 3 500 件的特殊订货。

要求：

（1）确定该企业提供特别订货时可以接受的最低售价；

（2）若该企业下年度经营此种产品的目标利润为 200 000 元，则特别订货的售价应作何调整？

6. 某企业生产的 G 半成品单位售价为 20 元，单位成本为 15 元，产量为 8 000 件。G 半成品也可以深加工成 H 产品，产量仍为 8 000 件，H 产品的单位售价为 25 元，但需追加单位变动成本 4 元，专属固定成本 5 000 元。

要求：确定 G 半成品是直接出售还是加工成 H 产品出售。

7. 某企业为生产新产品 I，打算修建一个生产车间，现拟订了两个方案：一是投资 30 万元建小车间；二是投资 100 万元建大车间。两个方案的预计使用年限均为 10 年，有关资料如表 6-32 所示。

表 6-32　不同市场情况的概率及预计收益

市场情况	概率	建大车间预计年收益/万元	建小车间预计年收益/万元
产品畅销	0.6	80	40
产品滞销	0.4	−20	30

要求：确定企业应该选择哪个方案。

8. 某公司决定投产新产品 J，销售部门根据市场情况拟订了三种不同的产量方案，并对各方案在不同销售状况下的预计贡献边际做了估计，如表 6-33 所示。

表 6-33　贡献边际

产量/件	畅销/万元	平销/万元	滞销/万元
10 000	800	780	240
20 000	1 000	650	300
30 000	1 100	620	250

要求：用后悔值法做出决策。

9. 某企业 K 产品的收入、成本函数由下列二次方程表示（假定产销平衡，单位为万元）：

$TR=5\,000x-4x^2$；$TC=100\,000+1\,000x+x^2$

式中，x 为产销量。

要求：

（1）计算最大利润及其销售量；

（2）计算最优售价。

10. 某企业生产 L 产品，单位产品变动成本 50 元，每月固定成本 2 000 元，L 产品售价与月销售量资料如表 6-34 所示。

表 6-34 　L 产品售价和销售量

售价/元	100	95	90	85	80	75	70
销售量/件	120	150	190	240	280	310	330

要求：试确定 L 产品的最优售价。

11. 某厂原来生产甲、乙、丙三种产品，资料如表 6-35 所示（单位：元）。

表 6-35 　产品有关材料

项目	甲产品	乙产品	丙产品	合计
销售收入	150 000	280 000	200 000	630 000
变动成本	120 000	160 000	170 000	450 000
固定成本	24 000	70 000	50 000	144 000
利润（或亏损）	6 000	50 000	（20 000）	36 000

要求：确定丙产品是否应停产。

【案例分析】

（一）资料

金泰机床厂是专门生产机床的企业，产品共计五个大类，三十余个型号，各型号产品的销售一直良好。但是，最近情况有了一些变化，自本年 3 月以来，企业所生产的主要产品之一 G210 型机床订单出现了下降，致使企业整体销售状况受到影响，库存增加，经营业绩出现了下滑。经销售人员了解，发现有一家小型机床厂生产的 G210 型机床，销售价格要比本厂的便宜 2 600 元左右。

针对这一情况，金泰机床的主要领导人召集咨询部、技术部、销售部和财务部开了一次会议。会上大家各抒己见，分别提出了几种解决问题的思路：技术部提出，能否由技术人员自行设计并生产部分零配件来降低成本；销售人员提出，是否可以采用降价促销的方式减少库存，扩大市场份额；财务人员则提出可否在原材料采购、人员工资等几个方面进行控制。

项目部根据以上意见，提出了以下两种解决办法：

（1）投入部分资金进行 a 零件的设计和开发工作，并购买机器设备来进行生产。据估算，a 零件的投资（固定）成本约为 40 000 元，单位变动生产成本为 24.5 元。与此同时，也进行其他零部件的试制和开发工作。

（2）仍从外部市场购买生产 G210 型机床的 a 零件。a 零件的市场零售价为 30.5 元，但若成批购买则可以获得优惠：批数在 12 000 件以下 28.5 元，批数在 12 000 件以上 25 元。据财务部测算，采购部门每次最多只能采购 10 000 件，若采购量超过 10 000 件，则会增加库存成本，每个 a 零件大约 1.5 元。

同时，销售部进行扩大市场份额活动，每台机床的价格从 212 960 元降至 210 000 元，预计库存机床的销售将会造成 500 000 元的损失。

根据投资咨询部的可行性报告，金泰机床厂的厂长最终选择了进行零部件自制的方案，所有工作均由技术部负责，先进行 a 零件的试制，成功后组织生产，自己用不完的 a 零件还可以以机床同品牌按市场价向市场销售，同时陆续进行其他零件的试制和开发。

（二）分析

1. 从决策步骤上看

（1）虽然金泰机床厂的决策目标比较明确，但是缺乏对整个机床行业的调查资料，只看到一家小型机床厂的销售情况，就认为应将降低零件成本以争取市场份额作为本厂的决策目标，这显然有些片面。还应调查市场份额下降是否还有除成本以外的其他原因，如售后服务等。

（2）决策方案下达后，不应把整个行动方案的权力只交给技术部门，还应有其他部门的参与，如财务部门做出具体的预算等。

（3）在决策执行过程中，还要进行跟踪控制，检查执行情况，及时将信息予以反馈，以确保预算资金的正确利用和目标的实现。

2. 从企业的主要指导思想来看

对于一个成功的企业，重要的一点是企业应该时刻走在市场前面，也就是要随时掌握市场信息资料，不要在已经出现不良情况时再采取行动来补救。本案例中，如果金泰机床厂采取行动时，其他企业也采取相应措施进行抵制，就可能造成很被动的局面。所以企业管理人员应随时掌握与本厂主要产品相关的信息，以便在市场中处于主动地位。

3. 此外，还要特别注意市场情况

企业做出自制 a 零件的决策，根据前面的资料，利用无差别点法分析可知，若自制，零件的需要量应在 10 000 到 12 000 件之间，或大于 20 000 件。但大量生产了 a 零件后，是否能顺利地按照市场价格销售出去？如果不能，那么势必造成企业更大的损失。因此企业在自制零件之前还应该对整个机床行业供求关系进行认真的调查研究，获取第一手资料，做到知己知彼。

（资料来源：王忠，周剑杰，胡静波. 管理会计教学案例. 北京：中国审计出版社，2011，有改动）

【参考文献】

刘俊勇，卢闯，王康. 2009. 管理会计[M]. 大连：东北财经大学出版社.

吴大军，刘彦秀. 2013. 管理会计[M]. 大连：东北财经大学出版社.

余绪缨，蔡淑娥，陈双人. 2006. 管理会计[M]. 沈阳：辽宁人民出版社.

第七章

长期投资决策

【本章学习目标】通过本章学习，学生应了解长期投资决策的分类、特点、基本步骤；掌握影响长期投资决策的两个重要因素，即货币时间价值和现金流量；掌握投资决策的分析方法，即非折现的现金流量法和折现的现金流量法；掌握投资决策方法的应用，包括固定资产更新或改造、更新或大修、租赁或自购等实务决策以及投资开发时机决策；了解长期投资决策的敏感性分析。

■ 第一节　长期投资决策概述

一、长期投资决策的分类与特点

（一）长期投资决策的分类

长期投资是指企业为了适应生产经营的长远发展而投入大量的资金，并期望获得更多收益的资金投放活动。它包括固定资产的改建、扩建和更新、资源的开发与利用、新产品的研制开发，也包括无形资产投资和长期有价证券投资等。长期投资决策是对长期投资项目的经济可行性所进行的决策，也称资本支出决策。长期投资决策一般可按不同标准对其进行分类。

1. 按重要程度分类

按照投资决策重要程度的不同，长期投资决策可以划分为战略型投资决策和战术型投资决策两类。

战略型投资决策是指对企业的全局或长远发展构成重大影响，将会改变企业经营方向、影响企业未来发展前途的投资决策，如现有生产规模的大幅扩充、新技术引进或新产品开发等。

战术型投资决策是指对企业的全局或长远发展并不构成重大影响，仅限于局部范围变化或个别条件改善的投资决策，如现有机器设备应否更新、怎样更新、何时更新等。

2. 按对象分类

按照决策具体对象的不同，长期投资决策可以划分为固定资产投资决策、无形资产投资决策和其他长期资产投资决策三类。

固定资产投资决策是指对预计使用年限至少在一年、单位价值必须在规定限额以上、其实物形态始终保持不变的长期资产所进行的投资决策，如建造厂房车间、购买机器设备等。

无形资产投资决策是指对预计使用年限较长、并不存在实物形态的有关长期资产所进行的投资决策，如外购专利或专有技术等。

其他长期资产投资决策是指对预计需要在未来长期占用资金的流动资产或递延资产所进行的投资决策，如伴随某项固定资产投资而发生的流动资金投入等。

3. 按性质分类

按照决策性质的不同，长期投资决策可以划分为增收型投资决策和节支型投资决策两类。

增收型投资决策是指其直接目的在于扩充业务、增加收入的投资决策，如现有生产设备加工效率的提高、现有产品产销能力的增加等。

节支型投资决策是指其直接目的在于节约耗费、降低成本的投资决策，如现有工艺技术的改良、现有机器设备的更新改造等。

4. 按决策项目之间的相互关系分类

按决策项目之间的相互关系的不同，长期投资决策可以划分为独立型投资决策和互斥型投资决策两类。

独立型投资决策是指某一投资项目是否应予选择，完全不受别的任何投资项目应否选择的影响，只需考虑其自身是否可行的投资决策。在这类决策中，各有关备选投资项目或方案可以同时并存，它们之间既不相互冲突，也不彼此依赖。就独立型投资方案的决策分析而言，其所要解决的问题是，如何根据某种特定的决策标准，确定方案的取舍问题。

互斥型投资决策是指在两个或两个以上不能同时并存、相互排斥的投资项目中做出最终选择的投资决策。在这类投资决策中，某一投资项目究竟最后能否被选取，既应视其自身是否可行，还须按照"非此即彼"的原则，同与之相关联的至少一个备选投资项目进行比较和筛选之后才可决定。例如，在可以生产同种产品的两种不同型号的机器设备中做出购买何种型号生产设备的选择。就互斥型投资方案的决策分析而言，其所要解决的问题是，如何在计算、分析有关备选方案预期效益的基础上，根据某种特定的决策标准对它们进行比较、鉴别，继而选定一个最优的决策行动方案。

（二）长期投资决策的特点

长期投资是企业生产经营活动中极为重要的资金支出活动，它直接关系到企业未来物质技术基础的正常形成和经济资源的合理配置，直接影响到企业未来生产经营的持续发展和经济效益的长远提高。能否正确地制定和实施长期投资决策，在很大程度上决定着企业未来的发展前途和命运。长期投资决策的主要特点如下。

1. 投入资金多

长期投资决策实际上是为规划企业未来的生产经营而进行的巨额资金运用抉择。一般说来，任何长期投资项目都需要投入大量甚至巨额的资金，全面制约着企业的财务状况和经营成果。投资决策一旦成功，即意味着有关长期资金得到了有效的运用，从而取得了理想的资金效益；而一旦决策失败，则将对企业的现金流量和财务状况造成严重损害，从而给企业的各项生产经营活动带来不良的甚至是灾难性的后果。

2. 持续时间长

长期投资决策实际上是为追求企业长远利益、实现企业未来持续发展而进行的长期资金支出抉择。在通常情况下，任何长期投资项目都将在较长（至少一年）的期间内连续发挥效用，直接影响到企业目前和未来的现金流出与现金流入。投资决策一旦成功，即意味着企业在今后相当长的时期内将会获得满意的现金流量，必然对企业未来的发展产生深远的影响；而一旦决策失误，则会给企业带来持续性的破坏，使其生产经营活动长期处于被动状态之中。

3. 面临风险大

长期投资决策实际上是在利弊共生、安危并存的条件下，为了获得期望的资金报酬而进行的风险性资金支出抉择。从总体上看，任何长期投资项目都是在错综复杂的环境中选定的，不可避免地会受到某种非稳定状态或某些不确定因素的影响，因而有关长期投资决策极有可能存在着两种或两种以上的结果，使某一决策行动方案的实际资金运用效益同其预期的资金运用效益发生背离，给企业带来一定的经济损失。有时候，这种损失还是相当严重、相当久远的，高新技术方面的长期投资尤其如此。

可见，长期投资决策的成败，不仅广泛涉及企业人、财、物等各项经济资源的合理配置，以及供、产、销等各项生产经营活动的正常进行，而且深刻影响着企业的经营能力、获利能力和偿债能力的提升，进而关系到企业目前的存在和未来的发展。为此，企业管理当局务必努力加强长期投资管理，科学制定和有效实施长期投资决策，力求最大限度地发挥长期资金的作用，不断提高投资效益。

二、长期投资决策的基本步骤

由长期投资决策的特点及重要性所决定，在制定、实施任一长期投资决策时，除应符合第六章阐明的经营决策的一般要求之外，还须确立并遵循自身特有的管理程序。长期投资决策的基本步骤如下。

（一）确定投资目标

在进行长期投资决策时，首先必须遵循统筹规划的原则，按照企业长期经营目标的要求，明确规定某一特定投资项目在未来特定时间的投资报酬水平，为其确定一个明确的、具体的奋斗目标。就某一特定的投资项目而言，其决策目标的确立实际上是企业未来总体奋斗目标的分解与落实，是企业长期经营目标的阶段化、对象化和数量化。

（二）提出投资建议

提出投资建议是长期投资决策程序中的重要一环。能否根据企业外部市场条件和企业内部经营需要提出合理的投资建议，与能否正确地确定投资方向、能否如愿地取得预期投资效益、能否最终实现投资目标关系极大。

（三）拟订投资方案

投资项目确定之后，即应为其拟订至少两个可行或备选投资方案。作为某个投资项目的可行性方案，应能保证最终实现有关投资项目的特定决策目标，应能同企业当前所面临的环境保持高度适应。要使有关可行性方案完全达到上述要求，必须经过科学地设想、分析和探索，确切掌握各该方案的基本结构、约束条件、预期结果和应对措施等。

（四）评价投资效益

投资效益的评价过程也就是若干备选投资方案之间明确差异、权衡利弊、比较优劣的过程。评价的直接目的是选定技术上最先进、经济上最合理的投资方案，然后交由企业管理当局进行最终决断，据以选定最佳的长期投资行动方案。

（五）决策行动方案的贯彻实施

投资决策行动方案一经选定之后，即可按照与之对应的专项资本预算所限定的现金流量计划，具体组织方案的贯彻实施，将有关预算指标予以逐项分解、层层落实，在企业内部有关责任部门或责任个人之间形成针对特定投资项目的任务执行网络。

（六）方案实施结果的考核评价

在组织实施投资方案的整个过程中，应适时、适当做好有关信息的收集、加工和反馈，准确把握决策方案的实施进度与质量。这一步骤的工作重点应当是通过特定投资项目实际现金流量同其预计现金流量的比较，发现差异，分析形成原因，制定改进措施。这样才能进一步加强长期投资管理，不断提高长期投资效益。

第二节　长期投资决策的影响因素

科学地进行长期投资决策，既要考虑各种可计量的因素，也需要考虑各种有关的不可计量因素。管理会计是根据可计量因素评价投资项目经济效果的。长期投资决策所需考虑的可计量因素主要有货币时间价值、现金流量、投资风险价值和资金成本、效用期间等因素。

一、货币时间价值

（一）货币时间价值的含义

众所周知，在商品经济条件下，即使不存在通货膨胀，等量货币在不同时点上的价值也不相等，今天的 1 元和将来的 1 元不等值，前者要比后者的经济价值大。资金在使用过程中随时间的推移而发生的增值，即为货币的时间价值。

因此，货币时间价值是指一定量货币在不同时点上价值量的差额。具体可从三个方面加以理解：第一，货币时间价值的形式是价值增值，是同一笔货币资金在不同时点上表现出来的价值差量或变动率；第二，货币的自行增值是在其被当做投资资本的运用过程中实现的，不能被当做资本利用的货币是不具备自行增值属性的；第三，货币时间价值量的规定性与时间的长短呈同方向变动关系。

货币时间价值在任何经济形态下都是客观存在的，是货币经过一定期间的投资和再投资所增加的价值，实质上就是在没有风险和没有通货膨胀条件下的社会平均资金利润率。货币时间价值通常采用利息的形式，按复利方式进行计算。货币时间价值的计量分为两种情况：当款项收付的规律性较强时，即对于间隔期相同、收付金额相等的款项，按年金计算；否则，按复利计算。

（二）货币时间价值的计算

1. 复利

复利是将本金及其在一定期间所获得的利息累计在一起，据以计算下期应获利息的特定计算方法。采用复利计息，不仅本金要计算利息，而且利息也要计算利息，即利滚利。按照货币时间价值计算的不同需要，通常需要计算复利终值和复利现值。

（1）复利终值。

复利终值是指在复利计息方式下，现时的一定量货币在若干期以后的总价值。设现值为 PV，终值为 FV，年利息率为 i，复利期数为 n。复利终值的计算公式为

$$FV = PV \cdot (1+i)^n$$

式中，$(1+i)^n$ 称为复利终值系数或复利终值因子，记作 $FVIF_{i,n}$，即单位资金按每一期间的利息率 i 计算的 n 期后的价值。

【例 7-1】　某企业将资金 80 000 元存入银行，银行存款年利率为 5%。3 年后，企业存款本息总额为多少？

$$FV = 80\,000(1+5\%)^3$$
$$= 80\,000 \times 1.157\,6$$
$$= 92\,608(\text{元})$$

（2）复利现值。

复利现值是指在复利计息方式下，未来某一期间一定量货币相当于现在的总价值。把未来一定量货币折算成现值，称为折现，折现时所用的利率称为折现率。复利现值的计算公式为

$$PV = FV(1+i)^{-n}$$

式中，$(1+i)^{-n}$ 称作复利现值系数，记作 $PVIF_{i,n}$，即未来第 n 期的单位资金按每一期间的利息率 i 计算的现时价值。

在使用现值系数和终值系数时，可以不必用公式来计算，而根据 i 和 n 的具体数值，

在 1 元复利现值系数表和 1 元复利终值系数表（参见附录）上直接查得。例如，利率为 10%，复利期数为 4，则在 1 元复利现值系数表上可查得现值系数为 0.683 0；利率为 10%，复利期数为 4，则在 1 元复利终值系数表上可查得终值系数为 1.464 1。这样通过现值和终值的计算，就可以把不同时间的货币置于同一可比的基础上。

【例 7-2】　某企业现在有一投资机会，预计 3 年后可取得现金收入 100 000 元，如果目前市场上同样期限的存款年利率为 6%，那么现在投资的数额为多少时，该项投资才可以考虑？

分析：解决这个问题可以把 3 年后取得的现金按 6% 的利率折算为现值，查 1 元复利现值系数表得现值系数为 0.839 6。有关计算如下：

$$PV = FV \cdot PVIF_{6\%,3} = 100\ 000 \times 0.839\ 6 = 83\ 960（元）$$

由计算可见，3 年后取得 100 000 元现金的现值为 83 960 元，这表明，如果这项投资的金额不超过 83 960 元，则该项投资是可行的；如果投资的金额超过 83 960 元，那么该项投资就不应加以考虑了，还不如把这笔钱存入银行稳收利息。

2. 年金

年金是指在一定时期内，每隔相同时间就发生相同数额的系列收款或付款，也称等额系列款项。例如，按期支付相同金额的保险费、租金、债券利息、优先股股息，以及每年投入相等金额的款项或每年等额收回的投资额等，都属于年金的范畴。年金按其付款的具体时间不同，可分为普通年金、预付年金、递延年金和永续年金。

（1）普通年金。

普通年金也称后付年金，是指在每一相同的间隔期期末收到或付出的系列等额款项。由于货币时间价值计算的不同需要，普通年金也有终值与现值之分。

普通年金终值是指一定期间内每期期末等额收到或付出款项的终值之和。普通年金终值的计算，如图 7-1 所示。

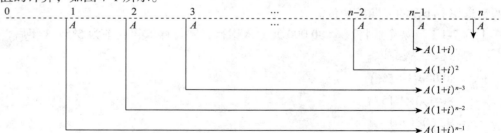

图 7-1　普通年金终值的计算

设 A 为年金，FVA 为年金终值，PVA 为年金现值，i 为年利息率，n 为计息期数。年金终值的计算公式为

$$FVA = A + A(1+i)^1 + A(1+i)^2 + \cdots + A(1+i)^{n-2} + A(1+i)^{n-1}$$

根据上式可推导出：

$$FVA = A \cdot \frac{(1+i)^n - 1}{i}$$

式中，$\dfrac{(1+i)^n-1}{i}$ 称为年金终值系数或年金终值因子，记作 $\text{FVIFA}_{i,n}$，1 元年金终值系数可以在年金终值系数表（参见附录）上直接查得。

【例 7-3】 假定某人连续 5 年于每年年末存款 20 000 元，年利率为 10%。问第 5 年年末可一次取出本利和多少钱？

【解答】

根据题意，A=20 000，n=5，i=10%。

查表可得 $\text{FVIFA}_{i,\,n}$=6.105 1。

$\text{FVA} = A \cdot \text{FVIFA}_{i,n} = 20\,000 \times 6.105\,1 = 122\,102$（元）

即 5 年后可一次取出 122 102 元。

已知普通年金终值，可反过来计算年金在此称为年偿债基金。年偿债基金是指为了偿还未来某一笔约定债务，从现在起每年年末应在银行存入的等额款项，其是年金终值的逆运算。其计算公式为

$$A = \text{FVA} \Bigg/ \dfrac{(1+i)^n-1}{i}$$

【例 7-4】 某企业 5 年后要偿还一笔数额为 552.56 万元的到期借款，在银行存款利率为 5% 的条件下，为保证到期一次还清，该企业每年年末应在银行存入的等额资金是多少？

$$A = 552.56 \Bigg/ \dfrac{(1+5\%)^5-1}{5\%}$$
$$= 552.56 \,/\, 5.525\,6$$
$$= 100\,(\text{万元})$$

普通年金现值是指在一定期间内每期期末等额收到或付出款项的现值之和，它和年金终值恰恰相反，年金终值好比先零存后整取，而年金现值好比先整存后零取。其计算公式如下：

$$\text{PVA} = A \cdot \dfrac{1}{(1+i)^1} + A \cdot \dfrac{1}{(1+i)^2} + \cdots + A \cdot \dfrac{1}{(1+i)^{n-1}} + A \cdot \dfrac{1}{(1+i)^n}$$

根据上式可推导出：

$$\text{PVA} = A \cdot \dfrac{1-(1+i)^{-n}}{i}$$

式中，$\dfrac{1-(1+i)^{-n}}{i}$ 称为年金现值系数或年金现值因子，记作 $\text{PVIFA}_{i,\,n}$，1 元年金现值系数可以在年金现值系数表（参见附录）上直接查得。

【例 7-5】 假定某人打算连续 5 年于每年年末取出 20 000 元，年利率为 10%。问现在应一次存入多少钱？

【解答】

根据题意，A=20 000，n=5，i=10%。

查表可得 $\text{PVIFA}_{i,\,n}$=3.790 8。

$$PVA = A \cdot PVIFA_{i,n} = 20\,000 \times 3.790\,8 = 75\,816(元)$$

即现在应一次存入 75 816 元。

已知普通年金现值，可反过来计算年金，在此称为年资本回收额。年资本回收额是指初始投资每年应当等额收回的数额，其是普通年金现值的逆运算。其计算公式为

$$A = PVA \Big/ \frac{1-(1+i)^{-n}}{i}$$

【例 7-6】　某企业现在向银行贷款 1 000 万元，期限 10 年，年利率 5%，每年等额还本付息。要求计算每年应等额偿还的本息数额。

$$
\begin{aligned}
A &= 1\,000 \Big/ \frac{1-(1+5\%)^{-10}}{5\%}\\
&= 1\,000 / 7.721\,7\\
&= 129.51(万元)
\end{aligned}
$$

（2）预付年金。

预付年金也称先付年金，是指在每一相同的间隔期期初收到或付出的系列等额款项。由于货币时间价值计算的不同需要，预付年金也有终值和现值之分。

预付年金终值是指一定期间内每期期初等额收到或付出款项的未来总价值。对于 n 期预付年金与 n 期普通年金来说，两者的付款期数相同，而两者的区别仅在于预付年金比普通年金的付款时间早一期。因此，在计算预付年金终值时，n 期的预付年金终值比 n 期的普通年金终值要多计算一期利息，只要先求出 n 期普通年金终值，然后乘以（$1+i$）便可求得 n 期预付年金的终值。

预付年金现值，是指在一定期间内每期期初等额收到或付出款项的现时总价值。在计算预付年金现值时，由于 n 期的预付年金现值比 n 期的普通年金现值多折现一期，所以，在 n 期普通年金现值的基础上再乘以（$1+i$），便可求得 n 期预付年金的现值。设 B 为预付年金，有关计算公式如下：

$$FV = B \cdot (1+i) \cdot \frac{(1+i)^n - 1}{i}$$

$$PV = B \cdot (1+i) \cdot \frac{1-(1+i)^{-n}}{i}$$

【例 7-7】　假定某企业决定连续 5 年于每年年初存入银行 200 万元作为新厂建设基金，银行存款年利率为 6%。问该企业在第 5 年年末能一次取出本利和多少钱？

这是求预付年金终值的问题。

$$
\begin{aligned}
FV &= B \cdot (1+i) \cdot \frac{(1+i)^n - 1}{i}\\
&= 2\,000\,000 \times 5.637\,1 \times (1+6\%)\\
&= 11\,950\,652(元)
\end{aligned}
$$

可见，该企业在第 5 年年末能一次取出本利和共计 11 950 652 元。

【例 7-8】　某企业 5 年分期付款购进一大型设备，每年年初付 100 000 元，假定银

行利率为 10%，该项分期付款相当于一次现金支付的购价是多少元?

这是求预付年金现值的问题。

$$PV = B \cdot (1+i) \cdot \frac{1-(1+i)^{-n}}{i}$$
$$= 100\,000 \times 3.790\,8 \times (1+10\%)$$
$$= 416\,988(元)$$

可见，该项分期付款相当于一次现金支付的购价为 416 988 元。

（3）递延年金。

递延年金是指从若干期以后开始收到或付出的系列等额款项。因递延年金终值与普通年金终值的计算方法相同，故在此只对递延年金现值进行说明。

递延年金现值是指从若干期以后开始于每期期末等额收到或付出款项的现值之和。设 C 为递延年金，m 为递延期，其计算公式为

$$PV = C \cdot \left[\frac{1-(1+i)^{-(m+n)}}{i} - \frac{1-(1+i)^{-m}}{i} \right]$$

或

$$PV = C \cdot \frac{1-(1+i)^{-n}}{i} \cdot (1+i)^{-m}$$

【例 7-9】　某投资项目建设期为 2 年，完工投产后经营期为 10 年，预计每年现金净流量为 50 000 元，预定投资报酬率为 15%。试计算该项目未来全部现金净流量的现值。

$$PV = 50\,000 \times \left[\frac{1-(1+15\%)^{-(2+10)}}{15\%} - \frac{1-(1+15\%)^{-2}}{15\%} \right]$$
$$= 50\,000 \times (5.420\,6 - 1.625\,7)$$
$$= 189\,745(元)$$

或

$$PV = 50\,000 \times \frac{1-(1+15\%)^{-10}}{15\%} \times (1+15\%)^{-2}$$
$$= 50\,000 \times 5.018\,8 \times 0.756\,1$$
$$= 189\,735.73(元)$$

因在计算年金现值和复利现值的过程中存在除不尽保留小数的情况，两种方法计算出来的结果存在一些差异。

（4）永续年金。

永续年金是指无限期收到或付出的系列等额款项，可视为期限趋于无穷的普通年金。期限长、利率高的年金可视同永续年金。永续年金由于时间无限长，其终值无法计算。永续年金现值可以按照普通年金现值的公式进行近似计算。永续年金现值的计算公式为

$$PV = \frac{A}{i}$$

【例7-10】 某学校准备筹集一笔款项存入银行，以便今后无限期地于每年年末提取利息 40 000 元，作为学生的奖励基金。如果银行存款年利率为 5%，该学校现在应一次向银行存入的款项为多少？

$$PV = \frac{40\,000}{5\%} = 800\,000(元)$$

3. 名义利率与实际利率的换算

上面关于时间价值的计算均假定利率为年利率，且每年复利计息一次。但实际工作中，复利的计息不一定是一年，有可能是按季、按月甚至按日计息。例如，有些公司债券半年计息一次；有的抵押贷款每月计息一次；银行之间拆借资金为每天计息一次。

名义利率，是指央行或其他金融机构所公布的未调整通货膨胀因素的利率，即利息（报酬）与本金的比率，其中包括补偿通货膨胀（通货紧缩）风险的利率。它不是投资者能够获得的真实收益，如果发生通货膨胀，投资者所得收益的货币购买力会贬值，因此投资者所获得的真实收益必须剔除通货膨胀的影响，这就是实际利率。实际利率，是指物价水平不变，从而货币购买力不变条件下的利息率。名义利率与实际利率存在着下述关系：其一，当计息周期为一年时，名义利率和实际利率相等；当计息周期短于一年时，实际利率大于名义利率。其二，名义利率不能完全反映货币时间价值，实际利率才真实地反映了资金的时间价值。

理论上，按实际利率每年复利一次计算的利息，应该与按名义利率每年多次复利计算的利息等价。因此，对于一年内多次复利的情况，可按两种方法计算货币时间价值。

（1）将名义利率调整为实际利率，然后按实际利率计算货币时间价值。

名义利率与实际利率之间的关系为

$$i = \left(1 + \frac{r}{m}\right)^m - 1$$

或中，i 为实际利率；r 为名义利率；m 为每年复利次数。

【例7-11】 假定某公司于年初存入银行 1 000 万元，在年利率为 10%、半年复利一次的情况下，问到第 10 年年末能得到的本利和是多少元？

【解答】

依题意，PV=1 000，r=10%，m=2，n=10，则：

$$i = \left(1 + \frac{10\%}{2}\right)^2 - 1 = 10.25\%$$

$$\begin{aligned}FV &= PV \cdot (1+i)^n \\ &= 1\,000 \times (1 + 10.25\%)^{10} \\ &= 2\,653.3(万元)\end{aligned}$$

即该公司于第 10 年年末可得到本利和 2 653.3 万元。

这种方法的缺点是调整后的实际利率往往带小数点，不利于查表。因而在实际工作中，一般多按第二种方法计算货币时间价值。

（2）不计算实际利率，相应调整有关指标。

每次复利利率=r/m

复利总期数=$m \times n$

【例 7-12】 仍用例 7-11 中的有关数据，用第二种方法计算的本利和如下：

$$FV = P \cdot \left(1 + \frac{r}{m}\right)^{mn}$$

$$= 1\,000 \times \left(1 + \frac{10\%}{2}\right)^{2 \times 10}$$

$$= 1\,000 \times (1 + 5\%)^{20}$$

$$= 1\,000 \times 2.653\,3$$

$$= 2\,653.3 (万元)$$

二、现金流量

（一）现金流量的含义与意义

现金流量的含义在财务会计与管理会计中有明显区别。管理会计中的现金流量是指长期投资方案引起的未来一定期间内现金流入量与现金流出量的统称。这里的现金是指广义的现金，它不仅包括货币资金，还包括企业拥有的非货币资源的变现价值。现金流量以收付实现制为计算基础，它比以权责发生制为计算基础的利润具有更重要的决策意义。

（1）应用现金流量有利于考虑货币的时间价值。由于不同时间收付的款项具有不同的价值，所以需要确定每笔款项收入和付出的具体时间。只有通过计算投资方案的现金流量，将投资方案的收入、支出与时间联系起来，并将不同时点发生的收入、支出换算到同一时点进行比较，才能真正评价投资方案的优劣。而以权责发生制为基础的利润，却不考虑现金收付的具体时间。

（2）应用现金流量能客观评价长期投资方案的效益。现金流量反映投资方案发生的现金收入和现金支出，其现金流出代表着投资的发生，现金流入代表着投资收入的获得，现金净流量代表着投资方案的现金净收益，它客观反映了投资方案的经济效益。而企业对未来利润的预测，通常没有统一的标准，各期利润数额的多少，在一定程度上受到存货估价方法、费用分配方法、折旧计提方法等的影响。利润的确定比现金流量的确定带有更大的主观随意性，难以客观、准确地评价长期投资方案的效益。因此，将现金流量作为决策依据将更为可靠。

（二）现金流量的计算

进行长期投资决策分析时，最重要也最困难的就是测算投资项目的现金流量。虽然不同投资项目的现金流量估计所涉及的范围和复杂程度不完全一样，但其基本原理和步骤是一致的。通常投资项目的规模越大，投资所涉及的范围越广，现金流量的计算也就越复杂。因此，在评价投资项目时，要求对现金流量的估计尽可能准确，否则就会影响决策结果。

一个投资项目的现金流量一般由初始现金流量、营业现金流量和终结现金流量三部分构成。

1. 初始现金流量

初始现金流量是指投资项目开始投资时所发生的现金流量，一般包括以下内容：

（1）固定资产投资，包括厂房的建造成本、机器设备的购买价格及运输费用、安装费用等。

（2）增加的营运资金，一般包括对原材料、在制品、产成品、现金和应收账款等流动资产的垫支。

（3）其他投资费用，是指与长期投资项目相关的谈判费、注册费等筹建费用，以及员工的培训费。

（4）原有固定资产的出售收入，是指在固定资产更新决策时，变卖原有旧资产所得的现金收入，属于现金流入量。

（5）所得税的影响，在进行固定资产更新时，对原有旧资产的出售会产生收益或损失，从而影响应税利润，最终影响现金流量。出售旧资产可能涉及三种纳税情形：一是当旧资产售价高于该资产账面净值时，其售价与账面净值之间的差额属于应税利润，应纳所得税，此项纳税支出应视为现金流出量；二是当旧资产售价等于该资产账面净值时，资产出售未带来任何收益或损失，无须纳税；三是当旧资产售价小于该资产账面净值时，其售价与账面净值之间的差额是应税损失，可以用来抵减应税利润从而减少纳税，此项纳税节约应视为现金流入量。

上述全部现金流出量扣除现金流入量，就是初始现金净流出量。

2. 营业现金流量

营业现金流量是指投资项目建成投产后，在其经济寿命期内，由于开展生产经营活动而产生的现金流入量和现金流出量，一般按年度进行计算。营业现金流量一般包括以下内容：

（1）营业收入，是指项目投产后，在其经济寿命期内每年实现的销售收入或业务收入。它是生产经营阶段主要的现金流入量。

（2）付现成本，又称付现的营运成本或经营成本，是指在项目寿命期内为满足正常生产经营需要而动用现金支付的成本费用。它是生产经营阶段最主要的现金流出量。某年的付现成本等于当年的总成本费用扣除该年的折旧费用、无形资产和开办费的摊销额等项目后的差额。这是因为总成本费用中包含了一部分非现金流出的内容，这些项目大多与固定资产、无形资产和开办费等长期资产的价值转移有关，不需要动用现金支出。

（3）各项税款，是指项目投产后依法缴纳、单独列示的各项税款，包括营业税、消费税、所得税等。新建项目通常只估算所得税。

根据上述内容，有关营业净现金流量的计算公式如下：

各年营业净现金流量（NCF_t）=该年营业收入−该年付现成本−该年所得税

上式也可简化为

各年营业净现金流量（NCF$_t$）=该年税后净利润+该年折旧+该年长期资产摊销额

如果营业现金流出量中不考虑所得税因素，则上述简化公式中的利润应为该年营业利润。

3. 终结现金流量

终结现金流量是指投资项目寿命期结束时所发生的各项现金回收，主要包括以下两个内容：

（1）固定资产残值收入，是指在投资项目寿命期结束时，对固定资产进行报废清理所回收的价值。它属于现金流入量。

（2）营运资金的收回，是指在投资项目寿命期结束时，因不再发生新的替代投资而回收的原垫支的全部流动资金额。它也属于现金流入量。

回收的固定资产残值和回收的流动资金统称为回收额。

下面举例说明现金流量的计算。

【例 7-13】　某公司准备投资建设一条新的生产线用于生产其开发的一种新产品。有关预计资料如下：

（1）固定资产投资 500 万元，营运资金增加 100 万元，建设期为 1 年，固定资产投资全部于建设起点投入，而增加的营运资金全部于建设工程完工时（即第 1 年年末）投入。

（2）预计项目经济寿命期为 5 年，固定资产按直线法计提折旧，期满有 20 万元净残值。

（3）该项目投产后，每年增加的销售收入为 400 万元，每年增加的付现成本为 200 万元。

（4）企业所得税税率为 40%。

要求：

（1）计算各年的净现金流量。

（2）编制该投资项目的现金流量表。

【解答】

根据上述资料计算现金流量如下。

（1）初始投资的净现金流量：

NCF$_0$=−500 万元

NCF$_1$=−100 万元

（2）各年的营业净现金流量：

每年折旧费=（500−20）÷5=96（万元）

①每年销售收入　　　　　　400 万元

②每年付现成本　　　　　　200 万元

③每年折旧　　　　　　　　96 万元

④税前利润=①−②+③　　　104 万元

⑤所得税=④×40%　　　　41.6 万元

⑥税后净利润=④-⑤　　　62.4万元
⑦营业净现金流量=①-②-⑤
　　　　　　　或=⑥+③　　158.4万元

（3）终结净现金流量：

项目寿命期结束时的回收额=20+100=120（万元）

则项目寿命期内各年的净现金流量表示如下：

$NCF_{2-5}=158.4$（万元）

$NCF_6=120+158.4=278.4$（万元）

在投资决策实务中，所估计的各期净现金流量的计算通常是通过编制投资项目现金流量表来列示的。本例中投资项目现金流量表如表7-1所示。

表 7-1　投资项目现金流量表（单位：万元）

项目	建设期		经济寿命期					合计
	0	1	2	3	4	5	6	
现金流入量								
销售收入			400	400	400	400	400	2 000
回收固定资产残值							20	20
回收营运资金							100	100
现金流入量合计	0	0	400	400	400	400	520	2 120
现金流出量								
固定资产投资	500							500
营运资金		100						100
付现成本			200	200	200	200	200	1 000
所得税			41.6	41.6	41.6	41.6	41.6	208
现金流出量合计	500	100	241.6	241.6	241.6	241.6	241.6	1 808
净现金流量	-500	-100	158.4	158.4	158.4	158.4	278.4	312

【例7-14】　某企业计划用一台新设备替换现有旧设备，新设备购置成本为300 000元，预计使用5年，期满残值收入30 000元。旧设备变现价值为80 000元，还可使用5年，期满残值收入5 000元。使用新设备后，每年可节约人工成本65 000元，节约材料成本30 000元。该企业采用直线法计提折旧，所得税税率为25%。

要求：计算使用新设备比使用旧设备增加的现金净流量。

具体计算分析如下：

新设备年折旧=（300 000-30 000）/5=54 000（元）

旧设备年折旧=（80 000-5 000）/5=15 000（元）

Δ设备年折旧=54 000-15 000=39 000（元）

（1）计算原始投资额的差额。

Δ原始投资=300 000-80 000=220 000（元）

（2）计算经营期现金净流量的差额。

Δ年NCF=（65 000+30 000-39 000）×（1-25%）+39 000=81 000（元）

（3）计算终结点现金流入量的差额。

Δ终结点现金流入量＝30 000–5 000＝25 000（元）

三、投资风险价值

（一）投资风险价值的含义

风险是指实际值偏离预期值的差异程度。投资风险则是指投资项目实际现金流量偏离其预期现金流量的差异程度。由于投资涉及的时间长，投资者面临的不确定性因素多，投资项目的估计现金流量会与实际现金流量发生较大的差异。因此，在进行投资决策时应该考虑风险，并据以计量风险，以保证投资决策的正确性。

由于风险可能带来损失，所以人们宁愿接受某一肯定的投资报酬率，也不愿接受不肯定的同一投资报酬率，即厌恶风险。投资者之所以敢冒风险进行投资，是因为风险报酬的存在，风险投资要求获得风险报酬。投资的风险价值是指投资者冒风险进行投资所获得的超过货币时间价值的那部分额外报酬。如果不考虑通货膨胀因素，考虑风险因素的投资报酬率即为货币时间价值与风险报酬率之和。由于厌恶风险现象的存在，投资者在投资报酬率相同的条件下，通常不愿意投资于有风险的行业。于是，这些行业的产品价格将因供不应求而有所提高，其投资报酬率也会相应提高，这一连锁变动的过程最终使风险报酬的大小与投资的风险程度相适应。

（二）投资风险价值的估量

风险程度的估计需要运用概率、期望值、标准差和标准差系数等概念。

估量投资风险价值的程序如下：

（1）在事先测算投资项目未来各种情况下的预计年收益的基础上，以各种情况下相应的客观或主观概率为权数，计算未来收益的数学期望值。公式为

未来收益的数学期望值＝∑（某种情况下的预计年收益×该种情况出现的概率）

（2）计算未来收益的标准差和标准差系数。

标准差是各种可能情况的数值偏离期望值的综合差异，它是反映离散程度的一种量度。标准差可以作为衡量风险程度的一个重要指标，如果标准差越小，则各种可能情况偏离期望值的程度就越小，那么期望值的代表性就越大，从而风险也就越小；反之，如果标准差越大，则各种可能情况偏离期望值的程度就越大，期望值的代表性就越小，从而风险也就越大。

标准差系数也称变化系数，是标准差除以期望值的商。

（3）确定风险系数。根据经验或参照同行业相似的投资项目确定风险系数常数。

（4）计算预期的风险报酬率和风险报酬额。其计算公式为

预期的风险报酬率＝标准差系数×风险系数

$$预期的风险报酬额＝\frac{未来收益的数学期望值×预期风险报酬率}{货币时间价值＋预期风险报酬率}$$

式中，货币时间价值常称为无风险报酬率。

【例 7-15】   某公司欲以 50 万元投资一服装加工厂，根据对原料市场、产品市场和竞争对手的调查，估计风险系数为 20%，货币时间价值为 8%，年收益及概率见表 7-2。

表 7-2   年收益及其概率分布表

市场情况	预计年收益/万元	概率
畅销	10	0.3
一般	6	0.5
滞销	2	0.2

要求：对该项目投资风险进行评价。

【解答】

具体分析如下：

期望收益=10×0.3+6×0.5+2×0.2=6.4（万元）

标准差=$\sqrt{(10-6.4)^2\times0.3+(6-6.4)^2\times0.5+(2-6.4)^2\times0.2}=2.8$(万元)

标准差系数=2.8/6.4×100%=43.75%

预期风险报酬率=20%×43.75%×100%=8.75%

预期风险报酬额=6.4×8.75%/（8%+8.75%）=3.343 3（万元）

综上，由于衡量投资方案风险程度的重要指标是标准差系数，所以企业在确定要求的报酬率中所包含风险报酬大小时，通常与标准差系数建立一定的数量关系：标准差系数越大，要求的风险报酬就越高；标准差系数越小，要求的风险报酬也就越小。风险报酬的具体数值，当然应视不同情况而定。这样在无风险报酬率的基础上，根据各投资方案的风险程度调整其报酬率，从而将风险因素纳入有关指标的计算中，并同有关评价指标建立一定的数量关系。图 7-2 是报酬率与风险之间的关系坐标图，纵轴为包含风险的报酬率，横轴为标准差系数。本例中无风险报酬率为 8%，风险报酬则随标准差系数的增加而相应提高。

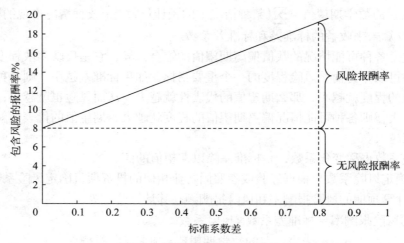

图 7-2   报酬率与风险之间的关系

四、资金成本

（一）资金成本的含义

资金成本是指企业筹集使用资金所必须承担的代价占有关资金来源的比率。资金成本不仅是筹资决策中选择资金供应渠道、拟订筹资方案的一项重要依据，也是投资决策中衡量和评价投资项目可行性的重要参考标准，因为它代表了投资项目使用资金机会成本的最低界限。如果一个投资项目的实际报酬率水平低于资金成本，则意味着该项目入不敷出，应当放弃此方案。所以，资金成本实质上就是投资项目的最低报酬率，又称取舍率，记作 K，用相对数表示。

（二）资金成本的确定

在确定资金成本时，通常要考虑银行利率、有价证券的实际利率、股东权益的获利能力，以及有关项目的投资风险等因素。确定资金成本主要有两种方法。

1. 加权平均法

这种方法是指先分别按各主要投资资金来源计算其各自资金成本，再按资金结构加权平均计算总资金成本的一种方法。其计算公式为

$$总资金成本 K = \sum K_j \times W_j$$

式中，W_j 为第 j 项资金占全部资金的百分比。

【例 7-16】　已知某投资项目的资金来源为发行公司债券和发行股票。债券的资金成本为 5%，优先股资金成本为 9%，普通股资金成本为 16%，它们的比重分别为 20%、30% 和 50%。用加权平均法计算总资金成本。

总资金成本=5%×20%+9%×30%+16%×50%=11.7%

2. 风险调整法

这种方法是指在投资项目无风险报酬率（货币时间价值）的基础上，加上该项投资的预期风险报酬率，从而求得投资资金成本的方法。其计算公式为

资金成本=无风险报酬率（货币时间价值）+风险报酬率

此公式有助于揭示货币时间价值、风险报酬率与资金成本之间的关系：货币时间价值是资金成本形成的基础；资金成本是货币时间价值和风险因素在资金使用过程中共同作用的结果；投资风险越大，资金成本也就越高。

五、效用期间

为正确评价投资项目的效益，除取得现金流量、资金成本等资料之外，还需正确预测投资项目的效用期间。效用期间是指投资项目发挥效益所能持续的时间。由于投资的发生通常与固定资产的形成相联系，一般将固定资产的经济寿命作为效用期间。固定资

产的经济寿命是指根据设备使用成本的合理界限决定的设备使用期。

设备的经济寿命主要取决于折旧费和维护使用费的大小，折旧费和维护使用费与设备的经济寿命是互为消长的关系，设备使用寿命长，折旧费低，但维护使用费高；设备使用寿命短，折旧费高，但维护使用费低。设备的经济寿命就是使这两类费用之和为最低的设备使用年限。

以下举例说明设备经济寿命的确定。

【例 7-17】 某企业购买一台价值为 80 000 元的机床，预计使用年限 10 年，期满无残值。经测算，该机床平均每年将增加维护使用费 3 200 元，该企业预定投资报酬率为 12%。

要求：计算这台机床的经济寿命。

【解答】

（1）考虑货币时间价值的影响，计算比较该机床的年平均成本。其计算结果如表 7-3 所示。

表 7-3　机床 10 年期的成本（单位：元）

设备使用年限	维护使用费	现值系数	维护使用费现值	设备购置成本	设备使用成本累计现值	年金现值系数	年平均成本
1	0	0.893	0.0	80 000	80 000.0	0.893	89 600.00
2	3 200	0.797	2 550.4	80 000	82 550.4	1.690	48 869.84
3	6 400	0.712	4 556.8	80 000	87 107.2	2.402	36 236.60
4	9 600	0.636	6 105.6	80 000	93 212.8	3.037	30 667.01
5	12 800	0.567	7 257.6	80 000	100 470.4	3.605	27 830.30
6	16 000	0.507	8 112.0	80 000	108 582.4	4.321	26 358.52
7	19 200	0.452	8 678.4	80 000	117 260.8	4.564	25 680.12
8	22 400	0.404	9 049.6	80 000	126 310.4	4.968	25 388.39
9	25 600	0.361	9 241.6	80 000	135 552.0	5.328	25 483.78
10	28 800	0.322	9 273.6	80 000	144 825.6	5.650	25 634.13

计算结果表明，该机床使用到第 8 年时，其年均成本为最低，仅为 25 388.39 元，这是现有条件下该机床的最低年均成本水平。因此，这台机床的经济寿命应为 8 年。

（2）不考虑货币时间价值的影响，直接计算该机床的最佳更新期。

设备最佳更新期的计算公式为

$$T = \sqrt{\frac{2K_0}{M}}$$

式中，T 为设备最佳更新期；K_0 为设备投资（原始价值）；M 为设备每年增加的维护使用费。

将有关数据代入公式，即有

$$T = \sqrt{\frac{2 \times 80\,000}{3\,200}} = 7 (年)$$

计算结果表明，在不考虑货币时间价值影响的条件下，这台机床的经济寿命应为 7 年，即使用到第 7 年就应进行更新。

第三节 长期投资决策分析方法

评价投资项目经济效益的方法一般可以分为非折现的现金流量法和折现的现金流量法两大类。两者的主要区别在于非折现的现金流量法没有考虑货币时间价值因素的影响，计算较为简便；而折现的现金流量法对货币时间价值因素的影响极为重视，计算较为复杂，但更加科学、合理。

一、非折现的现金流量法

非折现的现金流量法是不考虑货币时间价值对投资过程的影响，不对有关投资项目不同时点的现金流量进行现值计算，而直接根据现金流量来评价和优选投资方案的方法。非折现的现金流量法主要有投资回收期法和平均报酬率法。

（一）投资回收期法

投资回收期法是以投资回收期限的长短为取舍依据，于若干备选方案中选择最优投资方案的决策分析方法。所谓投资回收期，是指以投资项目寿命期内各期的营业净现金流量来回收该项目原始投资总额所需要的时间，一般以年为单位。投资回收期包括以下两种形式，即包括建设期的投资回收期（记作 PP）和不包括建设期的投资回收期（记作 PP^*）。显然，在建设期为 f 时，$PP^*+f=PP$，只要求出其中一种形式，就可很方便地推算出另一种形式。

一般而言，投资者总希望尽快地收回投资，因而投资回收期越短越好。运用该法进行投资决策时，应将投资方案的投资回收期与企业期望的投资回收期进行比较，若投资方案回收期小于或等于期望回收期，则接受投资方案；反之，则拒绝投资方案。

如果同时存在几个投资方案可供选择，应该比较各个方案的回收期，选择最短者。对投资回收期的计算，要根据寿命期内各年的营业净现金流量相等还是不相等两种情况，分别采用不同的方法进行。

1. 投资回收期的简化计算法

如果一项长期投资决策方案满足以下特殊条件，即投资均集中发生在建设期内，以及投产后前若干年（假设为 m 年）每年经营净现金流量相等。且有以下关系成立：

$m \times$ 投产后前 m 年每年相等的净现金流量 ≥ 原始投资总额

则可按以下简化公式直接求出不包括建设期的投资回收期（PP^*）：

$$不包括建设期的投资回收期（PP^*）=\frac{原始投资额}{投产后前若干年每年相等的现金净流量}$$

则：

包括建设期的投资回收期（PP）=不包括建设期的投资回收期（PP^*）+建设期（f）

【例 7-18】 据例 7-13 给出的净现金流量信息，利用简化方法计算该项目的投资回收期如下：

建设期（f）=1（年）

经营期净现金流量 NCF_{2-5}=158.4（万元）

原始投资额=600（万元）

不包括建设期的投资回收期（PP^*）=600/158.4=3.79（年）

包括建设期的投资回收期（PP）=3.79+1=4.79（年）

以上介绍的投资回收期计算的简化方法所要求的应用条件比较特殊，如果不能满足这些特殊条件，就无法采用这种方法。

2. 投资回收期的一般计算法

不论在什么情况下，都可以通过列表计算"累计净现金流量"的方式，来确定投资回收期，这就是所谓确定投资回收期的一般方法。

该法的原理是按照回收期的定义，包括建设期的投资回收期满足下式：

$$\sum_{t=0}^{PP} NCF_t = 0$$

这表明在现金流量表的"累计净现金流量"一栏中，包括建设期的投资回收期恰好是累计净现金流量为零的年限。在计算时，无非有两种可能。

第一，在"累计净现金流量"栏上可以直接找到零，那么读出零所在列的 t 值即为所求的包括建设期的投资回收期。否则应按第二种情况处理。

第二，由于无法在"累计净现金流量"栏上找到零，可按下式计算包括建设期的投资回收期：

$$包括建设期的投资回收期（PP）= m + \frac{\left|\sum_{t=0}^{m} NCF_t\right|}{NCF_{m+1}}$$

式中，m 为净现金流量由负变正的头一年，即"累计净现金流量"栏中最后一项负值所对应的年数；$\sum_{t=0}^{m} NCF_t$ 为第 m 年尚未收回的投资额；NCF_{m+1} 为第 $m+1$ 年的净现金流量。

【例 7-19】 某公司开发了两种新产品甲和乙，并准备投资生产其中的一种产品。经过预测分析，对生产两种产品分别拟订了投资方案 A 和投资方案 B。两方案的初始投资额均为 500 000 元，寿命期均为 5 年，各年的净现金流量预计如表 7-4 所示。

表 7-4 投资方案净现金流量（单位：元）

年数	方案 A				方案 B			
	净利润	折旧	NCF	累计 NCF	净利润	折旧	NCF	累计 NCF
0	—	—	−50	−50	—	—	−50	−50
1	2	8	10	−40	6	8	14	−36
2	10	8	18	−22	12	8	20	−16
3	14	8	22	0	18	8	26	10
4	17	8	25	25	16	8	24	34
5	13	8	21	46	12	8	20	54

要求：计算两个方案的投资回收期（PP）。

【解答】

分析：方案 A 中的累计净现金流量在第 3 年年末恰好等于 0。

则方案 A 的投资回收期（PP）=3 年。

而方案 B 由于无法在"累计净现金流量"（"累计 NCF"）栏上找到 0。

则方案 B 的投资回收期（PP）=2+16/26=2.62（年）。

可见，方案 B 的投资回收期要短于方案 A，故应选择方案 B。

3. 投资回收期法的优缺点

投资回收期法的优点在于计算简便，容易理解，而且回收期常常被视为能显示各方案相对风险的指标。因为一般而言，投资方案的短期变动相对较小，且企业预测短期事件的能力较强；而投资方案的长期变动较大，且企业预测长期事件的能力较弱。如果其他情况相同，则资本回收速度快的投资方案风险相对较小，而投资回收期长的方案风险大。因此，这种方法广泛用于小额资本支出的决策以及技术更新较快的高新技术企业的投资决策。

投资回收期法的不足主要在于以下两个方面。

第一，投资回收期法没有考虑投资方案在回收期后所产生的净现金流量。假如有两个投资方案 A 和 B，初始投资都是 30 万元，各期净现金流量如表 7-5 所示。

表 7-5　现金流量表（单位：万元）

项目寿命年限	方案 A 净现金流量	方案 B 净现金流量
0	−300 000	−300 000
1	120 000	150 000
2	180 000	150 000
3	120 000	0
4	80 000	0
5	40 000	0

由表 7-5 可知，两个投资方案的回收期均为二年，从投资回收期的角度来看两个方案都可行，因而选择哪个方案都可以。但因甲方案在回收期以后的三年内还有净现金流入量，而乙方案在回收期以后没有现金流量，则人们通常会选择甲方案而不是乙方案。这说明投资回收期标准没有考虑投资项目回收期以后所发生的净现金流量。

第二，投资回收期法没有考虑货币时间价值，因为按照货币时间价值原理，发生在投资回收期内不同年份的净现金流量的价值是不相同的。

为了解决投资回收期法忽略货币时间价值的缺陷，决策者可以采用折现回收期法，通过计算折现回收期来进行决策。所谓折现回收期又称动态回收期，是指从折现后的净现金流量中收回原始投资所需要的时间。折现回收期法与上述回收期法的区别仅在于要将各期净现金流量按照要求的报酬率折现，用折现后的净现金流量代替投资回收期法中未折现的净现金流量。因此，前述回收期也称为静态回收期。

【例 7-20】　续例 7-19，投资方案 A 和 B 所要求的报酬率均为 12%，折现后的净现金流量和累计净现金流量如表 7-6 所示。

表 7-6　折现现金流量表（单位：万元）

年数	现值系数	方案 A			方案 B		
		未折现 NCF	折现 NCF	累计 NCF	未折现 NCF	折现 NCF	累计 NCF
0	1.000 0	−500 000	−500 000	−500 000	−500 000	−500 000	−500 000
1	0.892 9	100 000	89 290	−410 710	140 000	125 006	−374 994
2	0.797 2	180 000	143 496	−267 214	200 000	159 440	−215 554
3	0.717 8	220 000	157 916	−109 298	260 000	186 628	−28 926
4	0.635 5	250 000	158 875	49 577	240 000	152 520	123 594
5	0.567 4	210 000	119 154	168 731	200 000	113 480	237 074

分析计算过程如下。

方案 A 的折现回收期计算如下：

折现回收期=3+109 298/158 875=3.69（年）

方案 B 的折现回收期计算如下：

折现回收期=3+28 926/152 520=3.19（年）

计算也表明方案 B 的投资回收期要短于方案 A，故应选择方案 B。

显然，折现回收期法在计算中考虑了货币时间价值因素，因而优于传统的静态回收期法。但折现回收期法仍然没有考虑项目在回收期以后年份所产生的净现金流量。因此，在投资决策分析中，通常将投资回收期法作为净现值法及内含报酬率法的辅助方法。

（二）平均报酬率法

平均报酬率法是以平均报酬率的高低作为取舍依据，于若干备选方案中选取最优投资方案的决策分析方法。所谓平均报酬率，是指一项投资方案的年平均净利润与初始投资额的比率，也称会计报酬率。这个比率越高，说明获利能力越强。平均报酬率的计算公式如下：

$$平均报酬率（ARR）=\frac{年平均净利润}{初始投资额}\times100\%$$

进行投资决策时，应将投资方案的平均报酬率同投资者期望的平均报酬率相对比，若投资方案的平均报酬率大于或等于期望的平均报酬率，则接受投资方案；反之，则拒绝投资方案。如果有若干投资方案可供选择，应该选择平均报酬率最高的投资方案。

【例 7-21】　仍沿用例 7-19 中的数据，要求计算两个方案的平均报酬率。

方案 A 的平均报酬率=［（2+10+14+17+13）÷5］÷50×100%=22.4%

方案 B 的平均报酬率=［（6+12+18+16+12）÷5］÷50×100%=25.6%

可见，用平均报酬率法进行决策，两个方案的平均报酬率都超过了期望平均报酬率（12%），由于方案 B 的平均报酬率高于方案 A，所以用平均报酬率法决策，方案 B 较优。

平均报酬率法虽然考虑到了投资方案在其整个寿命期内的全部净利润，但它没有使用现金流量指标，也不能显示投资方案的相对风险，同时也没有考虑货币时间价值因素。

二、折现的现金流量法

折现的现金流量法是考虑货币时间价值因素对投资过程的影响，将不同时点发生的现金流量统一折算成相同时点的现金流量，然后据以评价和选择投资方案的方法。

折现的现金流量法主要有净现值法、现值指数法、内含报酬率法和等年值法等。

（一）净现值法

1. 净现值的含义

净现值法是以净现值的大小为取舍依据，于若干备选方案中选择最优投资方案的决策分析方法。所谓净现值，是指将各年的净现金流量按照要求的报酬率或资本成本折算为现值的合计。净现值也可表述为项目投产后各年的净现金流量按照规定的折现率折算的现值合计与项目的初始投资额折算的现值合计之间的差额。

其计算公式如下：

$$净现值（NPV）= \sum_{t=0}^{n} \frac{NCF_t}{(1+K)^t} = \sum_{t=0}^{n} NCF_t \cdot PVIF_{k,t}$$

式中，NCF_t 为第 t 年的净现金流量（$t=0\sim n$）；K 为要求的报酬率或资本成本；n 为项目寿命期（包括建设期和经营期）；$PVIF_{k,t}$ 为第 t 年、折现率为 k 的复利现值系数。

2. 投资项目净现值的计算

投资项目净现值的计算可按下列步骤进行。

第一，计算各年的净现金流量。

第二，按照要求的折现率将未来经营期间各年的净现金流量折算成总现值，这又分成三步：①将各年的营业净现金流量折成现值。如果每年的营业净现金流量相等，则按年金法折成现值；如果各年的营业净现金流量不相等，则需分别按复利折成现值，然后加以合计。②将终结净现金流量（即回收额）按复利折成现值。③将①、②两项相加，即可求得未来经营期间各年净现金流量的总现值。

第三，将建设期间各期的初始投资额折成现值。

第四，计算投资方案的净现值。公式为

NPV=经营期各年净现金流量的总现值–初始投资额的现值

$$= \sum_{t=m+1}^{n} \frac{NCF_t}{(1+K)^t} - \sum_{t=0}^{m} \frac{I_t}{(1+K)^t}$$

式中，m 为建设期或投资的年数；I_t 为第 t 年的投资额；n 为项目寿命期（包括建设期和经营期）；NCF_t 为经营期各年的净现金流量。

如果全部投资均在建设起点一次投入，且当年投资当年生产，则建设期为零，上式可变为

NPV＝经营期各年净现金流量的总现值－初始投资总额

$$= \sum_{t=1}^{n} \frac{\mathrm{NCF}_t}{(1+K)^t} - I_0$$

采用净现值法的决策标准是若投资方案的 NPV≥0，则接受该投资方案；反之，则拒绝该投资方案。如果有多个互斥方案，它们的投资额都相同，且净现值均大于零，那么净现值最大的投资方案为最优方案。

【例 7-22】　仍沿用例 7-19 中的数据，假定企业对两个投资方案所要求的报酬率均为 12%。

要求：计算两个方案的净现值。

【解答】

分析计算过程如下：

因为方案 A 和方案 B 各年的营业净现金流量不相等，故应分别按复利折现，然后加总。

（1）方案 A 的净现值为

$$\begin{aligned}
\mathrm{NPV_A} &= \sum_{t=1}^{n} \frac{\mathrm{NCF}_t}{(1+K)^t} - I_0 \\
&= (89\,290 + 143\,496 + 157\,916 + 158\,875 + 119\,154) - 500\,000 \\
&= 168\,731(元)
\end{aligned}$$

（2）方案 B 的净现值为

$$\begin{aligned}
\mathrm{NPV_B} &= \sum_{t=1}^{n} \frac{\mathrm{NCF}_t}{(1+K)^t} - I_0 \\
&= (125\,006 + 159\,440 + 186\,628 + 152\,520 + 113\,480) - 500\,000 \\
&= 237\,074(元)
\end{aligned}$$

以上计算表明，方案 A 和方案 B 的净现值均大于零，两个方案都可行。由于两个方案的初始投资额相等，而且方案 B 的净现值大于方案 A，所以用净现值法决策，方案 B 较优。

【例 7-23】　某企业拟建一项固定资产，需投资 100 万元，按直线法计提折旧，使用寿命为 10 年，固定资产报废时有 10 万元残值。该项工程于当年投产，预计投产后每年可获利 10 万元。假定该项目的行业基准折现率为 10%。

要求：计算其净现值。

【解答】

原始投资额（I_0）＝100（万元）

投产后每年相等的净现金流量（$\mathrm{NCF}_{1\sim9}$）＝10+100/10=20（万元）

最后一年净现金流量＝营业净现金流量+残值回收额=30（万元）

这一投资项目净现值的计算可采用两种方法。

方法一：将 1~9 年每年相等的经营净现金流量视为普通年金，第 10 年净现金流量视为第 10 年终值。计算如下：

NPV=（20×PVIFA$_{10\%,9}$+30×PVIF$_{10\%,10}$）－100= 26.67（万元）

方法二：将 1~10 年每年相等的经营净现金流量按普通年金处理，第 10 年发生的回收额单独作为该年终值。计算如下：

$$NPV = (20 \times PVIFA_{10\%,10} + 10 \times PVIF_{10\%,10}) - 100 = 26.67（万元）$$

应当指出的是，在项目评价中，正确地选择折现率至关重要，它直接影响项目评价的结论。如果选择的折现率过低，则会导致一些经济效益较差的项目得以通过，从而浪费了有限的社会资源；如果选择的折现率过高，则会导致一些效益较好的项目不能通过，从而使有限的社会资源不能充分发挥作用。在实务中，一般有以下几种方法确定项目的折现率：①以投资项目的资金成本作为折现率；②以投资项目的机会成本作为折现率；③根据不同阶段采用不同的折现率，在计算项目建设期净现金流量现值时，以贷款的实际利率作为折现率，在计算项目经营期净现金流量时，以全社会资金平均收益率作为折现率；④以行业平均收益率作为项目折现率。

3. 净现值法的优缺点

净现值法的优点有三：一是考虑了货币时间价值，增强了投资经济性的评价；二是考虑了项目计算期的全部净现金流量，体现了流动性与收益性的统一；三是考虑了投资风险性，因为折现率的大小与风险大小有关，风险越大，折现率就越高。

净现值法的缺点也是明显的：一是不能从动态的角度直接反映投资项目的实际收益率水平，当各项目投资额不等时，仅用净现值无法确定投资方案的优劣；二是净现金流量的测量和折现率的确定比较困难，而它们的正确性对计算净现值有着重要影响；三是净现值法计算麻烦，且较难理解和掌握。

（二）现值指数法

现值指数法是以现值指数的大小为取舍依据，于若干备选方案中选择最优投资方案的决策分析方法。所谓现值指数，是指投资方案投产后各年净现金流量按照要求的报酬率或资本成本折算的现值合计与初始投资额的现值合计之比。其计算公式如下：

$$现值指数(PI) = \frac{经营期净现金流量的现值合计}{初始投资额的现值合计}$$

$$= \sum_{t=m+1}^{n} \frac{NCF_t}{(1+K)^t} \div \sum_{t=0}^{m} \frac{I_t}{(1+K)^t}$$

现值指数是一个折现的相对数指标，利用这一指标进行投资项目决策的标准如下：若投资方案的现值指数≥1，则接受投资方案；反之，则拒绝投资方案。如果几个互斥方案的投资额都相同，且获利指数均大于 1，那么获利指数越大，投资方案越好。

【例 7-24】　仍沿用例 7-19 中的数据，假定企业对两个投资方案所要求的报酬率均为 12%。

要求：计算两个方案的获利指数。

【解答】

根据例 7-19 的计算数据可得

$PI_A = 668\ 731 \div 500\ 000 = 1.34$

$PI_B = 737\ 074 \div 500\ 000 = 1.47$

由于方案 A 和方案 B 的投资规模相同，都是 500 000 元，两个方案的获利指数均大于 1，均为可行方案。又因方案 B 的获利指数大于方案 A，所以方案 B 较优。

现值指数的优缺点与净现值基本相同。其区别在于现值指数是相对数指标，可以从动态角度反映投资方案的投入与产出关系，有利于评价原始投资额不同的投资方案的经济效果。

（三）内含报酬率法

1. 内含报酬率的含义

内含报酬率法是以内含报酬率（IRR）的大小为取舍依据，于若干备选方案中选择最优投资方案的决策分析方法。所谓内含报酬率又称内部收益率，是指一项长期投资方案在其寿命期内预期可达到的报酬率。内含报酬率的实质就是未来净现金流量的现值之和正好等于初始投资的现值之和时的折现率，也就是使投资项目的净现值等于零时的折现率。显然，内含报酬率满足下列等式：

$$\sum_{t=0}^{n} \frac{NCF_t}{(1+IRR)^t} = 0$$

利用这一指标进行投资项目决策的标准：若投资方案的内含报酬率 ≥ 要求的报酬率或资本成本，则接受投资方案；否则，拒绝投资方案。如果几个互斥方案的投资额都相同，且内含报酬率均大于要求的报酬率或资本成本，则内含报酬率越大的方案越好。

2. 内含报酬率的计算

1）内含报酬率的简便算法

当项目满足以下特殊条件时，可按简便算法求得内含报酬率：

全部投资均于建设起点一次投入，建设期为零，即建设起点第 0 期净现金流量等于原始投资的数值（$NCF_0 = I_0$）。

投产后每年净现金流量相等，即第 1 期至第 n 期每期净现金流量取得了普通年金的形式（$NCF_1 = NCF_2 = NCF_3 = \cdots = NCF_n = NCF$）。

则内含报酬率可按下式确定：

$$NCF \cdot PVIFA_{IRR,n} - I_0 = 0$$

$$PVIFA_{IRR,n} = \frac{I_0}{NCF}$$

式中，I_0 为在建设起点一次投入的初始投资额；NCF 为项目投产后每年相等的净现金流量；$PVIFA_{IRR,n}$ 为以 IRR 为折现率、第 n 期的年金现值系数。

具体计算步骤如下。

第一步，计算年金现值系数 PVIFA：

$$PVIFA = \frac{I_0}{NCF}$$

第二步，根据计算出来的年金现值系数 PVIFA，查第 n 期的年金现值系数表。

第三步，若在年金现值系数表第 n 期所对应的一栏上恰好能找到等于上述 PVIFA 值的年金现值系数，则该系数所对应的折现率即为所求的内含报酬率。

第四步，若在年金现值系数表第 n 期所对应的一栏上找不到该 PVIFA 值，则应找出系数表上同期略大（PVIFA_m）及略小（PVIFA_n）于 PVIFA 值的两个相邻的系数，以及相对应的两个折现率 r_m 和 r_n，这样就可应用内插法计算近似的内含报酬率：

$$\text{IRR} = r_m + \frac{\text{PVIFA}_m - \text{PVIF}}{\text{PVIFA}_m - \text{PVIFA}_n} \times (r_m - r_n)$$

【例 7-25】 假定某投资项目在建设起点一次投入 1 229 000 元，当年完工并投产，经营期为 10 年，每年的净现金流量为 200 000 元。

要求：计算该项目的内含报酬率。

【解答】

已知 I_0=1 229 000，NCF=200 000，则：

PVIFA=1 229 000÷200 000=6.145

查 10 年一栏所对应的年金现值系数，则系数 6.144 6 所对应的折现率为 10%，因而该项目的内含报酬率为 10%。

【例 7-26】 沿用例 7-23 的资料，假设固定资产报废时无残值。

要求：计算该项目的内含报酬率。

【解答】

已知 I_0=1000 000，NCF=200 000，则：

PVIFA=1 000 000 ÷ 200 000=5

查 10 年的年金现值系数表得 $\text{PVIFA}_{14\%}$=5.216 1，$\text{PVIFA}_{16\%}$=4.833 2。

则：

$$\text{IRR}=14\%+\frac{5.216\ 1-5}{5.216\ 1-4.833\ 2} \times （16\%-14\%）=15.13\%$$

2）内含报酬率的逐次测试法

若项目的净现金流量不属于上述特殊情况，则无法应用简便算法，此时就必须采用逐次测试法计算内含报酬率。具体计算步骤如下。

第一步，先设定一个折现率 r_1，并将其代入有关计算净现值的公式，求出净现值 NPV_1，然后进行下面的判断。

第二步，若 NPV_1=0，则内含报酬率 IRR=r_1，计算结束；若 $\text{NPV}_1 > 0$，则内含报酬率 IRR > r_1，应重新设定 $r_2 > r_1$，再将 r_2 代入有关计算净现值的公式，求出净现值 NPV_2 并继续进行下一轮的判断；若 $\text{NPV}_1 < 0$，则内含报酬率 IRR < r_1，应重新设定 $r_2 < r_1$，再将 r_2 代入有关计算净现值的公式，求出净现值 NPV_2，并继续进行下一轮的判断。

第三步，经过逐次测试判断，如果仍未求得内含报酬率 IRR，则可利用最为接近零的两个正、负净现值 NPV_m 和 NPV_{m+1} 及相应的折现率 r_m 与 r_{m+1}，利用内插法计算近似的内含报酬率：

$$\text{IRR} = r_m + \frac{\text{NPV}_m}{\text{NPV}_m - \text{NPV}_{m+1}} \times (r_{m+1} - r_m)$$

【例 7-27】 仍沿例 7-19 中的数据计算两个方案的内含报酬率。

【解答】

由于两个方案的净现金流量未呈年金形式，因而应使用试错法进行逐步测试，其测试过程如下。

方案 A 的内含报酬率：

当折现率为 12% 时，NPV=168 731 > 0（表 7-6）。

当折现率提高到 20% 时，NPV 计算如下：

NPV=（0.833 3 × 10+0.694 4 × 18+0.578 7 × 22+0.482 3 × 25+0.401 9 × 21）−50
　　=4.061 0（万元）

当折现率提高到 24% 时，NPV 计算如下：

NPV=（0.806 5 × 10+0.650 4 × 18+0.524 5 × 22+0.423 0 × 25+0.341 1 × 21）−50
　　=−0.950 7（万元）

此结果说明内含报酬率在 20%~24%。根据公式用内插法计算内含报酬率如下：

$$IRR_A=20\%+\frac{4.061\ 0}{4.061\ 0+0.950\ 7}\times（24\%-20\%）=23.24\%$$

方案 B 的内含报酬率：

当折现率为 12% 时，NPV=237 074 > 0（表 7-6）。

当折现率提高到 28% 时，NPV 计算如下：

NPV=（0.781 3 × 14+0.610 4 × 20+0.476 8 × 26+0.372 5 × 24+0.291 0 × 20）−50
　　=0.303 0（万元）

当折现率提高到 32% 时，NPV 计算如下：

NPV=（0.757 6 × 14+0.573 9 × 20+0.434 8 × 26+0.329 4 × 24+0.249 5 × 20）−50
　　=−3.715 2（万元）

此结果说明内含报酬率在 28%~32%。根据公式用内插法计算内含报酬率如下：

$$IRR_B=28\%+\frac{0.303\ 0}{0.303\ 0-(-3.715\ 2)}\times（32\%-28\%）=28.30\%$$

因该公司对投资方案要求的报酬率为 12%，而两个方案的内含报酬率均大于 12%，因而两个方案都是可行的。但由于方案 B 的内含报酬率大于方案 A 的内含报酬率，根据内含报酬率法的决策标准，方案 B 优于方案 A。

根据例 7-19 所采用三种方法进行的决策分析，对同一投资方案（方案 A 或方案 B），其净现值 NPV、现值指数 PI 和内含报酬率 IRR 之间存在以下数量关系（K 为要求的报酬率）：

当 NPV > 0 时，PI > 1，IRR > K。

当 NPV=0 时，PI=1，IRR=K。

当 NPV < 0 时，PI < 1，IRR < K。

根据上述关系，可以得出如下结论：就同一投资方案而言，无论是运用净现值法还是内含报酬率法，都可以得出相同的接受或拒绝方案的结论。

3. 内含报酬率法的优缺点

内含报酬率法的优点：一是考虑了资金的时间价值；二是能从动态的角度直接

反映投资项目的实际收益水平；三是计算过程不受行业基准收益率高低的影响，比较客观。

内含报酬率法的缺点：一是计算复杂，特别是每年净现金流量不相等的投资项目，一般要经过多次测算才能求得；二是在某些互斥投资方案中，运用净现值法和内含报酬率法评估的结果有可能正好相反。三是在某些特殊情况下，一个投资方案可能同时有多个内含报酬率，从而无法确定真实的内含报酬率。

（四）等年值法

等年值法是以等年值的大小为取舍依据，于若干备选方案中选择最优投资方案的决策分析方法。所谓等年值，是按照某一投资方案的预计效用期和预定投资报酬率，将投资方案未来的现金流出量和现金流入量统一换算成每年相等金额的代数和，实际上是净现值的年金形式。其计算公式如下：

$$等年值 = \frac{投资方案的净现值}{相应的年金现值系数}$$

$$= \frac{NPV}{PVIFA_{i,n}}$$

当多个投资方案具有不同的原始投资额，而且具有不同的投资有效期时，可以以每年收回的净现值作为比较的基础，采用等年值指标评价其投资效果的优劣。等年值大于零，方案可行；等年值小于零，方案不可行；等年值最大的方案为最优方案。

【例 7-28】　某企业计划增加一套生产设备，现有甲、乙两个购建方案，有关资料如表 7-7 所示。

表 7-7　甲、乙两方案的相关资料

项目	甲方案	乙方案
投资总额/元	150 000	350 000
建设期/年	2	2
经营期/年	10	12
残值/元	10 000	30 000
每年经营成本/元	17 000	24 000
每年现金流入量/元	50 000	90 000

要求：确定该企业应选择哪种生产设备购建方案。

【解答】

由于甲、乙两个方案的投资有效期限不同，应采用等年值指标进行评价。

（1）计算甲、乙两个方案的净现值。

$NPV_甲 = （50\,000-17\,000）×（PVIFA_{10\%,12}-PVIFA_{10\%,2}）+10\,000×PVIF_{10\%,12}-150\,000$

　　$= 33\,000×（6.813\,7-1.735\,5）+10\,000×0.318\,6-150\,000$

　　$= 20\,766.6（元）$

$$NPV_乙=（90\ 000-24\ 000）×（PVIFA_{10\%,14}-PVIFA_{10\%,2}）+30\ 000×PVIF_{10\%,14}-350\ 000$$
$$=66\ 000×（7.366\ 7-1.735\ 5）+30\ 000×0.263\ 3-350\ 000$$
$$=29\ 558.2（元）$$

（2）计算甲、乙两个方案等年值。

$$甲方案等年值=\frac{NPV_甲}{PVIFA_{10\%,12}}=20\ 766.6/6.813\ 7=3\ 047.77（元）$$

$$乙方案等年值=\frac{NPV_乙}{PVIFA_{10\%,14}}=29\ 558.2/7.366\ 7=4\ 012.41（元）$$

计算结果表明，甲、乙方案的等年值均为正数，两个方案均可行。由于乙方案的等年值大于甲方案，故应选择乙购建方案。

等年值以统一的时间（年）为基础，使具有不同有效期限的投资方案具有可比性。特别适用于有效期限不同的投资方案的比较决策。

（五）折现指标的比较

1. 净现值与现值指数的比较

净现值是投资项目现金流入现值补偿其现金流出现值以后的差额，它实质上是投资项目在整个投资有效期内剩余收益的现值。现值指数是现金流入现值与其现金流出现值之间的比值。在一般情况下，两种指标的评价结论一致。但在评价原始投资额不同的互斥型方案中，两种指标可能得出相互矛盾的结论。当企业的资金较充裕，而且资金没有更好的用途时，人们一般乐于接受净现值较大的方案。因为现值指数反映投资回收的速度，而不反映投资回收的多少。而净现值反映投资回收的数额，净现值越大，说明投资方案提供剩余收益的现值越大，符合企业的最大利益原则。

【例 7-29】　某企业拟进行某项投资，预定的投资报酬率为 12%，拟订了甲、乙两个方案，有关资料如表 7-8 所示。

表 7-8　甲、乙两方案的各年现金流量（一）（单位：元）

年数	甲方案现金流量	乙方案现金流量
0	-140 000	-110 000
1	75 000	60 000
2	75 000	60 000
3	75 000	60 000

（1）计算甲、乙两个方案的净现值。

$$NPV_甲=75\ 000×PVIFA_{12\%,3}-140\ 000=75\ 000×2.401\ 8-140\ 000=40\ 135（元）$$
$$NPV_乙=60\ 000×PVIFA_{12\%,3}-110\ 000=60\ 000×2.401\ 8-110\ 000$$
$$=144\ 108-110\ 000=34\ 108（元）$$

（2）计算甲、乙两方案的现值指数。

$$PI_甲=180\ 135/140\ 000=1.287$$
$$PI_乙=144\ 108/110\ 000=1.310$$

以上计算结果表明，甲方案的净现值大于乙方案，说明在补偿了 12% 的预定投资报酬率后，甲方案剩余收益的现值大于乙方案；而甲方案的现值指数小于乙方案，说明单位投资的效率甲方案小于乙方案。在这种情况下，企业应根据其具体情况进行选择。

2. 净现值与内含报酬率的比较

一般情况下，采用净现值指标和内含报酬率指标的评价结论应相同。但在评价原始投资额不同、现金流入时间不同的互斥型投资方案时，两个指标的评价结论可能会产生矛盾。

【例 7-30】　有两个相互排斥的投资方案，预期的投资报酬率为 10%，其余有关资料如表 7-9 所示。

表 7-9　甲、乙两方案的各年现金流量（二）（单位：元）

年数	甲方案现金流量	乙方案现金流量
0	−150 000	−150 000
1	90 000	0
2	70 000	60 000
3	50 000	180 000

通过计算可得，甲方案净现值为 27 230 元，内含报酬率为 21%；乙方案净现值为 34 820 元，内含报酬率为 19%。

如果采用内含报酬率指标评价，甲方案优于乙方案；如果采用净现值指标评价，乙方案优于甲方案。此时，两种指标的评价结论出现了矛盾。两种指标评价结论产生差异的原因是，两种指标假定用中期产生的现金流入量再投资时，会产生不同的报酬率。净现值指标假定中期产生的现金流入量重新投资时，会产生相当于预定折现率的报酬率，本例中即 10%。而内含报酬率却假定现金流入量重新投资时产生的报酬率与该方案的内含报酬率相同，在本例中，甲方案前期的现金流入量再投资时，会产生与 21% 相等的报酬率，而乙方案前期的现金流入量再投资时，会产生相当于 19% 的报酬率。

在这种情况下，哪种指标的评价结论更趋合理呢？一般认为，采用净现值指标的评价结论较为合理，主要是因为净现值比内含报酬率的计算简便，同时也考虑了不同投资方案在投资规模上的差别，还便于根据风险大小调整投资方案的预定投资报酬率。内含报酬率假设产生的现金流入量按内含报酬率贴现，净现值则假设按预定的投资报酬率即资金成本贴现。资金成本是资金的市场价格，代表现实的贴现率，按内含报酬率贴现则往往脱离实际。

第四节　长期投资决策方法的应用

投资决策分析的对象、影响的因素复杂多样，这就决定了投资决策分析的复杂性。

在实际工作中，任何一项长期投资决策分析，只有在综合考虑各种因素的基础之上，才能运用投资决策分析的专门技术方法来进行。本节仅就设备购置、设备更新、设备改造、投资时机、投资期等几个较为复杂的投资决策问题进行分析，以说明其基本方法的运用。

一、固定资产投资决策

（一）是否购置设备的决策

【**例 7-31**】 某企业计划通过购置某种新设备以扩充生产能力。经调查测算，该种设备买价 100 000 元，预计可使用 5 年，到期残值收入 10 000 元。新设备投产后，每年可增产甲产品 4 500 件，每件产品可节约直接材料和直接人工共 8 元。该企业预定投资报酬率 10%，所得税税率 25%，按直线法计提折旧。

要求：确定该企业应否购置此种新设备。

【**解答**】

首先，计算购入该新设备的原始投资：

原始投资=100 000（元）

其次，计算该设备未来经营期内年现金净流量：

年折旧额=（100 000–10 000）/5=18 000（元）

年增加税后现金净流量=（4 500×8–18 000）×（1–25%）+18 000=31 500（元）

最后，计算购入该项新设备的净现值：

$$NPV=31\ 500 \times PVIFA_{10\%,5}+10\ 000 \times PVIF_{10\%,5}-100\ 000$$
$$=31\ 500 \times 3.790\ 8+10\ 000 \times 0.620\ 9-100\ 000$$
$$=25\ 619.2（元）$$

计算结果表明，新设备购置后能给企业带来较好的经济效益，该企业应当购置该项新设备。

（二）继续使用旧设备与购置新设备的决策

随着科学技术的不断进步，固定资产更新周期大大缩短。尽管旧设备还能继续使用，但其往往消耗大、效率低、维修费用多。当生产效率更高，原材料、燃料、动力消耗更低，能生产出质量更好的产品的新设备出现时，企业就会面临是否要用这种新设备替换旧设备的问题，在这类问题中，无论是现有固定资产还是可能取代它的新固定资产，都要着重考察其未来的有关数据，过去发生的沉落成本与更新改造决策无关，可以不予考虑。现有固定资产的价值应以其"现时价值"而不是按"原始成本"进行计量。

【**例 7-32**】 某企业希望有一台技术性能更好的设备，现用设备及预计购置的新旧设备有关资料见表 7-10。

表 7-10 新旧设备资料表

项目	旧设备	新设备
原值/元	40 000	60 000
预计使用年限/年	10	5
已使用年限/年	5	0
残值/元	0	10 000
变现价值/元	10 000	60 000
使用设备每年可获收入/元	50 000	80 000
年付现成本/元	30 000	40 000

假定企业所得税税率为 25%，新旧设备均采用直线法计提折旧，企业要求的报酬率为 10%。

要求：做出是继续使用旧设备还是购置新设备的决策。

【解答】

（1）用净现值法做出决策。

表 7-10 中资料显示，继续使用旧设备与更新设备两方案寿命期相同，故可采用"差量分析法"，即首先计算差量方案的现金流量，再根据差量方案的有关指标进行判断。

继续使用旧设备方案：

初始投资=旧设备的现时价值=10 000（元）

每年计提折旧=40 000/10=4 000（元）

净利润=（50 000–30 000–4 000）×（1–25%）=12 000（元）

营业现金净流量=12 000+4 000=16 000（元）

更新设备方案：

初始投资=60 000（元）

每年计提折旧=（60 000–10 000）/5=10 000（元）

净利润=（80 000–40 000–10 000）×（1–25%）=22 500（元）

营业现金净流量=22 500+10 000=32 500（元）

残值回收=10 000（元）

更新设备方案比继续使用旧设备方案增减的现金流量计算如表 7-11 所示，所有增减额均用"Δ"表示。

表 7-11 差量现金流量表（单位：元）

项目	0	第 1 年	第 2 年	第 3 年	第 4 年	第 5 年
Δ 初始投资	–50 000					
Δ 营业现金流量		16 500	16 500	16 500	16 500	16 500
Δ 残值回收						10 000
Δ 现金净流量	–50 000	16 500	16 500	16 500	16 500	26 500

两方案差量现金流的净现值=16 500 × PVIFA$_{10\%,4}$+26 500 × PVIF$_{10\%,5}$−50 000

$$=16\,500 × 3.169\,9+26\,500 × 0.620\,9−50\,000$$

$$=18\,757.2（元）$$

可见，设备更新后，能比继续使用旧设备多获得 18 761.5 元的净现值，故应进行更新。

（2）用内含报酬率法做出决策。

$$PVIFA_{IRR,n}=\frac{I_0}{NCF}=(50\,000-10\,000×PVIF_{10\%,5})/16\,500=2.654$$

根据上述年金现值系数，第 5 期与 2.654 的年金现值系数相邻近的折现率在 24%和 28%之间，采用内插法计算：

贴现率	年金现值系数
24% ⎫	2.745 4 ⎫
IRR ⎬	2.654 ⎬
28% ⎭	2.532 0 ⎭

IRR=24%+1.713%=25.713%

可见，设备更新后，内含报酬率达到 25.713%，远远高于企业要求的报酬率，故应对设备进行更新。

（三）设备是大修理还是更新的决策

设备磨损到一定程度需要进行大修理。大修理的特点是支付费用多、间隔时间长，但大修理只是局部更新，不可能把设备的精度、性能、效率和寿命完全恢复如新。购置新设备的投资一般高于旧设备的大修理费用，但新设备比旧设备寿命长，在精度、性能、效率和消耗等方面也往往优于旧设备。因此，企业决策者常常面临大修还是更新的决策。在大修与更新之间需要比较的只是两者不同的收入和成本，即相关收入和相关成本。

【例 7-33】　某公司有一台旧设备，花 12 000 元大修一次尚可使用 4 年，期满无残值。如果花 20 000 元买一台与旧设备性能相同的新设备，可用 8 年，中间不必大修，期满也无残值。使用新设备和大修后的设备的产量、消耗及产品售价均相同，企业要求的报酬率为 12%。

要求：做出设备是大修理还是更新的决策。

【解答】

由于两者的销售收入相同，则只需比较两者的相关成本。新旧设备寿命不同，可采用"年值比较法"计算大修与更新方案的相关年均现金流出量，即固定资产的"年均成本"来进行判断，固定资产年均成本越低越好。

设备大修年均成本（A1）× PVIFA$_{12\%,4}$=12 000

即 A1 × 3.037=12 000，则 A1=3 951.27（元）。

更新设备年均成本（A2）× PVIFA$_{12\%,8}$=20 000

则 A2=4 025.76（元）。

可见，大修方案比更新方案每年可节约成本 74.49（4 025.76−3 951.27）元，所以该公司应对设备进行大修理而不是更新。

对于固定资产更新决策来说，如果两个方案使用年限不同，最佳的选择是用年均成本法。若一定要用净现值法或内含报酬率法，唯一可替代的方法就是将旧设备尚可使用年限（例 7-33 中为 4 年）作为"比较期"，并于最后一年（第 4 年）将新设备的折余价值（或变现价值）在年末作为残值回收，使两个方案的计算期保持一致，具有可比性。但要预计几年后设备的变现价值是比较困难的，其实际意义并不大。

（四）设备租赁还是借款自购的决策

企业为了扩大生产能力，就要相应增加生产设备，如果企业暂时没有足够的自有资金，那么，该企业就面临是租用所需设备，还是借款购入所需设备的选择。这就要对两方案的现金流量、生产成本等财务指标进行比较分析。下面举例说明。

【例 7-34】某厂急需一设备，价值 70 000 元，所生产产品在 7 年内有销路，7 年后有衰退可能。设备折旧可在 7 年内用直线法平均计入每年产品成本（为简化计算，假设无残值）。如果借款自购，年利率为 10%，分 7 年还清本利。如果向租赁公司租入该设备，每年需支付租金 13 000 元，折旧由对方提取。已知所得税税率为 25%。

对此，进行方案选择时，可依照以下步骤进行分析。

第一步，计算借款自购设备每年应偿还的本息额，设为 x。

则有

$x \cdot \text{PVIFA}_{10\%,7} = 70\ 000$

$x = 70\ 000/4.868 = 14\ 380$（元）

第二步，编制各年还本付息计算表，见表 7-12。

表 7-12 各年还本付息表（单位：元）

年数	所欠本金 ①=①-④	还本付息额 ②	支付利息 ③=①×10%	归还本金 ④
1	70 000.00	14 380	7 000.00	7 380.00
2	62 620.00	14 380	6 262.00	8 118.00
3	54 502.00	14 380	5 450.20	8 929.80
4	45 572.20	14 380	4 557.22	9 822.78
5	35 749.42	14 380	3 574.94	10 805.06
6	24 944.36	14 380	2 494.44	11 885.56
7	13 058.80	14 380	1 305.88	13 074.12
合计	0	100 660	30 644.68	70 015.32*

*与本金 70 000 元的差额 15.32 元是计算尾差造成的

第三步，计算借款自购方案各年现金流出量。编制现金流出量计算表，见表 7-13。

表 7-13 借款自购方案现金流出量计算表（单位：元）

年数	还本付息额 ①	折旧 ②	折旧抵税 ③=②×25%	支付利息 ④	利息抵税 ⑤=④×25%	净现金流出量 ⑥=①-②-③-⑤
1	14 380	10 000	2 500	7 000.00	1 750.00	130.00
2	14 380	10 000	2 500	6 262.00	1 565.50	314.50
3	14 380	10 000	2 500	5 450.20	1 362.55	517.45
4	14 380	10 000	2 500	4 557.22	1 139.31	740.69
5	14 380	10 000	2 500	3 574.94	893.74	986.26
6	14 380	10 000	2 500	2 494.44	623.61	1 256.39
7	14 380	10 000	2 500	1 305.88	326.46	1 553.54
合计	100 660	70 000	17 500	30 644.68	7 661.17	5 498.83

第四步，计算租赁方案下的现金流出量。编制现金流出量计算表，见表 7-14。

表 7-14 租赁方案现金流出量（单位：元）

项目	租金	因租金入成本而减少的所得税	因不发生折旧费而增加的税后利润	净现金流出量
每年	13 000	3 250	7 500	2 250
合计	91 000	22 750	52 500	15 750

第五步，比较两方案的净现金流出量现值，即将两方案的各年净现金流出量乘以复利现值系数折成现值，求出各年净现金流出量现值之和，小者为较优方案。本例中，由于借款自购方案各年净现金流出量均小于租赁方案，故不必折现便可断定借款自购方案优于租赁方案。

二、投资开发时机决策

有些自然资源储藏量不多，随着不断地开采变得越来越稀少，其价格也将随着储藏量的减少而上升，显然，早开发收益少，晚开发收益多；但钱越早赚到手越好，于是投资者有必要研究开发时机问题。在进行投资开发时机决策时，决策的基本原理也是寻求净现值最大的方案，但由于不同方案的开发时间不同，不能把净现值简单对比，而应先将各个方案的净现值换算到同一时点再进行对比。

【例 7-35】 某公司有一稀有矿藏，随着储藏量的不断减少，这种矿产品价格飞快上升。经预测 5 年后价格将一次性上升 50%。因此公司要研究是现在开发还是 5 年后再开发的问题。不论何时开发，初始固定资产投资都为 400 000 元，建设期为 1 年，建设期期末垫支营运资金 50 000 元，从第 2 年开始投产，投产后 4 年就把该矿藏全部开采完。假设公司所得税税率为 25%，公司要求的报酬率为 10%。有关矿藏收入与成本资料如表 7-15 所示。

表 7-15　矿藏收入与成本

项目	数值
年产销量/吨	1 000
现在投资开采售价/元	400
5 年后开采售价/元	600
每吨变动成本/元	100
付现年固定成本/元	50 000

要求：确定投资开发时机。

【解答】

首先，计算两种方案的年营业现金净流量，见表 7-16、表 7-17。

表 7-16　现在开发的现金流量表（单位：万元）

项目	0	第 1 年	第 2 年	第 3 年	第 4 年	第 5 年
固定资产投资	−40					
营运资金垫支		−5				
营业现金净流量			21.25	21.25	21.25	21.25
收回营运资金						5
现金净流量	−40	−5	21.25	21.25	21.25	26.25

表 7-17　5 年后开发的现金流量表（单位：万元）

项目	第 5 年	第 6 年	第 7 年	第 8 年	第 9 年	第 10 年
固定资产投资	−40					
营运资金垫支		−5				
营业现金净流量			36.25	36.25	36.25	36.25
收回营运资金						5
现金净流量	−40	−5	36.25	36.25	36.25	41.25

（1）如果现在开发：

每年应提折旧=40/4=10（万元）

年销售收入=400×1 000=40（万元）

年付现成本=1 000×100+50 000=15（万元）

年营业现金净流量=（40−15−10）×（1−25%）+10=21.25（万元）

（2）如果 5 年后再开发：

年销售收入=60 万元

年付现成本=15 万元

年营业现金净流量=（60−15−10）×（1−25%）+10=36.25（万元）

其次，分别计算两方案在同一时点（t=0 时）的净现值：

现在开发的 NPV=21.25×PVIFA$_{10\%,3}$×PVIF$_{10\%,1}$+26.25×PVIF$_{10\%,5}$

　　　　　　−40−5×PVIF$_{10\%,1}$

　　　　=21.25×2.486 9×0.909 1+26.25×0.620 9−40−5×0.909 1

　　　　=19.796 0（万元）

5 年后开发的 $NPV=36.25 \times PVIFA_{10\%,3} \times PVIF_{10\%,6}+41.25 \times PVIF_{10\%,10}-40 \times PVIF_{10\%,5}$
$-5 \times PVIF_{10\%,6}$

$=36.25 \times 2.486\,9 \times 0.564\,5+41.25 \times 0.385\,5-40 \times 0.620\,9-5 \times 0.564\,5$

$=39.133\,1$（万元）

最后，对比两方案的净现值可知，晚开发比早开发对企业更为有利。

三、投资期决策

从开始投资到投资结束为止的时期称为投资期。很多项目的投资期有一定的弹性。如果采取集中施工力量、交叉作业、加班加点等措施，可以缩短投资期，使项目提前竣工、早投产、早得利；但是采取上述各项措施却往往需要以增加投资为代价。究竟是否应该缩短投资期，需要经过分析，以便判明缩短投资期的所得是否大于所失。

【例 7-36】 某公司进行一项投资，正常投资期为 3 年，每年投资 100 万元，项目建成后有效期为 10 年，每年现金流入量为 100 万元。如果把投资建设期缩短为 2 年，每年需投资 200 万元。竣工投产后项目寿命和每年的现金流入量不变，项目终结时有残值 10 万元，项目投入使用后需垫支流动资金 20 万元，公司要求的报酬率为 12%。

要求：请做出应否缩短投资期的决策。

【解答】

首先，计算两种方案的现金净流量，见表 7-18、表 7-19。

表 7-18 正常投资期下的现金流量表（单位：万元）

项目	0	第 1 年	第 2 年	第 3 年	第 4~12 年	第 13 年
固定资产投资	−100	−100	−100			
营运资金垫支				−20		
营业现金净流量					100	100
收回营运资金						20
残值回收						10
现金净流量	−100	−100	−100	−20	100	130

表 7-19 压缩投资期下的现金流量表（单位：万元）

项目	0	第 1 年	第 2 年	第 3~11 年	第 12 年
固定资产投资	−200	−200			
营运资金垫支			−20		
营业现金净流量				100	100
收回营运资金					20
残值回收					10
现金净流量	−200	−200	−20	100	130

其次，分别计算两个方案的净现值：

正常投资期的 NPV=100×PVIFA$_{12\%,9}$×PVIF$_{12\%,3}$+130×PVIF$_{12\%,13}$

$$-100-100×PVIFA_{12\%,2}-20×PVIF_{12\%,3}$$

$$=100×5.328\ 2×0.711\ 8+130×0.229\ 2-100-100×1.690\ 1-20×0.711\ 8$$

$$=125.811\ 3（万元）$$

压缩投资期的 NPV=100×PVIFA$_{12\%,9}$×PVIF$_{12\%,2}$+130×PVIF$_{12\%,12}$

$$-200-200×PVIF_{12\%,1}-20×PVIF_{12\%,2}$$

$$=100×5.328\ 2×0.797\ 2+130×0.256\ 7-200-200×0.892\ 9-20×0.797\ 2$$

$$=63.611\ 1（万元）$$

最后，比较两方案的净现值可知，缩短投资期后净现值将减少，说明缩短投资期得不偿失，故应维持正常投资期。

第五节　长期投资敏感性分析

一、长期投资敏感性分析的意义

（一）长期投资敏感性分析的含义

一般说来，敏感性是指同某项目相关联的某一因素发生变动，对该项目的预期效果所具有的影响程度。假如某一因素变动不大或在较小的范围内发生变动，而由此造成的影响却很大，表明该相关因素的敏感性很强；相反，假如某一因素变动较大或在较大的范围内发生变动，而由此所带来的影响却很小，则表明该因素的敏感性很弱。在实际工作中，各有关因素敏感性的强弱必须借助特殊的计量、测定才可得到正确的揭示。一旦将它们的敏感性程度测定之后，人们就应对具有较强敏感性的有关因素予以特别重视，要在深入进行调查、计量、分析的基础上，积极、主动地采取预防措施，尽量降低乃至完全消除某些因素发生不利变动而造成的不良影响。

所谓长期投资敏感性分析，就是指经过决策分析而选定了某一最优投资方案后，为了保证决策的正确性和可靠性，防止同该投资方案相联系的有关因素发生变动可能造成的不良影响与后果而进行的计量、测算。在通常情况下，这种特定计量、测算的主要内容是有关因素发生变动后对各项基本决策指标的影响程度，以及有关方案原有或现有决策结论依然保持不变所要求的各有关因素可容许的变动范围。

（二）长期投资敏感性分析的重要性

在长期投资决策中进行敏感性分析，主要测定涉及某一投资方案的若干因素中的一个或几个因素发生某种变动后，对该项决策所形成的影响及其影响程度，深入观察有关因素的变化而导致的投资方案可行性及预期经济效益的相应变化。开展长期投资的敏感性分析，可以使企业管理者预见到有关因素在多大幅度内变动，而尚不致影响原定投资方案的可行性；而一旦有关因素的变动使得原定投资方案无利可图时，企业管理者能够主动采取对应的措施，就各该方案的某些特定方面进行必要的调整和修正。这就是说，借助于敏感性分析，企业管理当局可以重新认识和评价原定投资方案的有效性，避免因决策失误而给企业带来不应有的损失。

二、长期投资敏感性分析的一般方法

由于现金流量、效用期间和资金成本等是影响投资效益好坏的关键因素，而评价投资方案经济可行性最常用的指标是净现值和内含报酬率。因此，长期投资敏感性分析主要应集中考察并揭示投资方案的现金净流量和效用期限发生变动时，对该方案净现值的影响程度；或者有关投资方案内含报酬率发生变动，对该方案现金净流量和效用期限发生相应变动的特定要求。现举例说明如下。

【例 7-37】 某企业现拟订了一投资方案，共需投资 400 000 元建立一条新产品生产线。经过分析预测，该生产线寿命期为 8 年，每年可收回的现金净流量为 100 000 元。该企业要求的投资报酬率为 12%。由于该种新产品市场情况不明朗，该企业希望测算有关因素变动对投资方案的影响程度。

（一）以净现值为基础进行敏感性分析

1. 以投资报酬率至少要达到 12% 作为衡量方案可行性的尺度

NPV=100 000 × PVIFA$_{12\%,8}$-400 000=100 000 × 4.967 6-400 000=96 760（元）

净现值 > 0，表明此方案如果以投资报酬率 12% 作为衡量标准是可行的。但其可行性是有条件的，也就是要看影响净现值的两个因素，即每年的现金净流量 100 000 元是否可靠，以及 8 年寿命期是否准确。如果这两个因素发生了变化，就会直接影响到方案的可行性和最优性。为了解这两个因素在多大范围内变化，才能使投资报酬率可能达到 12%，就必须进行敏感性分析。

2. 敏感性分析

1）净现值对现金净流量变动的敏感程度

假设寿命期（8 年）不变，每年的现金净流量的下限将使该方案的净现值为 0。即

每年现金净流量的下限=400 000/ PVIFA$_{12\%,8}$=80 521.8（元）

上述计算结果表明，该投资方案在使用年限不变的情况下，每年现金净流量由 100 000 元下降到 80 521.8 元，下降 19.48% $\left(\dfrac{100\,000-80\,521.8}{100\,000}\times100\%\right)$ 还是可行的，还能达到 12% 的投资报酬率。如果现金净流量低于 80 521.8 元，则净现值会出现负数，该方案就变得不可行了。

2）净现值对投资寿命期变动的敏感程度

假定项目寿命期内的现金净流量不变，仍然为 100 000 元，项目寿命期的下限临界值应使该方案的净现值为 0，即

$PVIFA_{12\%,n}=400\ 000/100\ 000=4$

查年金现值系数表，在12%栏内与4相邻的值分别为第5年和第6年，采用内插法计算如下：

年数		年金现值系数	
5	⎫	3.604 8	⎫
n	⎬	4	⎬
6	⎭	4.111 4	⎭

求得 $n=5.78$（年）。

由此可见，该投资方案假定每年的现金净流量不变，则其使用年限至少要达到5.78年，方案才是可行的。如果低于5.78年，净现值就会出现负数，原方案变为不可行。

（二）以内含报酬率为基础进行敏感性分析

假定该企业各项投资方案的取舍是以其内含报酬率的高低作为标准的。

1. 计算该方案的内含报酬率

$100\ 000 \times PVIFA_{IRR,8}-400\ 000=0$

$PVIFA_{IRR,8}=4$

查年金现值系数表，在第8年一行与4相邻近的折现率在18%和20%之间，采用内插法计算如下：

贴现率		年金现值系数	
18%	⎫	4.077 6	⎫
IRR	⎬	4	⎬
20%	⎭	3.837 2	⎭

求得该方案的 $IRR=18.65\%$。

计算结果表明，维持方案可行的折现率应小于18.65%，如果受有关因素的影响，要求报酬率超过18.65%，该方案将变得不可行。

2. 进行敏感性分析

1）内含报酬率变动，对年现金净流量的影响

假如使用年限不变，内含报酬率变动对年现金净流量的影响，可计算如下：

$$\frac{400\ 000}{PVIFA_{18.65\%,8}} - \frac{400\ 000}{PVIFA_{12\%,8}} = 100\ 000-80\ 521.8=19\ 478.2（元）$$

以上计算结果表明，在其他条件保持不变的情况下，若内含报酬率降低6.65%（18.65%-12%），每年的现金净流量会减少19 478.2元。这就是说，当其年均现金净流量下降时，降低额必须控制在19 478.2元之内。这样，该方案的内含报酬率即使有所下降，但仍然高于预定投资报酬率，其可行性地位依然得以保持。假如年均现金净流量的降低额超过19 478.2元，则该方案的内含报酬率将低于预定投资报酬率，其可行性地位就会丧失。

2）内含报酬率变动对项目寿命期的影响

假定年现金净流量不变，内含报酬率变动对项目寿命期的影响可按下式进行计算：

$$PVIFA_{18.65\%,8}=PVIFA_{12\%,n}$$

即 $PVIFA_{12\%,n}=4$。

查年金现值系数表，在12%栏内与4相邻的值分别为第5年和第6年，采用内插法计算求得 n=5.78（年）。

以上计算结果表明，该投资方案在每年的现金净流量不变的情况下，内含报酬率降低6.65%（18.65%-12%）会使项目寿命期减少2.22（8-5.78）年。而一旦该生产线预计使用年限达不到5.78年，即缩短额大于2.22年，则该方案的内含报酬率将不足12%，连预定最低的投资报酬率水平都无法实现，该投资方案即由可行而变为不可行。

【本章小结】

本章首先介绍了长期投资决策的分类、特点、基本步骤；阐述了影响长期投资决策的两个重要因素，即现金流量和货币时间价值；一一介绍了长期投资决策的主要评价指标，即静态评价指标（PP、ARR）和动态评价指标（NPV、PI、IRR）；通过有关固定资产更新或改造、更新或大修、租赁或自购等实务决策具体说明了上述长期投资决策主要评价指标的应用；最后对长期投资决策进行了敏感性分析。

【关键术语】

长期投资决策　现金流量　货币时间价值　单利　复利　年金　年金现值　年金终值静态评价指标　投资回收期　投资报酬率　动态评价指标　净现值　获利指数　内含报酬率　长期投资敏感性分析

【思考题】

（一）什么是货币时间价值？长期投资决策为什么要考虑货币时间价值？

（二）什么是复利？复利和单利有何区别？

（三）什么是年金？年金按其收到或付出时间的不同通常分为哪几种具体形式？

（四）什么是终值和现值？试述一元复利终值和一元复利现值之间的相互关系。

（五）什么是投资风险价值？如何估量投资方案的风险程度？

（六）什么是现金流量？投资决策为什么用现金流量而不是会计利润进行决策？

（七）什么是资金成本？试说明资金成本在长期投资决策中的作用。

（八）什么是效用期间？如何确定投资项目的效用期间？

（九）什么是净现值？试述净现值指标的决策规则。

（十）什么是现值指数？现值指数同净现值的区别与联系是什么？

（十一）什么是内含报酬率？如何计算投资项目的内含报酬率？

（十二）长期投资决策分析中折现的现金流量法为什么优于非折现的现金流量法？

（十三）什么是长期投资的敏感性分析？怎样进行长期投资的敏感性分析？

【练习题】

1. 某企业拟投资兴办化工厂，预定投资报酬率 10%。经测算，化工厂在未来 3 年内的净收益及其概率分布情况如表 7-20 所示。

表 7-20　化工厂在未来 3 年内的净收益及其概率分布

第 1 年		第 2 年		第 3 年	
净收益/元	概率	净收益/元	概率	净收益/元	概率
7 000	0.20	9 000	0.25	8 000	0.30
6 000	0.60	7 000	0.50	6 000	0.40
5 000	0.20	6 000	0.25	4 000	0.30

要求：根据上述资料，对该投资项目的风险程度进行估量。

2. 某企业拟购入一套生产设备，购置成本 150 000 元，效用期间 10 年，期满残值收入 10 000 元。使用该生产设备，每年可节约直接材料和直接人工共 50 000 元，所得税税率为 25%，该企业按直线法计提折旧，预定投资报酬率 10%，标准投资回收期 5 年。

要求：分别采用投资回收期、净现值和现值指数指标评价该套生产设备应否购置。

3. 某企业计划投资开发甲产品，原始投资额为 150 万元，经营期为 5 年，期满无残值。甲产品投产后，预计年营业收入 80 万元，年总成本 50 万元。该企业按直线法计提折旧，所得税税率为 25%，预定投资报酬率 15%。

要求：计算该投资方案的投资回收期、净现值、现值指数、内含报酬率，并评价该投资方案是否可行。

4. 某企业计划扩建一条生产线，3 年建成，每年年初投资 300 万元。该生产线投产后，预计每年销售收入为 500 万元，每年经营成本为 260 万元。该生产线使用寿命为 10 年，期满残值收入 60 万元。该企业按直线法计提折旧，所得税税率为 25%，预定投资报酬率 10%。

要求：采用净现值指标评价该方案是否可行。

5. 某企业计划购入一台先进设备，现有 A、B 两种型号的设备可供选择，该企业采用直线法计提折旧，预定投资报酬率 10%，所得税税率为 25%。其余有关资料如表 7-21 所示。

表 7-21　A、B 设备的成本资料

项目	A 产品	B 产品
购置成本/元	200 000	150 000
预计使用年限/年	6	6
预计残值/元	20 000	15 000
预计税前利润/元	45 000	34 000

要求：通过计算，确定该企业应选购哪种型号的设备。

6. 某企业 2 年前购入机床一台，原价 80 000 元，效用期 10 年，期满残值收入 3 000

元。目前，市场上有一种同类新型机床出售，购置成本 150 000 元，效用期 8 年，期满残值收入 8 000 元。以新换旧以后，企业每年销售收入可从 200 000 元增加到 250 000 元，每年变动成本也从 160 000 元增加到 170 000 元，旧机床的现时价值为 60 000 元。该企业采用直线法折旧，预定投资报酬率 10%，所得税税率为 25%。

要求：采用差量净现值指标确定该企业应否变卖旧设备而购入新设备。

7. 某企业一设备主要部件严重损耗，如果进行大修，预计大修理费用 80 000 元，大修后可继续使用 5 年，期满残值收入 5 000 元，每年正常维护保养费 1 200 元；如果购买新设备，新设备购价 140 000 元，预计可使用 10 年，期满残值收入 10 000 元，每年正常维护保养费 900 元，旧设备变现收入 20 000 元，预定投资报酬率 10%。

要求：通过计算，确定该设备是应大修还是更新。

8. 某企业现有一台机床，原价 40 000 元，已提折旧 7 200 元，预计使用 10 年，已使用 2 年，期满残值收入 4 000 元，目前出售可获收入 25 000 元。市场上正在销售一种同类新型机床，价值 100 000 元，预计使用 10 年，8 年后残值收入 8 000 元。使用新机床每年可节约经营成本 3 000 元，预定投资报酬率 10%，所得税税率为 25%。

要求：通过计算，确定该企业应否购买新机床替换旧机床。

9. 某企业生产中急需一台设备，拟通过借款购置或者租赁方式解决。如果借款购置，借款额为 120 000 元，借款利率 12%，要求每年年末还本付息 21 239 元，10 年还清。若以租赁方式取得，租期 10 年，于每年年末支付租金 20 500 元。该企业预定投资报酬率 14%，所得税税率为 25%。

要求：通过计算，确定该设备是应借款购置还是应以租赁方式取得。

10. 某公司拟用新设备取代已使用 3 年的旧设备。旧设备原价 14 950 元，目前估计尚可使用 5 年，每年操作成本 2 150 元，预计最终残值 1 750 元，目前变现价值 8 500 元；购置新设备需投资 13 750 元，预计可使用 6 年，每年操作成本 850 元，预计最终残值 2 500 元。该公司预期报酬率 12%，所得税税率为 25%。税法规定该类设备应采用直线法折旧，折旧年限 6 年，残值为原价的 10%。

要求：确定该公司应否进行设备更新。

【案例分析】

东方公司是生产微波炉的中型企业，该公司生产的微波炉质量优良，价格合理，近几年一直供不应求。为了扩大生产能力，该公司准备新建一条生产线。李强是公司投资部的工作人员，主要负责投资的具体工作。公司财务总监要求李强收集建设新生产线的相关资料，写出投资项目的财务评价报告，以供公司领导决策参考。

李强经过半个月的调研，得出以下有关资料。该生产线的初始投资为 57.5 万元，分两年投入，第一年年初投入 40 万元，第二年年初投入 17.5 万元。第二年可完成建设并正式投产。投产后每年可生产微波炉 1 000 台，每台销售价格为 800 元，每年可获得销售收入 80 万元。投资项目预计可使用 5 年，5 年后的残值可忽略不计。在投资项目经营期内需垫支流动资金 15 万元，这笔资金在项目结束时可如数收回。该项目生产的产品年总成本的构成情况如下：原材料 40 万元，工资费用 8 万元，管理费（不含折旧）7 万元，折旧费 10.5 万元。

李强又对公司的各种资金来源进行了分析研究，得出公司加权平均资金成本为 8%。该公司所得税税率为 40%。

李强根据以上资料，计算出该投资项目的营业现金净流量、现金净流量及净现值（表 7-22~表 7-24），并把这些数据资料提供给公司高层领导参加的投资决策会议。

表 7-22　投资项目的营业现金净流量计算表（单位：元）

项目	第 1 年	第 2 年	第 3 年	第 4 年	第 5 年
销售收入	800 000	800 000	800 000	800 000	800 000
付现成本	550 000	550 000	550 000	550 000	550 000
其中：原材料	400 000	400 000	400 000	400 000	400 000
工资	80 000	80 000	80 000	80 000	80 000
管理费	70 000	70 000	70 000	70 000	70 000
折旧费	105 000	105 000	105 000	105 000	105 000
税前利润	145 000	145 000	145 000	145 000	145 000
所得税	58 000	58 000	58 000	58 000	58 000
税后利润	87 000	87 000	87 000	87 000	87 000
现金净流量	192 000	192 000	192 000	192 000	192 000

表 7-23　投资项目的现金净流量计算表（单位：元）

项目	0	第 1 年	第 2 年	第 3 年	第 4 年	第 5 年	第 6 年
初始投资	-400 000	-175 000					
流动资金垫支		-150 000					
营业现金净流量			192 000	192 000	192 000	192 000	192 000
流动资金回收							150 000
现金净流量合计	-400 000	-325 000	192 000	192 000	192 000	192 000	342 000

表 7-24　投资项目净现值计算表（单位：元）

年数	现金净流量	10% 的现值系数	现值
0	-400 000	1.000	-400 000
1	-325 000	0.909	-295 425
2	192 000	0.826	158 892
3	192 000	0.751	144 192
4	192 000	0.683	131 136
5	192 000	0.621	119 232
6	342 000	0.564	192 888
合计			50 915

在公司领导会议上，李强对他提供的有关数据做了必要说明。他认为，建设新生产线有 50 915 元净现值，因此这个项目是可行的。

公司领导会议对李强提供的资料进行了研究分析，认为李强在收集资料方面做了很大的努力，计算方法正确，但却忽略了物价变动问题，这使得李强提供的信息失去了客观性和准确性。

公司财务总监认为，在项目投资和使用期间内，通货膨胀率大约为 6%。他要求有关负责人认真研究通货膨胀对投资项目各有关方面的影响。

生产部经理认为，由于物价变动的影响，原材料费用每年将增加 10%，工资费用也将每年增加 8%。财务部经理认为，扣除折旧后的管理费每年将增加 4%，折旧费每年仍为 10.5 万元。销售部经理认为，产品销售价格预计每年可增加 8%。公司总经理指出，除了考虑通货膨胀对现金流量的影响以外，还要考虑通货膨胀对货币购买力的影响。

公司领导会议决定，要求李强根据以上各部门的意见，重新计算投资项目的现金流量和净现值，提交下次会议讨论。

要求：根据该公司领导会议的决定，请你帮助李强重新计算各投资项目的现金净流量和净现值，并判断该投资项目是否可行。

（资料来源：百度文库，http://wenku.baidu.com/view/5787f29951e79b89680226f4.html）

【参考文献】

曹国强. 2013. 管理会计也时尚[M]. 北京：中信出版社.

荆新，王化成，刘俊彦. 2015. 财务管理学[M]. 第七版. 北京：中国人民大学出版社.

刘淑莲. 2013. 财务管理[M]. 第三版. 大连：东北财经大学出版社.

罗斯 S A，威斯特菲尔德 R W，杰富 J F. 2012. 公司理财[M]. 吴世农，沈艺峰，王志强，等译. 北京：机械工业出版社.

第八章

全面预算

【本章学习目标】通过本章的学习，学生应了解全面预算的含义、作用、编制原则、内容体系及其逻辑关系以及编制程序；掌握全面预算中经营预算、专门预算、财务预算的编制；掌握预算编制的专门方法，即弹性预算、零基预算及滚动预算。

■ 第一节　全面预算概述

一、全面预算的含义

一个企业通过长期决策和短期决策，确定了最优方案，为企业各有关方面的活动确定了具体目标。但是，为了达到并完成既定的目标，还必须研究实现目标的途径和方法，以保证目标在实际中贯彻执行，这就需要编制预算。所谓预算，就是用货币来计量，将决策的目标具体地、系统地反映出来。所以，预算是经营决策的具体化，经营决策的经济效益还要进一步体现、落实到有关的长、短期预算中。

长期预算主要是指一年以上的资本支出预算。长期预算是一种规划性的预算，其编制的好坏如何，将影响到一个企业的长期战略目标能否如期实现，影响到企业今后若干年的经济效益，乃至国民经济的长期发展。

短期预算是按年编制的生产经营全面预算，是企业在一定时期内（一般不超过一年）经营、财务等方面的总体预算。短期预算是一种执行预算，数据要求尽可能具体化，便于控制和执行。本章所要介绍的是生产经营全面预算，又称总预算。

二、全面预算的作用

全面预算是企业内部管理控制的一种主要方法。这一方法自 20 世纪 20 年代在美国的通用电气、杜邦、通用汽车公司产生之后，很快就成了大型工商企业的标准作业程序。从最初的计划、协调，发展到现在的兼具控制、激励、评价等功能为一体的一种综合贯彻企业经营战略的管理机制，全面预算是为数不多的几个能把组织的所有关键问题融合于一个体系之中的管理控制方法之一。

（一）明确企业各部门工作的目标

企业总目标需要各级各部门的共同努力才能实现，各级各部门在实现企业总目标过程中所要做的工作需要通过全面预算的编制才能实现。所以，预算是具体化的经营目标。企业编制全面预算就是要使每个职能部门的管理人员知道在计划期间应该做些什么，以及怎样去做，从而保证各部门和整个企业工作的顺利进行。例如，销售部门要按照财务部门确定的目标利润确定目标销售量，然后根据市场调查，并千方百计地保证目标销售量的实现。生产部门根据销售部门确定的目标销售量，考虑产品的期初、期末存量，计算出计划期的预计产量，防止仓库积压，也防止市场脱销、减少利润。同样，采购部门根据计划期的预计产量考虑材料的期初、期末存量，购进足够的材料，保证完成产品生产的需要。人事部门根据计划期的生产任务配备足够的工人和技术力量。财务部门根据各业务部门在计划期间的经济活动，安排、调度资金，保证按期支付料款和工资、偿还债务、支付股息及红利等。可见，为了使企业的经济活动协调起来，朝着一个总的战略目标（目标利润）前进，全面预算必不可少。

各级各部门因其职责不同，从本部门的角度提出的设想与需求往往会与其他部门的工作互相冲突。全面预算运用货币量度来表达，具有高度的综合能力，经过综合平衡可以使各部门的目标与企业的整体目标一致。

（二）控制企业经济活动的依据

编制预算是企业经营管理活动的起点，也是控制日常经营活动的基本依据。预算能促使企业的各级管理人员提前制订计划，根据所反映出的预算结果，预测其中的风险点所在，并预先采取某些防范措施，从而达到规避与化解风险的目的。在预算执行过程中，各有关部门和单位应通过计量、对比，及时提供实际偏离预算的差异并分析其原因，以便采取有效措施，保证预算目标的实现。

事实上，制定和执行预算的过程，就是企业不断用量化的工具使自身的经营环境、自己拥有的经济资源和企业开展的经济活动保持动态平衡的过程。

（三）评价企业工作业绩的标准

全面预算是业绩评价的基础，科学的预算目标值可以成为公司与部门业绩评价指标的比较标杆。全面预算为业绩评价提供参照值的同时，也使管理者可以根据预算的实际执行结果去不断修正、优化业绩评价体系，确保评价结果更加符合实际，真正发挥评价与激励的作用。作为判断实际结果的标准，全面预算可以克服以过去业绩作为标准所带来的局限性。

（四）有助于企业将战略计划落实到操作层面

全面预算是一种与企业发展战略相配合的战略保障体系。但企业的发展战略往往是抽象的、宏观的，需要以可操作的方式加以落实。预算作为一种在公司战略与经营业绩之间联系的工具，可以将既定战略通过预算的形式加以程序化、数量化，以确保最终实现公司的战略目标。企业将制定、执行预算同公司的战略结合起来，有助于调整公司策略，提高公司战略管理的水平。战略计划是由企业高级管理层确定的，而预算是由基层部门广泛参与制定的。因此，相对于战略计划来说，预算所包含的信息更为广泛，作用的空间更为广阔，是将企业战略计划落到实处的必经之路。

三、全面预算的编制原则

编制全面预算应遵循以下原则：

（1）以明确的经营目标为前提。例如，如果确定了目标利润，就能相应地确定目标成本，编制有关销售收入和费用成本预算。

（2）保证预算的全面性、完整性。凡是影响目标实现的业务、事项，均应以货币或其他计量形式加以反映，尽量避免由于预算缺乏周详考虑而影响目标的实现。预算指标间要相互衔接，钩稽关系要明确。

（3）积极可靠、留有余地。积极可靠是指要充分估计目标实现的可能性，不要把预算指标定得过低或过高，保证预算能在实际执行过程中充分发挥其指导和控制作用。为了应付实际工作的千变万化，预算又必须留有余地，具有一定的灵活性，以免在意外事项发生时，造成被动，影响平衡，以至于影响原定目标的实现。

四、全面预算的内容体系及其逻辑关系

1. 全面预算的内容体系

全面预算实质上反映了企业计划期间的全部经营活动及其成果，其内容包括经营预算、财务预算和资本预算三大部分。

1）经营预算

经营预算是反映企业计划期间日常经营活动方面的预算，主要包括销售预算、生产预算、直接材料预算、直接人工预算、制造费用预算、产品单位成本和期末产成品库存预算、销售及管理费用预算等。这些预算以价值量指标和实物量指标反映企业计划期间的收入、成本费用的构成情况。

2）财务预算

财务预算是反映企业计划期间的现金收支、财务状况和经营成果方面的预算，主要包括现金预算、预计利润表、预计资产负债表和预计现金流量表。这类预算总括反映经营预算和资本预算的最终结果。

3）资本预算

资本预算是企业为计划期间的投资项目而编制的预算。这类预算主要反映投资的规模、效益及其资金取得方式等。

上述各项预算内容前后衔接，在经营目标的统一驾驭下，构成了一个有机的预算体系。各项预算之间的关系，如图 8-1 所示。

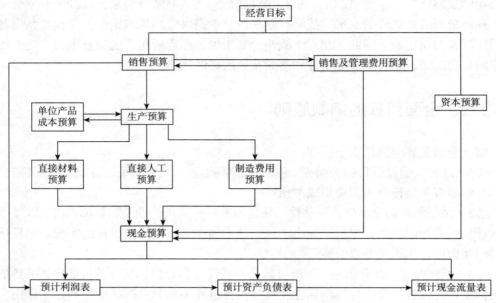

图 8-1　全面预算的构成及逻辑关系图

2. 全面预算编制的起点

预算编制起点即第一项开始编制的预算，它在预算内容体系中居于基准的地位，其合理性和准确性关系着整个预算内容体系的有效性。

如上所述，预算是实现企业战略目标的具体路径，所以编制预算以分析企业战略目标为基础，首先将企业战略具体化为企业的长期与短期计划。而在企业目标实现过程中，始终存在着约束企业发展和目标利润最大化实现的若干因素，而其中必有一个最主要、最严峻的约束因素。预算目标的确定及其实现均受制于该约束因素，预算的编制也就应该由与此因素直接相关的业务预算开始。在市场经济环境下，销售数量是绝大多数企业的约束因素，因此，销售预算便是通常意义上的全面预算编制起点，它的准确性决定着整个预算的有效性，为此必须结合企业目标的要求和科学的销售预测，认真地进行销售规划。

3. 各预算之间的连接

全面预算的内容体系具有系统性特征，业务预算与财务须算两者不仅缺一不可，而且它们是一个整体，相互支撑、相互依赖，是一个完整而紧密的系统。某些事件诸如某一个客户增加订货量会直接影响销售预算，同时就会出现多米诺骨牌现象，其他预算也必然受到影响。因此，在确定预算编制起始点的基础上，还应进一步弄清楚各预算之间的逻辑关系。对于典型的制造业而言，图 8-1 很好地显示了各预算之间的关系。

五、全面预算的编制程序

全面预算的编制通常由总经理负责并会同企业各有关方面的负责人，通过预算委员会组织施行，其编制步骤如下：

（1）成立由企业的总经理和分管各职能部门的负责人组成的预算委员会，负责领导和协调各职能部门及预算编制工作。

（2）由预算委员会提出预算期的企业生产经营总体目标及各部门的具体任务。

（3）由企业内部各职能部门的负责人根据企业生产经营总体目标及本部门应完成的具体任务，草拟分项预算。

（4）当各职能部门将其草拟的分项预算上报之后，由预算委员会从各部门的业务需要及可能条件出发，对各分项预算进行分析、汇总、审查和协调，并在此基础上汇总、编制企业预算期内的全面预算。

（5）由企业的最高管理部门对上述预算进行审查。

（6）预算委员会将已获最高管理部门批准的全面预算作为正式预算，下达给各职能部门实施执行。

■ 第二节 全面预算的编制

一、销售预算的编制

销售预算是规定预算期内各季度销售目标和实施计划的一种预算。它是全面预算的出发点，也是全面预算的关键，因为现代企业都是以销定产的，举凡产品的生产数量、材料、人工、设备和资金需要量等，都由预期的商品销售量所决定。在编制过程中，应根据有关年度内各季度市场预测的销售量和售价，确定计划期销售收入（有时要同时预计销售税金），并根据各季现销收入与回收赊销货款的可能情况来反映现金收入，为编制现金收支预算提供信息。

【例 8-1】 天阳企业是为电动车生产电池的专业制造厂家，从早期生产铅酸蓄电池开始，该企业因其良好的产品质量，已同国内数家电动车厂家之间建立了良好的合作关系。在国家优先发展绿色能源、建立低碳环保型社会的政策下，从 2010 年起，该企业开始专门生产一种新型、高效的锂离子高能电池，以磷酸铁锂（$LiFePO_4$）作为电池材料，抢占新型环保电池的市场。在计划年度（2011 年），该企业仍然只生产这一种锂离子高能电池，结合 2010 年的市场情况和生产情况，企业各部门分别编制了 2011 年各项基本业务预算和财务预算。

天阳企业每季的销售收入中有 50%能于当季收到现金，其余 50%在下季才能收到现金。基期（2010 年）期末的应收账款余额为 40 000 元，这些销货款将于 2011 年的第一季度收回现金。该企业计划年度的分季销售预算如表 8-1 和表 8-2 所示。

表 8-1　2011 年度销售预算

项目	第一季度	第二季度	第三季度	第四季度	全年
预计销售量/个	1 000	1 200	1 600	1 200	5 000
售价/元	100	100	100	100	100
预计销售收入/元	100 000	120 000	160 000	120 000	500 000

表 8-2　2011 年度预计销售现金收入计算表（单位：元）

项目	金额	各季度现金收入			
		一	二	三	四
上年年末应收销货款	40 000	40 000			
第一季度销售收入	100 000	50 000	50 000		
第二季度销售收入	120 000		60 000	60 000	
第三季度销售收入	160 000			80 000	80 000
第四季度销售收入	120 000				60 000
本年年末应收销货款	60 000				
全年现金收入合计	480 000	90 000	110 000	140 000	140 000

二、生产预算的编制

　　生产预算主要用来具体安排企业在预算期内的生产活动，确定预算期内有关产品的生产数量及其分布状况。有了销售预算以后，我们就可根据它的预计销售量按产品名称、数量分别编制生产预算。但应该注意的是，计划期间除必须备有足够的产品以供销售外，还应考虑到计划期期初的产成品和计划期期末的预计产成品库存水平，目的就是要尽可能地避免存货过多造成的资金积压和浪费，或存货不足、无货销售导致收入下降的情况发生。因此，生产预算中的预计产品生产数量可按以下公式计算：

　　预计生产量=（预计销售量+预计期末产成品存货量）-预计期初产成品存货量

　　【例 8-2】　天阳企业预算年度内每季季末产成品存货占其下季销售量的 10%，预算年度末产成品存货量为 150 个，预算年度初产成品存货量为 100 个。据此编制该企业预算年度的生产预算，如表 8-3 所示。

表 8-3　2011 年度生产预算（单位：个）

项目	第一季度	第二季度	第三季度	第四季度	全年
预计销售量	1 000	1 200	1 600	1 200	5 000
加：预计期末产成品存货	120	160	120	150	150
减：预计期初产成品存货	100	120	160	120	100
预计生产量	1 020	1 240	1 560	1 230	5 050

　　需要说明，年度生产预算编好以后，还应根据企业的具体情况安排生产进度日程表。一般的，生产进度可以在计划期内均衡地进行，也可以集中地进行。

三、直接材料预算的编制

预计生产量确定以后，以生产预算为基础，考虑期初、期末材料存货的合理水平及其变动，可编制直接材料预算。预计直接材料采购量可按下式计算：

预计直接材料采购量=（预计生产需用量+预计期末材料库存量）
－预计期初材料库存量

根据计算所得的预计直接材料采购量，不仅可以安排预算期内的采购计划，同时也可得到直接材料预算额，其计算公式为

直接材料预算额=预计直接材料采购量×直接材料单价

在实际生产中，直接材料采购预算下面往往还附有计划期间的预计现金支出计算表，列示直接材料采购的现金支出预计，以便为现金预算的编制提供资料，直接材料采购现金支出包括前期应付购料款的偿还和本期购料款的支出。

【例 8-3】 天阳企业生产单位产品的直接材料耗用量为 4 千克，单价为 2 元，预算期内每季季末存料量占其下季生产需用量的 20%，预算期期末存料量为 2 000 千克，预算期期初存料量为 1 000 千克，每季材料采购在当季付款的占 50%，其余部分在下季付款。该企业预算期期初的应付账款余额为 5 000 元，根据上述资料编制该企业预算年度的直接材料预算，如表 8-4 和表 8-5 所示。

表 8-4 2011 年度直接材料预算

项目	第一季度	第二季度	第三季度	第四季度	全年
预计生产量/个	1 020	1 240	1 560	1 230	5 050
产品单耗/千克	4	4	4	4	4
生产用量/千克	4 080	4 960	6 240	4 920	20 200
加：期末存料量	992	1 248	984	2 000	2 000
减：期初存料量	1 000	992	1 248	984	1 000
预计材料采购量/千克	4 072	5 216	5 976	5 936	21 200
材料单价/元	2	2	2	2	2
预计材料预算额/元	8 144	10 432	11 952	11 872	42 400

表 8-5 2011 年度预计材料采购现金支出计算表（单位：元）

项目	金额	各季度现金收入			
		一	二	三	四
上年年末应付账款	5 000	5 000			
第一季度采购额	8 144	4 072	4 072		
第二季度采购额	10 432		5 216	5 216	
第三季度采购额	11 952			5 976	5 976
第四季度采购额	11 872				5 936
本年年末应付账款	5 936				
材料采购现金支出合计	41 464	9 072	9 288	11 192	11 912

四、直接人工预算的编制

直接人工预算也是以生产预算为基础进行编制的，其计算公式如下：

直接人工预算额=预计生产量×单位产品直接人工工时×小时工资率

在通常情况下，企业产品生产耗用的直接人工工种往往不止一种，由于工种不同，小时工资率也不一样，这时直接人工预算则须按工种类别分别计算，然后汇总求直接人工预算总额。

【例 8-4】 天阳企业计划期间所需直接人工只有一个工种，现根据生产预算的预计产量、有关直接人工的工时定额和工资率的资料，编制直接人工预算，如表 8-6 所示。

表 8-6 2011 年度直接人工预算

项目	第一季度	第二季度	第三季度	第四季度	全年
预计生产量/个	1 020	1 240	1 560	1 230	5 050
产品工时/小时	10	10	10	10	10
直接人工小时总数/小时	10 200	12 400	15 600	12 300	50 500
小时工资率/（元/小时）	4	4	4	4	4
预计直接人工总额/元	40 800	49 600	62 400	49 200	202 000

五、制造费用预算的编制

制造费用预算是除直接材料和直接人工以外的其他产品成本的计划。制造费用按其成本性态可划分为变动费用和固定费用两类。在制造成本法下，变动费用和固定费用两部分都包括在产品成本中；在变动成本法下，只有变动制造费用计入产品成本，固定制造费用直接列入损益表作为当期产品销售收入的一个抵减项目。因此，在编制制造费用预算时，通常将两类费用分别进行编制。

变动制造费用与生产量之间存在着线性关系，其计算公式为

变动制造费用预算额=预计生产量×单位产品预定分配率

固定制造费用与生产量之间不存在线性关系，其预算通常都是根据上年的实际水平经过适当的调整而取得。此外，在制造费用预算中通常还包括现金支出计算表，为以后编制现金预算提供必要资料。但必须注意，固定资产折旧作为一项固定制造费用，由于其不涉及现金的支出，因此在编制制造费用预算计算现金支出时，需要将其从固定制造费用中扣除。

【例8-5】 天阳企业预算年度的变动制造费用预算 101 000 元（其中间接人工 23 000 元，间接材料 27 000 元，维修费 18 000 元，水电费 26 000 元，机物料消耗 7 000 元）；固定制造费用预算 80 000 元（其中维修费 15 000 元，折旧费 24 000 元，管理费 30 000 元，保险费 6 000 元，财产税 5 000 元）。并且该企业的变动制造费用分配率按直接人工工时计算，以现金支付的各项制造费用均于当期付款。求出变动制造费用分配率为

变动制造费用分配率=变动制造费用合计÷预算期直接人工小时总数

=101 000÷50 500=2（元/小时）

固定制造费用作为间接费用，按季进行平均分配，计算如下：

每季固定费用支出=80 000÷4=20 000（元）

每季折旧费=24 000÷4=6 000（元）

根据所求出的变动制造费用分配率可编制预计制造费用现金支出计算表，如表 8-7 所示。

表 8-7　2011 年度预计制造费用现金支出计算表

项目	第一季度	第二季度	第三季度	第四季度	全年
直接人工小时总数/小时	10 200	12 400	15 600	12 300	50 500
变动制造费用分配率/（元/小时）	2	2	2	2	2
变动费用现金支出/元	20 400	24 800	31 200	24 600	101 000
加：固定费用支出	20 000	20 000	20 000	20 000	80 000
减：折旧费	6 000	6 000	6 000	6 000	24 000
现金支出合计	34 400	38 800	45 200	38 600	157 000

六、产品单位成本和期末产成品存货预算的编制

编好以上五种业务预算后，即可编制产品单位成本和期末产成品存货预算，为正确计算预计损益表中的产品销售成本和预计资产负债表中的期末产成品存货提供资料。

【例 8-6】 根据例 8-1~例 8-5 有关资料，编制天阳企业预算年度的产品单位成本和期末产成品存货预算，如表 8-8 所示。

表 8-8　2011 年度产品单位成本和期末产成品存货预算

成本项目	单耗	单价	单位成本
直接材料	4 千克	2 元	8 元
直接人工	10 小时	4 元	40 元
制造费用	10 小时	2 元	20 元
本年投入单位产品的变动生产成本			68 元
期末存货预算	期末存货数量		150 个
	产品单位成本		68 元
	期末存货金额		10 200 元

注：若用制造成本法，则产品单位成本还要加上单位固定制造费用，该费用为 15.84（80 000÷5 050）元，则产品单位成本为 83.84（68+15.84）元

七、销售及管理费用预算的编制

销售及管理费用预算包括预算期内将发生的制造费用以外的各项费用，变动费用与固定费用需分开列示。这项预算通常也包括计划期间预计销售与管理费用的现金支出计

算，以便编制现金预算。

【例 8-7】 根据例 8-1~例 8-6 有关资料，编制 2011 年度销售及管理费用预算表，如表 8-9 所示，并编制计划期间预计销售及管理费用现金支出计算表，如表 8-10 所示。

表 8-9 2011 年度销售及管理费用预算表（单位：元）

变动费用		固定费用	
项目	金额	项目	金额
销售人员工资及佣金	4 000	管理人员工资	8 000
运输费	12 000	广告费	10 000
办公费	4 000	保险费	4 000
		财产税	2 000
合计	20 000	合计	24 000

表 8-10 2011 年度预计销售及管理费用现金支出计算表（单位：元）

项目	第一季度	第二季度	第三季度	第四季度	全年
预计销售量/个	1 000	1 200	1 600	1 200	5 000
变动销售与管理费用分配率/（元/个）	4	4	4	4	4
变动销售与管理费用支出/元	4 000	4 800	6 400	4 800	20 000
加：固定销售与管理费用	6 000	6 000	6 000	6 000	24 000
现金支出合计	10 000	10 800	12 400	10 800	44 000

假设天阳企业在预算期的变动销售与管理费用按销售量计算分配率，则：

变动销售与管理费用分配率=20 000÷5 000=4（元/个）

平均每季固定费用支出=24 000÷4=6 000（元）

八、资本预算

在预算期内，如果发生重大的长期性投资活动，如厂房设备的购置、改建、扩建，技术更新改造，资源的开发、利用，以及企业并购等，企业还必须逐项分别编制专门预算（即资本预算），最终汇总形成资本总预算。其基本内容包括决策项目预计投资额与投资时间、预计投资收益及收益时间等。此处为简化问题而不对此部分内容进行示例。

九、现金预算的编制

现金预算是概括地反映企业在整个预算期内现金收支余缺及其筹集与运用情况的预算，是企业现金管理的重要工具。编制现金预算的主要目的是测算企业在预算期间现金收入与现金支出的吻合程度，以及不吻合的时间与数额，以便采取措施，合理地安排和调度资金，避免资金的积压或短缺，提高资金的使用效率。以天阳企业为例，编制的依据是表 8-2、表 8-5~表 8-7、表 8-10。

现金预算一般包括四个组成部分：

（1）现金收入。这部分包括期初的现金余额和预算期应收的现金收入。一般说来，现金收入的主要来源是销售收入和应收账款的收回，可从表8-2中获得该项资料。

（2）现金支出。这部分包括预算期全部现金支出，除上述预算中已列出的材料、工资、费用、资本方面的现金支出外（表8-5~表8-7、表8-10），还包括上交所得税、支付股息、固定资产投资支出、归还债务的本金等其他方面的现金支出。

（3）现金剩余或不足。这部分将现金收入总额与现金支出总额进行轧抵，如收入大于支出，即出现剩余，可用来归还以前借款，或用来进行短期投资；如收入小于支出，即出现缺额，则应筹措补足。

（4）资金的筹集和运用。这部分以现金余缺额为出发点，列示企业在计划期内因资金不足而预计向银行等单位借款以及还本付息等的情况，如果有除银行借款以外的其他方式筹资或对外投资等的情况，也在此部分反映。

在完成初步的现金预算以后，我们就可以知道企业在计划期间需要多少经营资金，财务主管人员就可据以预先安排和筹措资金来满足各个时期的需要。为了有计划地安排和筹措资金，现金预算的编制期间越短越好，可以按旬、周、日编制，但是最常见的还是年度分季，或季度分月进行编制。

【例8-8】 根据例8-1~例8-7资料，天阳企业规定预算期内的现金余额最低限额为10 000元，最高为15 000元，另外，该企业计划每季交纳所得税2 500元、支付股利2 000元。专门决策计划第一季度购置生产设备10 000元，第四季度购置生产设备5 000元，预算期期初现金余额为10 000元。现金预算如表8-11所示。

表8-11 2011年度现金预算（单位：元）

项目	资料来源	第一季度	第二季度	第三季度	第四季度	全年
（一）现金收入						
期初现金金额	上期期末	10 000	11 228	10 240	14 548	10 000
加：本期现金收入	表8-2	90 000	110 000	140 000	140 000	480 000
现金收入合计①		100 000	121 228	150 240	154 548	490 000
（二）现金支出						
直接材料	表8-5	9 072	9 288	11 192	11 912	41 464
直接人工	表8-6	40 800	49 600	62 400	49 200	202 000
制造费用	表8-7	34 400	38 800	45 200	38 600	157 000
销售及管理费用	表8-10	10 000	10 800	12 400	10 800	44 000
预计所得税		2 500	2 500	2 500	2 500	10 000
预计设备购置	资本预算	10 000			5 000	15 000
预计支付股利		2 000	2 000	2 000	2 000	8 000
现金支出合计②		108 772	112 988	135 692	120 012	477 464
（三）现金结余或不足③	③=①-②	-8 772	8 240	14 548	34 536	12 536
（四）资金的筹集与运用						
向银行借款		20 000	2 000			22 000
偿还借款					22 000	22 000
支付利息(年利率8%)					1 720	1 720
期末现金余额		11 228	10 240	14 548	10 816	10 816

注：向银行借款数除需抵补现金支出轧抵的不足数外，还要保证期末最低余额10 000元。如果结余现金超过15 000元的最高限额，就需归还借款并支付利息。假设天阳企业借款、筹资在期初，还款、支付各种利息在期末，则第四季度末归还22 000元，需支付的利息=（20 000×8%）+（2 000×3÷4×8%）=1 720（元）

十、预计损益表的编制

根据以上所编制的有关预算，即可汇总编制企业预算期的预计损益表。预计损益表是用来综合反映企业在计划期间生产经营的财务情况，并作为预计企业经营活动最终成果的重要依据，是最重要的预算表之一，一般按变动成本法编制。编制依据是销售预算表、预计制造费用现金支出计算表、产品单位成本和期末产成品存货预算表、预计销售及管理费用现金支出计算表、现金预算表以及资本预算资料。

【例 8-9】 天阳企业根据表 8-1、表 8-7、表 8-8、表 8-10、表 8-11 以及资本预算资料，编制预算年度分季的预计损益表，如表 8-12 所示。

表 8-12 2011 年度预计损益表

项目	资料来源	第一季度	第二季度	第三季度	第四季度	全年
销售数量/个	表 8-1	1 000	1 200	1 600	1 200	5 000
预计销售收入/元	表 8-1	100 000	120 000	160 000	120 000	500 000
减：变动成本						
其中：制造成本	表 8-8	68 000	81 600	108 800	81 600	340 000
销售及管理费用	表 8-10	4 000	4 800	6 400	4 800	20 000
边际贡献总额/元		28 000	33 600	44 800	33 600	140 000
减：固定成本						
其中：制造费用	表 8-7	20 000	20 000	20 000	20 000	80 000
销售及管理费用	表 8-10	6 000	6 000	6 000	6 000	24 000
营业利润/元		2 000	7 600	18 800	7 600	36 000
减：利息支出	表 8-11				1 720	1 720
税前利润		2 000	7 600	18 800	5 880	34 280
减：预计所得税	表 8-11	2 500	2 500	2 500	2 500	10 000
税后利润		−500	5 100	16 300	3 380	24 280

十一、预计资产负债表的编制

预计资产负债表预计的是企业在计划期期末时的财务状况，可以反映各有关资产、负债及所有者权益项目的预算执行结果。它是在预算期期初资产负债表的基础上，根据前述预算的有关资料加以分析、计算而编制的。

【例 8-10】 天阳企业预算期期初的资产负债表如表 8-13 所示，现根据例 8-1~例 8-9 的有关资料编制该企业预算期期末资产负债表，如表 8-14 所示。

表 8-13 期初资产负债表（单位：元）

2010 年 12 月 31 日

资产	金额	负债及所有者权益	金额
流动资产		流动负债	
现金	10 000	应付账款	5 000
应收账款	40 000	小计	5 000
库存材料	2 000		
库存产成品	6 800		
小计	58 800	所有者权益	
固定资产		普通股	1 440 000
固定资产原值	1 500 000	留存收益	13 800
减：累计折旧	100 000	小计	1 453 800
固定资产净值	1 400 000		
合计	1 458 800	合计	1 458 800

表 8-14 期末资产负债表（单位：元）

2011 年 12 月 31 日

资产	资料来源	年初数	年末数	负债及所有者权益	资料来源	年初数	年末数
流动资产				流动负债			
现金 1)	表 8-11	10 000	10 816	应付账款 7)	表 8-5	5 000	5 936
应收账款 2)	表 8-2	40 000	60 000	银行借款	表 8-11	0	0
库存材料 3)	表 8-4	2 000	4 000	小计		5 000	5 936
库存产成品 4)	表 8-8	6 800	10 200				
小计		58 800	85 016				
固定资产				所有者权益			
固定资产原值 5)	表 8-11	1 500 000	1 515 000	普通股	表 8-13	1 440 000	1 440 000
减：累计折旧 6)	表 8-7	100 000	124 000	留存收益 8)	表 8-11、表 8-12	13 800	30 080
固定资产净值		1 400 000	1 391 000	小计		1 453 800	1 470 080
合计		1 458 800	1 476 016	合计		1 458 800	1 476 016

1）见表 8-11，预算期期初现金余额 10 000 元，预算期期末现金余额 10 816 元

2）见表 8-2，预算期期初应收账款 40 000 元，预算期期末应收账款余额 60 000 元

3）见表 8-4，预算期期初材料余额：1 000×2=2 000（元）；预算期期末材料余额：2 000×2=4 000（元）

4）见表 8-8，预算期期初产成品余额：100×68=6 800（元）；预算期期末余额：150×68=10 200（元）

5）见表 8-11，预算期期初余额 1 500 000 元；预算期期末余额：15 000+1 500 000=1 515 000（元）

6）见表 8-7，预算期期初余额 100 000 元；预算期期末余额：24 000+100 000=124 000（元）

7）见表 8-5，预算期期初余额 5 000 元；预算期期末余额 5 936 元

8）见表 8-11、表 8-12，留存收益期末余额=预算期期初余额+预算期内所获净利润−预算期内支付的股利=138 00+24 280−8 000=30 080（元）

■ 第三节　预算编制的具体方法

第二节所讲述的编制问题只是一般意义上的编制，在实务操作层面上需要根据不同情况来选择不同的编制方法。本节将详细介绍预算的各类编制方法。

一、固定预算与弹性预算

按照编制预算方法的业务量基础不同，预算编制方法可分为固定预算和弹性预算两种。

（一）固定预算

固定预算又称静态预算，即根据预算期内预计可实现的某一水平的业务量而编制的预算。其基本特点是固定预算不考虑预算期内业务量水平可能发生的不同变动，完全以某一设定的业务量水平为基础确定与之相对应的预算标准。

固定预算方法的缺点如下：

（1）过于机械呆板。因为编制预算的业务量基础是事先假定的某个业务量，不论预算期内业务量水平可能发生哪些变动，都只将事先确定的某一个业量水平作为编制预算的基础。

（2）可比性差。当实际的业务量与编制预算所根据的业务量发生较大差异时，有关预算指标的实际数与预算数就会因业务量基础不同而失去可比性。在实际工作中，市场形势变化或季节性原因，往往会使各月的实际业务量水平起伏波动，致使实际的月费用开支与原预算的平均每月开支不能相互比较。例如，例 8-3 中天阳企业第一季度预计生产量为 1 020 个电池，而实际生产量为 1 200 个。实际生产 1 200 个所发生的费用与预计生产 1 020 个所发生的费用的差异，既包括费用水平变动的影响，也包括产量变动的影响，这使实际生产 1 200 个的费用开支与预计生产 1 020 个的费用开支缺乏可比性。原来的预算也就不能起到协调和控制的作用。因此，按照固定预算方法编制的预算不利于正确地控制、考核和评价企业预算的执行情况。

固定预算一般适用于业务量水平较为稳定的企业或非营利组织编制预算。

（二）弹性预算

1. 弹性预算的含义

弹性预算又称变动预算，是指在成本习性分析的基础上，以业务量、成本和利润之间的依存关系为依据，按照预算期可预见的各种业务量水平，编制能够适应多种情况预算的方法。

编制弹性预算所依据的业务量可以是产量、销售量、直接人工小时、机器工时、材料消耗量和直接人工工资等。

业务量范围是指弹性预算所适用的业务量区间。业务量范围的选择应根据企业的具体情况而定。一般来说，可定在正常生产能力的 70%~110%，或以历史上最高业务量或最低业务量为其上下限。

2. 弹性预算的编制

编制弹性预算时，首先必须将有关预算中的全部成本费用分为固定部分和变动部分。对于固定成本（费用）而言，由于它不随着业务量的增减变化而变化，因此在编制弹性预算时，不论业务量为多少，都无须变动原固定预算数；对于变动成本（费用）而言，由于它随着业务量的变化而成正比例地增减变化，因此在编制弹性预算时，应按不同的业务量对原定预算数进行适当的调整。

弹性预算主要包括成本弹性预算和利润弹性预算。

（1）成本弹性预算。在生产成本构成中，与特定的产品生产直接相联系的直接材料和直接人工是变动成本，随业务量的变动成正比例变动，通常按产品分别指定其每单位的消耗标准，即用标准成本分别乘以预算期内的生产量，即可得到基于不同生产水平的预算数，以此作为控制的依据。现以制造费用预算为例介绍弹性成本预算的编制。

【例 8-11】 续例 8-10，编制天阳企业制造费用弹性预算表，业务量间隔 10%，如表 8-15 所示。

表 8-15 2011 年度制造费用弹性预算（单位：元）

成本明细项目	每工时费用分摊率	不同业务时对应的预算数			
		（4 545 个）45 450 工时	（5 050 个）50 500 工时	（5 555 个）55 550 工时	（6 060 个）60 600 工时
变动费用					
间接人工	0.46	20 907	23 230	25 553	27 876
间接材料	0.53	24 089	26 765	29 442	32 118
维修费	0.36	16 362	18 180	19 998	21 816
水电费	0.51	23 180	25 755	28 331	30 906
机物料消耗	0.14	6 363	7 070	7 777	8 484
小计		90 901	101 000	111 101	121 200
固定费用					
维修费		15 000	15 000	15 000	15 000
折旧费		24 000	24 000	24 000	24 000
管理费		30 000	30 000	30 000	30 000
保险费		6 000	6 000	6 000	6 000
财产税		5 000	5 000	5 000	5 000
小计		80 000	80 000	80 000	80 000
制造费用合计		170 901	181 000	191 101	201 200

需要指出，表 8-15 中固定费用部分在整个相关范围内均保持不变，故这部分仍属固定预算性质，所谓弹性预算仅相对变动费用部分而言。

总之，编制弹性预算可以根据实际业务量水平，选用相应业务量水平的费用预算数与实际支付数进行对比，这就便于管理人员在事前据以严格控制费用开支，也利于在事后细致分析各项费用节约或超支的原因。

（2）利润弹性预算。利润弹性预算是以计划期内预计的不同销售量作为出发点，按照成本性态，从不同销售量水平的销售收入中扣减相应的成本，计算出可能实现的利润或发生的亏损。因此，利润弹性预算是以成本弹性预算为基础编制的，其主要内容包括销售量、价格、单位变动成本、边际贡献和固定成本。

【例 8-12】 续例 8-11，该企业计划期内根据相关资料编制利润弹性预算，如表 8-16 所示。

表 8-16　2011 年度弹性利润预算表

项目	单位预算金额	不同销售水平下的弹性预算		
销售量/个		4 500	5 000	5 500
销售收入/元	100	450 000	500 000	550 000
减：变动成本				
制造成本	68	306 000	340 000	374 000
销售及管理费用/元	4	18 000	20 000	22 000
边际贡献/元	28	126 000	140 000	154 000
减：固定成本				
制造费用		80 000	80 000	80 000
销售及管理费用/元		24 000	24 000	24 000
营业利润/元		22 000	36 000	50 000

3. 弹性预算的优缺点

综上所述，与固定预算相比，弹性预算克服了固定预算的缺点，具有如下两个显著的优点：

（1）预算范围较宽。弹性预算不再是只适应一个业务量水平的个别预算，而是能够随业务量水平的变动作机动调整的一组预算。因此，弹性预算能够反映预算期内与一定相关范围内的可预见的多种业务量水平相对应的不同预算额，从而扩大了预算的适用范围，便于预算指标的调整。

（2）可比性较强。在预算期实际业务量与计划业务量不一致的情况下，可以将实际指标与实际业务量相应的预算额进行对比，从而能够使预算的执行与考核建立在更加客观可比的基础上，便于更好地发挥预算的控制作用。

未来业务量的变动会影响到成本费用、利润等各个方面，因此，弹性预算从理论上讲适用于编制全面预算中所有与业务量有关的各种预算，但从实用角度看，主要用于编制成本弹性预算和利润弹性预算等。在实务中，由于收入、利润可按概率的方法进行风险分析预算，直接材料、直接人工可按标准成本制度进行标准预算，而制造费用、营业费用、管理费用等间接费用应用弹性预算的频率较高。

弹性预算的最大缺点是工作量较大。我们必须了解预算中每个费用项目的成本性态模式，即知道每单位作业的变动成本和每个项目的固定成本。

二、增量预算与零基预算

按照编制预算方法的出发点不同，预算编制方法可分为增量预算和零基预算两种。

（一）增量预算

增量预算是指以基期成本费用水平为基础，结合预算期业务量水平及有关降低成本的措施，通过调整有关原有费用项目而编制预算的方法。

增量预算法的基本假定如下：

（1）企业现有（基期）的各项活动在预算期内将得以继续。

（2）现有（基期）的全部支出数额、水平均是合理的。

（3）有理由证明在现有（基期）成本费用支出基础上的增量数是合理、必要的。

增量预算以过去的经验为基础，实际上是承认过去所发生的一切都是合理的，主张不需在预算内容上作较大改进，而是沿袭以前的预算项目。这种方法可能存在以下缺点：

（1）受到原有费用项目与预算内容的限制。由于按增量预算方法编制预算，可能会不加分析地保留或接受原有的成本项目，可能使原来不合理的费用开支继续存在下去，形成不必要开支合理化，造成预算上的浪费，甚至可能导致保护落后。

（2）容易导致预算中的"平均主义"和"简单化"。采用此法，容易造成预算编制人员凭主观臆断按成本项目平均削减预算或只增不减的现象，不利于调动各部门降低费用的积极性。

（3）可能对企业未来发展考虑不够充分。按照这种方法编制的费用预算，对于那些未来实际需要开支的项目，可能会因没有考虑未来情况的变化而造成预算不够确切的问题。

（二）零基预算

1. 零基预算的含义

零基预算是由美国德州仪器公司担任财务预算工作的彼得·A. 派尔（Peter A. Pyhrr）在 20 世纪 60 年代末提出的。在当时的美国风行一时，现已成为西方发达国家管理间接费用的一种有效方法。

零基预算，又称零底预算，是指在编制预算时，对于所有的预算支出均以零为基础，不考虑以往情况如何，从根本上研究、分析每项预算是否有支出的必要和支出数额的大小。这种预算方法不以历史数据为基础，而以零为出发点，零基预算法因此而得名。

2. 零基预算的编制

零基预算通常按以下三个步骤进行编制：

（1）提出预算目标。企业内部各部门的负责人和广大职工群众，首先应根据企业在预算期内的总体经营目标和本部门应完成的具体工作任务，在充分酝酿讨论的基础上，提出必须安排的预算项目，并说明其性质、目的，以零为基础，详细提出各预算项目所需要的开支或费用。

（2）开展成本效益分析。由企业领导、总会计师等参与的预算委员会应对各部门提出的预算方案进行成本效益分析。对每个预算项目的所得和所耗进行计算、对比，以计算、对比的结果来衡量和评价各该预算项目的经济效益，然后区别轻重缓急，排列出所有预算项目的先后次序。

（3）分配资金、落实预算。根据成本效益分析所确定预算项目的轻重缓急和先后顺序，将企业可动用的资金在各有关项目之间进行合理的分配。其原则是，既要优先保证重点预算项目的资金需要，又要使预算期内的各项生产经营活动得以均衡、协调发展。

【例 8-13】　假设某企业现在正着手编制下年度的全面预算，其中销售和管理费用预算准备以零为基础进行编制。该企业下年度计划可用于销售和管理方面的资金总额为 30 000 元。销售和行政管理费零基预算编制方法如下。

首先，由销售及管理部门的负责人及全体职工，根据预算年度的企业总体战略目标和本部门的具体工作任务，经过反复讨论研究，一致认为本部门预算期间需发生以下费用项目，提出具体数额如表 8-17 所示。

表 8-17　有关费用开支明细表（单位：元）

项目	金额
广告宣传费	15 000
驻外地推销机构租金	8 000
销售、管理人员培训费	8 000
差旅费	3 000
办公费	4 000

其次，经企业预算委员会审核后，认为上述五项费用中，驻外地推销机构租金、差旅费和办公费属于必不可少的开支项目，预算期必须保证它们的资金需要，其余的两项费用支出，根据历史资料，进行成本效益分析，得出的结果如表 8-18 所示。

表 8-18　有关费用成本收益分析一览表

项目	每期平均费用发生额/元	每期平均收益额/元	收益与成本的比率
广告宣传费	12 000	180 000	15
销售、管理人员培训费	6 000	60 000	10

最后，把上述五个费用项目按照它们的具体性质和轻重缓急，排出如下层次：

第一层次，驻外地销售机构租金、差旅费、办公费。属于约束性固定成本，在预算期间必不可少，需全额保证资金到位，故列为第一层次。

第二层次，广告宣传费。属于酌量性固定成本，可根据预算期间企业可供应资金的多少酌情增减，同时由于它的成本收益率高于销售、管理人员培训费，所以列为第二层次。

第三层次，销售、管理人员培训费。也属于酌量性固定成本，可根据预算期间企业可供应资金的多少酌情增减，由于它的成本收益率低于广告宣传费的成本收益率，所以列为第三层次。

　　根据以上各项费用排列的层次和顺序，具体分配资金、落实预算如下：驻外地推销机构租金 8 000 元，差旅费 3 000 元和办公费 4 000 元，共计 15 000 元应首先安排，全额予以满足。可动用的 30 000 元资金满足上述三项开支需求后，剩余的 15 000 元根据成本效益比率，具体分配如下：

　　广告宣传费=15 000×15÷（15+10）=9 000（元）

　　销售、管理人员培训费=15 000×10÷（15+10）=6 000（元）

3. 零基预算的优缺点

零基预算的优点主要体现在以下几个方面。

　　（1）不受原有费用项目限制。这种方法可以促使企业合理有效地进行资源分配，将有限的资金用在刀刃上。

　　（2）有利于调动各方面降低费用的积极性。这种方法有利于充分发挥各级管理人员的积极性、主动性和创造性，促进各预算部门精打细算，量力而行，合理使用资金，提高资金的利用效果。

　　（3）有助于考虑企业未来的发展。由于这种方法以零为出发点，对一切费用一视同仁，有利于企业面向未来发展考虑预算问题。

　　零基预算的缺点在于这种方法一切从零出发，在编制费用预算时需要完成大量的基础工作，如历史资料分析、市场状况分析、现有资金使用分析和投入产出分析等，这势必带来很大的工作量，也需要较长的编制时间。

三、定期预算与滚动预算

按照编制预算方法的预算期不同，预算编制方法可分为定期预算和滚动预算两种。

（一）定期预算

定期预算是指在编制预算时以不变的会计期间（如日历年度）作为预算期的一种编制预算的方法。

定期预算的优点是能够使预算期间与会计年度相配合，便于考核和评价预算的执行结果。然而，按照定期预算方法编制也存在以下缺点：

　　（1）缺乏远期指导性。由于定期预算往往是在年初甚至提前两三个月编制的，对整个预算年度的生产经营活动很难做出准确的预算，尤其是对预算后期的预算只能进行笼统的估算，数据含糊，缺乏远期指导性，给预算的执行带来很多困难，不利于对生产经营活动的考核与评价。

　　（2）造成预算滞后性。由于定期预算不能随情况的变化及时调整，当预算中所规划的各种经营活动在预算期内发生重大变化时（如预算期临时中途转产），就会造成预算滞后过时，使之成为虚假预算。

为了克服定期预算的缺点，在实践中可采用滚动预算的方法编制预算。

（二）滚动预算

滚动预算又称连续预算，它是指预算随着时间的推移而自行延伸并始终保持在某一特定的期限（通常为一年）之内的一种连续性预算。它的基本精神就是使预算期永远保持 12 个月，每过一个月，立即在期末增列一个月的预算，逐期向后滚动，因而在任何一个时期都使预算保持 12 个月的时间幅度，故又称"永续预算"。

1. 滚动预算编制的理论依据

滚动预算编制的理论依据如下：第一，企业的生产经营活动是连续不断的，因此，企业的预算也应该全面地反映这一连续不断的过程，使预算方法与生产过程相适应；第二，企业的生产经营活动是复杂的，随着时间的变迁，它将产生各种难以预料的变化。此外，人们对未来客观事物的认识也是由粗到细、由简单到具体的过程，而滚动预算期中第一季度或前几个月的数字详细完整，后几个季度或几个月的数字可以粗略一些，从而能帮助我们克服预算的盲目性，避免预算与实际有较大的出入。

2. 滚动预算的编制

滚动预算的编制方法，主要采取了长计划、短安排的方式进行。在编制预算时，先按年度分季，并将其中第一季度按月划分，建立各月的明细预算数字，以便监督预算的执行。其他三季的预算数字可以粗一点，只列各季总数。到第一季度结束前，再将第二季度的预算按月细分，第三、第四季度以及增列的下一年度的第一季度，只需列出季度总数……以此类推。编制滚动预算的示意图如图 8-2 所示。

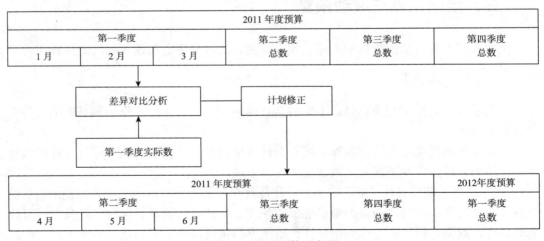

图 8-2　滚动预算示意图

3. 滚动预算的优缺点

与传统的定期预算相比，按滚动预算方法编制的预算具有以下优点：

（1）透明度较高。编制预算不再是预算年度开始之前几个月的事情，而是实现了与日常管理的紧密衔接，可以使管理人员始终能够从动态的角度把握住企业近期的规划目标和远期的战略布局，使预算具有较高的透明度。

（2）及时性较强。滚动预算能根据前期预算的执行情况，结合各种因素的变动影响，及时调整和修订近期预算，从而使预算更加切合实际，能够充分发挥预算的指导和控制作用。

（3）预算年度完整。滚动预算在时间上不再受日历年度的限制，能够连续不断地规划未来的经营活动，可以方便企业管理人员了解未来12个月内企业的总体规划与近期预算目标，能够确保企业管理工作的完整性与稳定性。

然而，采用滚动预算的方法，预算编制工作比较繁重，而且将耗费大量的人力、物力和财力，代价较大。所以，企业应根据实际情况来决定是否有必要选择这种预算方法，以及根据企业的实际需要来决定是按月滚动还是按季度滚动。

【本章小结】

本章介绍了全面预算的含义、作用、编制原则、内容体系及其逻辑关系以及编制程序；详细阐述了全面预算中经营预算、专门预算、财务预算的编制；最后对预算编制的专门方法，即弹性预算、零基预算及滚动预算等进行了介绍。

【关键术语】

全面预算　全面预算内容体系　全面预算编制程序　经营预算　专门预算　财务预算　弹性预算　零基预算　滚动预算

【思考题】

（一）什么是全面预算？编制全面预算的内容和原则是什么？

（二）全面预算包括哪些内容？它们之间的关系如何？

（三）为什么说销售预算是编制全面预算的基础和关键？怎样编制销售预算？

（四）简述现金预算编制的原理，并说明其编制目的。

（五）什么叫弹性预算？如何编制？它有哪些优点？其应用范围如何？

（六）什么是零基预算？如何编制？它有哪些特点和优点？

（七）什么叫滚动预算？编制滚动预算有什么好处？

【练习题】

1. 假定某公司计划期间第一季度产品各月的销售量根据销售预测分别为1 200件、1 500件、1 800件，其销售单价为50元。若该公司销售货款的收回按以下办法处理：销售当月收现50%，次月收现30%，第三个月收现20%。又假定计划期间的期初应收账款余额为20 000元，其中包括上年度11月销售的应收账款5 000元，12月销售的应收账款15 000元。

要求：编制该企业计划期间第一季度的分月销售预算（包括第一季度的预计现金收入计算表）。

2. 某企业以生产预算所确定的产品生产量为基础编制直接材料、直接人工和制造费用预算。该企业本年度1~6月的生产量预算如表8-19所示。

表 8-19 该企业本年度 1~6 月的生产量预算表

项目	1 月	2 月	3 月	4 月	5 月	6 月
生产预算/件	2 900	2 700	3 600	4 100	4 400	4 100

该企业所生产的某种产品的有关消耗定额资料如表 8-20 所示。

表 8-20 某产品消耗定额

项目	单位消耗量	单位价格
直接材料/千克	5	4
直接人工/小时	10	2
变动制造费用/小时	10	1
固定制造费用/元	120 000	

此外，该企业生产某产品所需材料均从外单位采购，购料款于当月支付 60%，下月支付 40%。每月末材料库存量为下月生产需用量的 20%。下年 1 月初材料库存量为 6 000千克，预计 6 月底材料库存量为 9 000 千克。应付账款年初余额 70 000 元于下年 1 月支付。该企业的生产工人工资均于当月支付。另外，固定制造费用中包含每月固定资产折旧费 50 000 元。

要求根据上述资料编制下列预算：

（1）直接材料预算。

（2）直接人工预算。

（3）制造费用预算。

（4）产品单位成本预算。

3. 某企业生产 A、B 两种产品，正常生产能力分别为 5 000 件和 4 000 件，单位售价分别为 75 元和 50 元，产品单位变动成本分别为 55 元和 45 元。该企业固定制造费用为50 000 元，固定性销售及管理费用为 40 000 元。

要求：

（1）按正常生产能力下的产品销售量编制该企业的预计利润表。

（2）按正常生产能力利用程度为 80%、90%、100% 和 110% 所能实现的销售量编制该企业的利润弹性预算。

4. 某企业 2010 年有关预算资料如下：

（1）该企业 3~7 月的销售收入分别为 40 000 元、50 000 元、60 000 元、70 000 元、80 000 元。每月销售收入中，当月收到现金的占 30%，下月收到现金的占 70%。

（2）各月直接材料采购成本按下月销售收入的 60% 计算。所购材料款于当月支付现金 50%，下月支付现金 50%。

（3）该企业 4~6 月的制造费用分别为 4 000 元、4 500 元、4 200 元，每月制造费用中包括折旧费 1 000 元。

（4）该企业 4 月购置固定资产，需要现金 15 000 元。

（5）该企业在现金不足时，向银行借款（为 1 000 元的倍数）；现金有多余时，归还银行借款（为 1 000 元的倍数）；借款在期初，还款在期末，借款年利率为 12%。

（6）该企业期末现金余额最低为 6 000 元。其他资料见表 8-21。

表 8-21　现金预算（单位：元）

项目	4 月	5 月	6 月
（1）期初现金余额	7 000		
（2）经营现金收入			
（3）直接材料采购支出			
（4）直接工资支出	2 000	3 500	2 800
（5）制造费用支出			
（6）其他付现费用	800	900	750
（7）预交所得税	—	—	8 000
（8）购置固定资产			
（9）现金余缺			
（10）向银行借款			
（11）归还银行借款			
（12）支付借款利息			
（13）期末现金余额			

要求：根据以上资料，完成该企业 4~6 月现金预算的编制工作。

5. 云阳公司经营甲、乙两种产品，有关资料如下。

（1）2011 年第一季度甲、乙两种产品的成本资料如表 8-22 和表 8-23 所示。

表 8-22　机工车间成本资料

项目	单耗	单价	甲产品单位成本	乙产品单位成本
直接材料				
A 材料				
甲产品用	10 千克	0.2 元	2.00 元	
乙产品用	9 千克	0.2 元		1.80 元
B 材料				
甲产品用	12 千克	0.10 元	1.20 元	
乙产品用	9 千克	0.10 元		0.90 元
材料成本小计			3.20 元	2.70 元
直接人工	0.10 小时	6 元	0.60 元	0.60 元
制造费用	0.10 小时	6 元	0.60 元	0.60 元
单位成本			4.40 元	3.90 元
产量			31 000 元	55 000 元
机工车间总成本			136 400 元	214 500 元

表 8-23 装配车间成本资料

项目	单耗	单价	甲产品单位成本	乙产品单位成本
直接材料				
C 材料				
甲产品用	12 千克	0.05 元	0.60 元	
乙产品用	9 千克	0.05 元		0.45 元
D 材料				
甲产品用	1 千克	1 元	1.00 元	
乙产品用	1 千克	1 元		1.00 元
材料成本小计			1.60 元	1.45 元
直接人工	0.20 小时	5 元	1.00 元	1.00 元
制造费用	0.20 小时	6 元	1.20 元	1.20 元
单位成本			3.80 元	3.65 元
产量			31 000 元	55 000 元
装配车间总成本			117 800 元	200 750 元

企业生产甲产品总成本为 254 200 元,单位成本为 8.20 元;乙产品总成本为 415 250 元,单位成本为 7.55 元。

(2)第一季度预计销售数量和单位售价见表 8-24。

表 8-24 第一季度预计销售数量和单位售价

地区	产品	单价/元	销售量/件			
			1 月	2 月	3 月	合计
华北	甲	15	6 000	6 000	5 000	17 000
	乙	12	10 000	10 000	11 000	31 000
华南	甲	15	4 000	5 000	5 000	14 000
	乙	12	8 000	8 000	8 000	24 000
合计	甲	15	10 000	11 000	10 000	31 000
	乙	12	18 000	18 000	19 000	55 000

(3)各月的预计月末存货等于下月的销售量,4 月的销售量见表 8-25。

表 8-25 各地区 4 月的销售量

地区	甲产品/件	乙产品/件
华北	6 000	10 000
华南	4 000	8 000
合计	10 000	18 000

各月预计期初存货与上月末预计的月末存货相等,2010 年 12 月 31 日甲、乙产品预

计月末存货分别为 10 000 件和 18 000 件

（4）各月预计的期初材料存货等于该月的生产需用量，期末材料存货等于下月的生产用量。2011 年 3 月末预计的材料存货如下：A 材料 262 000 千克，B 材料 282 000 千克，C 材料 282 000 千克，D 材料 28 000 千克。

（5）各车间制造费用预算与全企业共同性固定制造费用如表 8-26 和表 8-27 所示。

表 8-26　各车间制造费用预算

项目	机工车间		装配车间		机修车间	
	固定部分/元	变动部分/（元/人工小时）	固定部分/元	变动部分/（元/人工小时）	固定部分/元	变动部分（元/人工小时）
管理人员工资	3 000		4 800		1 100	
折旧	1 200		1 000			
工厂用料		1.00		2.00		
电力费	2 000	0.10	1 000	0.20		
间接人工					400	1.00
其他费用	400	0.90	600	0.80		2.50
合计	6 600	2.00	7 400	3.00	1 500	3.50

表 8-27　该企业共同性固定制造费用（单位：元）

项目	1 月	2 月	3 月
工资	6 000	6 000	6 000
折旧	4 000	4 000	4 000
其他	2 000	2 000	2 000
合计	12 000	12 000	12 000

机修车间各月直接维修小时为 1 月 300 小时、2 月 300 小时、3 月 400 小时。

（6）设 2010 年 12 月销售额为 35 000 元，在各当月销售收入中，有 50%可于当月收到现金，另有 50%将于下月收到现金。

（7）各月的销售及行政管理费如表 8-28 表示。

表 8-28　1~3 月销售及行政管理费

项目	1 月	2 月	3 月
销售及行政管理费用/元	54 600	56 100	55 800

每月销售及行政管理费用中，有折旧费 3 000 元。

（8）2011 年 3 月将购买若干生产设备，预计需用现金 30 000 元。

（9）2011 年 3 月初向银行借款 84 000 元，借款年利率 10%。1 月初现金余额 50 050 元，该企业最低现金余额（限额）50 000 元。

（10）2011 年 3 月 31 日各账户的余额：房屋 1 450 000 元，累计折旧 600 000 元；设备 1 000 000 元，累计折旧 425 000 元；应付票据 100 000 元；股本 1 000 000 元；资本

公积 400 000 元。2010 年 12 月 31 日留存收益 223 050 元。

要求：根据上述资料编制该企业 2011 年的全面预算，其中应包括销售预算、生产预算、直接材料预算、直接人工预算、制造费用预算、现金预算、预计损益表、预计资产负债表。

【案例分析】

被誉为"齐鲁之翼"的山东航空集团（简称山航集团）是 2000 年成立的国有大型一类航空运输企业集团。公司已拥有资产 45 亿元，经过 10 年的发展，山航集团以山东航空集团有限公司为母公司，形成以运输业为龙头，上下游产业相配套发展的经营格局，逐渐发展成为一个具有多种产业结构布局的综合性企业集团。

山航集团全面预算的编制主体十分复杂，成员单位企业性质复杂多样。2005 年年初，山航集团在综合平衡了各软件的特点和其他集团取得的经验之后，结合自身情况，决定首先从全面预算管理入手，这也是整个山航集团推出战略管理的重要组成部分以及实现全面信息化的第一步。

虽从全面预算管理入手，但山航集团着眼于未来集团信息化统一平台的建设，这次选型既要考虑企业现有特点及需求，能满足集团及下属企业全面预算管理的需要，能够建立全面预算管理体系优化企业的资源配置，保证集团公司总体财务目标的实现；又要能面向集中管理实现集团信息化统一平台建设，要求整个系统在战略上实行集中控制，整合所有资源，在战术上实行分布式经营，做到既降低经营风险，又发挥规模经济优势，协助集团实现战略性目标。

浪潮通软与山航集团财务部经过 6 个月的通力协作，全面预算管理系统于 2006 年 8 月成功验收，山航集团 2006 年全面预算也已经编制完成。

目前系统运行稳定，用户反映良好：实现了财务部门对整个生产经营活动的动态监控，加强了财务与其他部门之间的联系和沟通，全面预算控制制度的正常运行建立在规范的分析和考核的基础上，财务部门依据某个即时会计资料的反映和掌握的动态经济信息，系统分析各部门预算项目的完成情况和存在的问题，并提出纠偏的建议和措施，报经集团领导批准后，协同职能部门按规定的流程对各部门的预算执行情况进行全面考核，并把企业中的各种经济活动统一到企业整体发展目标上来，在集团内部形成上下一致的合力，推动着整个集团的高效运转。

一、全面预算信息系统的整体架构

全面预算信息系统的整体构架以集团的分级管理构架为基础，企业预算报表信息由集团公司成员单位根据集团确定的年度经营目标，将预算目标层层分解落实到企业内部各预算编制单位，并将本单位预算报表汇总上报到集团公司，集团公司借以对预算执行情况进行分析和监控，并实现对预算执行情况的考核和评价。

二、建立预算体系

全面预算管理是利用预算对各部门、各单位的各种财务及非财务资源进行分配、考核、控制，以便有效组织和协调企业的生产经营活动，完成既定的经营目标。业务预算、投资预算、筹资预算、财务预算共同构成企业的全面预算。

山航集团预算体系主要由以下部分构成。

（一）业务预算

1. 销售收入预算——销售部、货运部编制

2. 生产计划预算——企业管理与证券部编制

3. 人工预算——人力资源部编制

4. 航材采购及维修预算——机务工程部编制

5. 飞机及发动机维修预算——机务工程部编制

6. 物资采购与物料消耗预算——财务部编制

7. 业务成本预算——财务部编制

8. 销售费用预算——销售部、货运部编制

9. 管理费用预算——财务部编制

（二）投资预算

10. 固定资产投资预算——财务部编制

11. 权益性资本投资预算——企业管理与证券部编制

12. 债券投资预算——企业管理与证券部编制

（三）筹资预算

13. 筹资预算——财务部编制

14. 财务费用预算——财务部编制

（四）财务预算

15. 预计利润——财务部编制

16. 预计资产与负债——财务部编制

17. 预计现金流量——财务部编制

三、预算编制审批流程

山航集团按照"二下二上"的预算编制流程，首先下达预算目标，各企业单位根据"一下"目标并结合自身情况编制企业"一上"预算，在预算编制过程中进行平衡检查及控制检查，检查通过后上报汇总，集团对各单位上报的预算报表进行审查，对不符合要求的预算报表，填写审批意见发回原单位进行修改，预算报表审核审批通过后，结合企业预算情况及集团经营目标制定企业的预算指标，形成"二下"指标，下达企业，企业根据"二下"指标编制"二上"预算，"二上"预算要受"二下"指标控制，并进行平衡检查，检查通过后的预算数据上报上级公司，上级公司进行审批处理，对审批通过的预算进行汇总合并形成集团公司预算，集团公司将以此为依据，在预算期内，监督、控制预算的执行情况。

对执行过程通过对比分析、环比分析、定基分析等多种分析方法，可以对指标、预算项目、预算表进行分析，通过对预算执行情况差异分析，可以从单位（部门）、预算期间、预算项目、预算版本四维进行穿透分析，查找差异原因，为决策提供支持。

四、全面预算管理系统主要特点

（1）全面预算系统支持多种预算体系，可以实现包含业务预算、财务预算、资本预算及筹资预算等多种体系的全面预算管理。

（2）能够实现预算编制过程灵活，支持在一个会计年度内分阶段进行编制，也支持跨年度编制预算。可定义预算表格式，适合多种预算编制方法。

（3）支持滚动预算、弹性预算、增量预算、零基预算等编制方法，支持自上而下的集中预算的编制和分解、自下而上的预算编制和汇总，以及上下结合的预算编制流程。

（4）预算编制支持多种细化预算数据方式，可以从编制期间上进行细化，也可以从部门、专项上进行细化处理。

（5）支持预算表之间的推演，可定义表间的钩稽关系。

（6）灵活的功能权限和数据权限控制，不同人具有不同层次、不同数据的操作、修改、查看等权限，保证系统和数据的安全性。

（7）预算执行数据被动采集于其他业务系统，可直接共享为其他系统使用，实现事前预算和预警、事中控制；可同时在年、季、月、旬定义不同的控制方法，预算控制更灵活。

（8）预算分析灵活，可以进行预算对比分析、预算差异分析、预算环比分析、预算定基分析、预算穿透分析等多种分析，满足预算管理的需要。

五、应用评价

企业预算编制的过程就是一个企业经营行为的过程。以往，下属企业在上报预算的时候，一般会适当少报一些，以减轻自己未来的增长压力。这种顺利完成任务的想法与集团公司的初衷差距较大，也有一些企业由于掌握信息不对称，其指标制定缺乏合理依据，预算指标与实际情况脱节。

全面预算管理系统体现了企业下一步要做的事情及企业真正的管理思想和经营行为。针对这种情况，山航集团在全面预算管理系统中加入了自动化的预警、报警等相当多的控制点，以利于更好地把握集团公司整个预算年度的经营命脉和发展趋势。

从编制预算开始，山航集团管理的核心思想就得到了充分体现。集团整个预算体系的近 200 张预算表，数据从企业人工和各种物料消耗定额开始填写后，自动反映到后面的成本表，越到后面的环节，系统需填写的数据就越少，最后所有数据都汇总到现金收支上来。最终形成的三张会计报表中有 60%~70%的数据都是从前面的环节中自动获取的，所以要人为"作假"就很难，这就加强了集团的控制能力。

通过全面预算管理系统，山航集团对各单位的生产经营活动有了全面的了解，实现了集团对下属二、三级单位的全方位管理监控，把企业中的各种经济活动统一到了企业整体发展目标上来，在集团内部形成上下一致的合力，推动着集团的高效运转。全面预算真正起到了对山航集团战略管理的强有力支撑，使其及时掌握企业信息、配置企业信息、综合企业的管理资源，把资源配置到最有效的地方，控制企业发展导向，从而把握整个集团的发展命脉。

【参考文献】

龚巧莉. 2012. 全面预算管理案例与实务指引[M]. 北京：机械工业出版社.

贾卒. 2015. 全面预算管理实践[M]. 北京：机械工业出版社.

温兆文. 2015. 全面预算管理：让企业全员奔跑[M]. 北京：机械工业出版社.

张昌金，董永春. 2015. 管理会计分析：财务分析精细化[M]. 北京：经济管理出版社.

第九章

成 本 控 制

【本章学习目标】通过本章学习，学生应了解标准成本的概念、种类、标准成本控制的基本程序，以及标准成本制定，并能利用其进行计算；了解成本差异的分类；掌握成本差异的计算及分析；了解成本差异账户的设置；掌握成本差异的账务处理；了解质量成本的概念及其种类；理解质量成本与产品成本的关系；掌握质量成本控制的内容。

■ 第一节　标准成本控制系统

一、标准成本及其种类

标准成本是指在已有的生产技术水平和有效的经营管理情况下制造单位产品的成本，是一种成本目标，而不是实际发生的成本。标准成本能够使企业在生产过程中对成本的管理实现事前计划、事中控制、事后评价，帮助企业确定产品成本，提高企业经济效益。

标准成本根据不同的生产技术和经营管理水平分类，有理想标准成本、正常标准成本和现实标准成本。

理想标准成本是在最佳的生产条件下，根据现有生产规模和生产能力，在生产过程中毫无浪费、工人没有任何失误、机器从不闲置或修理时，所达到的最低成本。这种标准成本很难实现，它主要是提供一个理想的目标，表示成本能够下降的最大空间，并不能作为考核的依据。

正常标准成本是在效率正常的条件下，根据正常发生的生产要素消耗量、正常的价格和正常的生产经营能力利用程度制定出的标准成本。这种标准成本对正常情况下难以避免的损耗等情况也进行了考虑。从数量上看，它大于理想标准成本，趋近于过去一段时期实际成本的平均水平，是要经过一定努力才能达到的标准。

现实标准成本是在现实的生产条件下，根据现在的生产要素消耗量、价格水平和生产经营能力利用程度制定出的标准成本。这种标准成本与实际成本最为接近，它的优势在于切实可行，能调动生产人员的积极性，管理层也可据此对成本控制情况进行评价。然而，现实标准成本并不是一成不变的，在经济形势发生变化的情况下，它需要不断进行修正。

二、标准成本控制的基本程序

生产过程中的成本控制，就是在产品的制造过程中，对成本形成的各种因素，按照事先拟定的标准严格加以监督，发现偏差就及时采取措施加以纠正，从而使生产过程中各项资源的消耗和费用开支限定在标准规定的范围之内。成本控制的基本工作程序如下。

1. 制定成本标准

成本标准是成本控制的准绳，成本标准首先包括成本计划中规定的各项指标。但成本计划中的一些指标都比较综合，还不能满足具体控制的要求，这就必须规定一系列具体的标准。确定这些标准的方法，大致有三种：

（1）计划指标分解法。计划指标分解可以按部门进行，也可以按不同产品和各种产品的不同阶段等进行。

（2）预算法。制定控制标准是成本控制的关键。预算可以是短期的，也可以是长期的。通常企业可以采取弹性预算的方式进行。

（3）定额法。即建立起定额和费用开支限额，并将这些定额和限额作为标准来进行控制。在企业里，凡是能建立定额的地方，都应把定额建立起来，如材料消耗定额、工时定额等。实行定额控制有利于成本控制的具体化和经常化。

在采用上述方法确定成本控制标准时，一定要进行充分的调查研究和科学计算。同时还要正确处理成本指标与其他技术经济指标的关系（如和质量、生产效率等的关系），从完成企业的总体目标出发，经过综合平衡，防止片面性。必要时还应进行多种方案的择优选用。

2. 监督成本的形成

这就是根据控制标准，对成本形成的各个项目经常地进行检查、评比和监督。不仅要检查指标本身的执行情况，而且要检查和监督影响指标的各项条件，如设备、工艺、工具、工人技术水平、工作环境等。所以，成本日常控制要与生产作业控制等结合起来进行。成本日常控制的主要方面有以下三个：

（1）材料费用的日常控制。

车间施工员和技术检查员要监督产品生产情况，按照图纸、工艺、工装要求进行操作，实行首件检查，防止成批报废。车间设备员要按工艺规程规定的要求监督设备维修和使用情况，不合要求不能开工生产。供应部门材料员要按规定的品种、规格、材质实行限额发料，监督领料、补料、退料等制度的执行。生产调度人员要控制生产批量，合理下料，合理投料，监督期量标准的执行。车间材料费的日常控制，一般由车间材料核算员负责，要经常收集材料，分析对比，追踪原因，并会同有关部门和人员提出改进措施。

（2）工资费用的日常控制。

主要是车间劳资员对生产现场的工时定额、出勤率、工时利用率、劳动组织的调整、奖金、津贴等的监督和控制。此外，生产调度人员要监督车间内部作业计划的合理安排，要合理投产，合理派工，控制窝工、停工、加班、加点等。车间劳资员（或定额员）对上述有关指标负责控制和核算，分析偏差，寻找原因。

（3）间接费用的日常控制。

车间经费、企业管理费的项目很多，发生的情况各异。有定额的按定额控制，没有定额的按各项费用预算进行控制，如采用费用开支手册、企业内费用券（又称本票、企业内流通券）等形式来实行控制。各个部门、车间、班组分别由有关人员负责控制和监督，并提出改进意见。

上述各生产费用的日常控制，不仅要有专人负责和监督，而且要使费用发生的执行者实行自我控制，还应当在责任制中加以规定。这样才能调动全体职工的积极性，使成本的日常控制有群众基础。

3. 及时纠正偏差

针对成本差异发生的原因，查明责任者，区分情况，按照轻重缓急，提出改进措施，加以贯彻执行。对重大差异项目的纠正，一般采用下列程序：

（1）提出课题。从各种成本超支的原因中提出降低成本的课题。这些课题首先应当是那些成本降低潜力大、各方关心、可能实行的项目。提出课题的要求，包括课题的目的、内容、理由、根据和预期达到的经济效益。

（2）讨论和决策。课题选定以后，应发动有关部门和人员进行广泛的研究与讨论。对重大课题，可能要提出多种解决方案，然后进行各种方案的对比分析，从中选出最优方案。

（3）确定方案实施的方法步骤及负责执行的部门和人员。

（4）贯彻执行确定的方案。在执行过程中也要及时加以监督检查。方案实现以后，还要检查方案实现后的经济效益，衡量是否达到了预期的目标。

三、标准成本制定

标准成本是衡量成本的尺度，而不是历史成本的平均数。因此，在确定标准成本时，必须细心分析，力求精确。

标准成本通常只对产品生产成本的直接材料、直接人工和制造费用三个项目进行制定。至于推销及管理费用，一般采用编制预算的方法进行控制，不制定标准成本。

直接材料、直接人工和制造费用各项目的具体内容虽然不同，但构成其标准成本的因素都是两个，即价格与数量。预计某种产品生产成本中各成本项目的价格标准与数量标准有几种方法，最普通的是工程法和根据经验与知识进行管理上的估计，这些方法较多地应用于数量标准的确定。而当这些原材料、人工、生产设备和劳务的标准数量转换为货币量度时，也就获得了标准成本。

（一）工程法

人们通过对生产方法的仔细研究，确定制造单位产量所需投入的直接材料和直接人工的数量。管理工程师根据所要求的产品质量决定采用何种原材料，他们可以研究原材料的式样和形状、所需的切割与修整；然后，确定单位产品所需原材料的数量，包括在切割和修整中的废料。在制定人工用量标准时，管理工程师根据最佳的操作方法和对时间与动作的研究，把完成每项工作任务所需的动作分解成较小的单位，每个个别动作都计时，确定生产过程中每道工序所需要的标准时间，从而制定出耗用人工的标准。

工程法也可以应用于某些制造费用的项目。虽然有些制造费用项目可以采用工程法来进行分析，但是要从单位产品入手来分析制造费用是困难的。因为制造费用与直接材料、直接人工不同，很难与某种单位产品相联系。大多数制造费用都与多种产品或工时相联系。

（二）估计法

有些企业不能采用工程法，可以依靠经理的判断来确定生产单位产品所需的投入数量。当然，经理的判断不是凭主观臆断，而是让工人一起参与制定标准，这样还可将参与制定标准的人员推广到另一个层次。

在我国有很多企业管理人员认为，标准总是以工程技术研究和严格的规范为根据的，会借口企业管理水平不高或无力进行工程技术研究，放弃标准的制定。我们认为，精确的计量是进行控制的基础，有必要采用严格的方法。但是，由于初次采用或技术水平不够而制定的精确度较差的标准仍可作为纠正偏差、反馈信息的一种有效方法。因为它比没有任何标准情况下对成本进行控制要好得多。当然，在不断提高技术水平和积累经验的前提下，应不断地完善标准的制定工作。

下面分别介绍如何用估计法制定直接材料、直接人工和制造费用的标准成本。

1. 直接材料的标准成本

这需要分别确定直接材料的数量标准和价格标准。

1）直接材料的数量标准

在现有生产条件下，生产单位产品所需的各种直接材料数量，即直接材料数量标准。它包括构成产品实体的材料、生产中不可避免的损耗和废品耗用的材料等。在制定时，应按产品所耗用的各种材料分别计算。

2）直接材料的价格标准

制定材料价格标准，需要会计部门和采购部门相互合作。价格标准就是事先预计的购买各种材料应付的标准价格，包括买价和运杂费等。它也应按各种直接材料分别计算。

如果某种原材料存货数量很大，就可以以实际价格作为该种材料的价格标准；如果材料在使用前已订立合同，则合同价格就可以作为价格标准；如果采购部门预测价格没有重大变化，使用的价格就依然是从订立日期起一直有效的那些标准价格。除非某些主要价格由于某种原因必须临时修改外，直接材料的价格标准一般都是按期检查和修订的。需要指出的是，价格在很大程度上会受到企业所不能左右的客观因素的影响。

在确定了上述两种标准以后，直接材料的标准成本就是

直接材料的标准成本=价格标准×数量标准

2. 直接人工的标准成本

1）直接人工的数量标准

直接人工的数量标准，是指在现有生产条件下生产单位产品应耗用的工时，包括对产品直接加工所耗工时、不可避免的休闲时间及停工损失时间、废品所耗工时。计算时应先按产品的加工步骤分别计算，然后按产品加以汇总。

2）直接人工的价格标准

直接人工的价格标准，是指直接人工工资率标准。制定直接人工工资率标准，要考虑不同的工资制度。在采用计件工资制度下，单位产品应付的计价工资单价即直接人工工资率标准。在计时工资制度下，每工时标准应分配的工资，即直接人工工资率标准。其计算公式为

计时工资制度下的直接人工工资率标准=预计支付直接人工计时工资总额
÷标准总工时

在数量标准和价格标准制定以后，直接人工的标准成本应制定为

直接人工的标准成本=价格标准×数量标准
=直接人工工资率标准×工时标准

3. 制造费用的标准成本

制造费用按成本性态可分为固定制造费用和变动制造费用两个部分。

制造费用预算是按固定费用和变动费用分别编制的。

1）制造费用的数量标准

制造费用的数量标准是指在现有生产条件下生产单位产品应耗用的工时，与直接人工的数量标准相同。

2）制造费用的价格标准

制造费用的价格标准，即费用分配率，是指每工时标准应负担的制造费用。由于制造费用分为固定的和变动的两部分，因此费用分配率应分别取每工时变动制造费用分配率标准（变动制造费用预算合计÷标准总工时）与每工时固定制造费用分配率标准（固定制造费用预算合计÷标准总工时）。

在数量标准和价格标准确定以后，制造费用的标准成本应制定为

变动制造费用的标准成本=价格标准×数量标准
=变动制造费用分配率标准×标准工时

固定制造费用的标准成本=价格标准×数量标准
=固定制造费用分配率标准×标准工时

在上述直接材料、直接人工和制造费用三大项目的标准成本分别制定以后，就可以汇总制定产品的标准成本。在变动成本法下，其标准成本为

产品标准成本=直接材料的标准成本+直接人工的标准成本
+变动制造费用的标准成本

在传统的完全成本法下，其标准成本还应加上固定制造费用的标准成本。

4. 单位产品标准成本计算单的编制

当某种产品各个成本项目的标准成本制定之后，企业就可以编制每种产品的标准成本计算单。在实际工作中，通常要为每种产品设置一张标准成本卡，并在该卡中分别列示各个成本项目的价格标准与用量标准，通过直接汇总的方法求得单位产品的标准成本。

四、成本差异分析

当一项实际成本与相应的标准成本不相等时，发生的差额称为成本差异。如果实际成本超过标准成本，其差异称为逆差；如果标准成本超过实际成本，其差异称为顺差。通过观察这些差异，各级管理部门就能对经济活动的效益有所了解，并可提高对经济活动的控制能力。管理部门可以利用成本差异来评价各项工作的绩效，并据以发现问题，改进工作。

在绩效考核过程中，管理部门常使用"例外原则"，即排除那些无关紧要的差异，而集中注意那些值得详细调查研究并采取纠正行动的差异。

分析时应注意的是，实际成本脱离标准成本的总差异不足以表明其成绩或不足，因为总差异会受若干因素的共同影响。有时可能是几个有利因素的共同影响，有时也可能是几个不利因素的共同影响，当然也会出现有利因素和不利因素同时综合影响的情况。因此，对成本差异进行分析，必须了解有哪些因素影响总差异，并进一步深入分析各个具体因素，从而找到差异形成的原因和责任。

（一）成本差异及其类型

成本差异是指在标准成本制度下，企业在一定时期生产一定数量的产品所发生的实际成本与相关的标准成本之间的差额。

成本差异可以按照不同标准分为以下类型。

1. 按成本差异构成内容不同

按成本差异构成内容不同，可将成本差异分为总差异、直接材料成本差异、直接人工成本差异和制造费用成本差异。总差异即生产某种产品的实际总成本与总的标准成本之间的差异。总差异可以概括反映企业成本管理工作总体情况。直接材料成本差异即生产一定数量的某种产品实际耗用的直接材料与相关的标准成本之间的差异。直接人工成本差异即生产一定数量的某种产品实际耗用的直接人工与相关的标准成本之间的差异。制造费用成本差异即生产一定数量的某种产品实际发生的制造费用支出与标准制造费用之间的差异。

这种成本差异的划分方法只是静态地指明了差异的最终结果及主要构成因素，不能表明各种差异形成的具体原因。

2. 按成本差异形成过程

按成本差异形成过程，可将成本差异分为价格差异和用量差异。

1）价格差异

价格差异是指由于直接材料、直接人工和变动制造费用等要素实际价格与标准价格不一致而产生的成本差异。其计算公式为

价格差异=（实际价格–标准价格）×实际产量下的实际用量

=价格差×实际产量下的实际用量

2）用量差异

用量差异是指由于直接材料、直接人工和变动制造费用等各要素实际用量消耗与标准用量消耗不一致而产生的成本差异。其计算公式为

用量差异=标准价格×（实际产量下的实际用量–实际产量下的标准用量）

=标准价格×实际产量下的用量差

3. 按成本差异与其他因素的关系

按成本差异与其他因素的关系，可将成本差异分为纯差异和混合差异。

1）纯差异

纯差异是指假定其他因素在某一标准基础上不变，由于某个因素变动所形成的成本差异。例如，纯用量差异就是标准价格与实际产量下的用量差之积；纯价格差异则是价格差与标准用量之积。

2）混合差异

混合差异是指将总差异扣除所有纯差异后的剩余差异，它等于价格差与用量差之积。

对混合差异的处理方法通常有三种。第一种，将其分离出来，单独列示，由企业管理部门承担责任。这种差异的数额一般较小，产生的原因又较复杂，不是控制的重点所在。第二种，将混合差异按项平均或按比重在各种差异之间进行分配。其根据是混合差异的产生是价格和用量两个因素共同变动的结果，应当由其共同承担。第三种，简化计算，不单独计算混合差异，而是将其直接归并于某项差异。

在标准成本制度下，对混合差异采取第三种方法。首先，企业的用量差异大多是可控差异，为抓住主要矛盾，需要把它算得细一些；而引起价格变动的原因比较复杂，不易控制，可算得粗一些，将混合差异与纯价格差异合并。其次，从最初的责任看，混合差异也应当计入价格差异。因为任何一项成本项目，其价格差都先于用量差，如材料是先采购后耗用。因此，某期生产耗用量的变化只是把早已形成的价格差异归属于特定期间的特定产品。

4. 按成本差异是否可以控制

按成本差异是否可以控制，可将成本差异分为可控差异和不可控差异。

1）可控差异

可控差异是指与主观努力程度相联系而形成的差异，又称主观差异，是成本差异控制的重点所在。

2）不可控差异

不可控差异是指与主观努力程度关系不大，主要受客观原因影响而形成的差异，又称客观差异。这种成本差异的划分方法有利于调动有关方面进行成本控制的积极性，有

利于对成本指标的考核与评价。

5. 按成本差异性质的不同

按成本差异性质的不同，可将成本差异分为有利差异和不利差异。

有利差异是指实际成本低于标准成本而形成的节约差，通常用"F"表示。

不利差异是指实际成本高于标准成本而形成的超支差，通常用"U"表示。

有利与不利是相对的，并不是有利差异越大越好。在进行成本差异分析时，应处理好质量与成本的关系。

（二）变动成本差异的计算与分析的基本方法

变动成本差异计算与分析的基本思路如下：

（1）计算总量指标的差异，即实际总成本与标准总成本的差异。

（2）构成总量指标的因素有直接材料、直接人工和变动制造费用三个成本项目。总量指标的差异来自直接材料成本差异、直接人工成本差异和变动制造费用成本差异。此步就是计算各个成本项目的成本差异。

（3）每个成本项目的标准成本和实际成本都是由数量与价格两个因素构成的。因此，每个成本项目成本差异由用量差异和价格差异两部分组成。此步就是计算各成本项目的用量差异和价格差异。

根据这一思路，成本差异的计算公式如下：

产品成本差异=实际总成本−标准总成本

=直接材料成本差异+直接人工成本差异+变动制造费用成本差异

某个成本项目成本差异=该成本项目实际成本−该成本项目标准成本

=价格差异+用量差异

价格差异=（实际价格−标准价格）×实际数量

用量差异=（实际数量−标准数量）×标准价格

（三）直接材料与直接人工成本差异的计算和分析

产品的标准成本是一种预定的目标成本。产品的实际成本由于种种原因可能与预定的目标不符，其间的差额称为成本差异。例如，实际成本超过标准成本所形成的差异反映在有关差异账户的借方，这种差异称为不利的差异；反之，实际成本低于标准成本所形成的差异反映在有关差异账户的贷方，这种差异称为有利的差异。具体分析差异形成的原因和责任，进而采取相应的措施，发展有利的差异，消除不利的差异，就能实现对成本的有效控制，促进成本的不断降低。

以下先对直接材料、直接人工成本差异分析的基本原理进行简要的阐述。

1. 价格差异

1）直接材料价格差异

直接材料价格差异的计算公式为

直接材料价格差异=实际数量×（实际价格−标准价格）

【例 9-1】　白云公司购进甲材料 3 000 千克，每千克的实际价格为 5.30 元，其标准价格为 5.00 元；购进乙材料 500 千克，每千克的实际价格为 2.60 元，其标准价格为 2.90 元。计算两种材料发生的价格差异。

【解答】

甲材料：3 000 ×（5.30–5.00）=900（元）（不利差异）

乙材料：500 ×（2.60–2.90）=–150（元）（有利差异）

材料价格差异一般应由采购部门负责。材料的实际价格实际上又受许多因素的影响，除市场价格外，还包括采购的数量、运输方法、可利用的数量折扣、紧急订货和购进材料的质量等各个方面。其中，任何一个方面脱离制定标准成本时的预定要求，都会形成价格差异。因此，对差异形成的原因和责任，还需根据具体情况做进一步的分析。也就是说，其中一些差异可能由采购工作引起；另一些差异可能由生产上的原因造成。例如，因生产上的要求，对某项材料进行小批量的紧急订货，并由陆运改为空运，由此而形成的不利差异就不能归咎于采购部门，而应由生产部门负责。

2）直接人工工资率差异

直接人工的价格差异统称为工资率差异，其计算公式为

直接人工工资率差异=实际工时 ×（实际工资率–标准工资率）

【例 9-2】　假设白云公司有加工和分装两个工种，其标准工资率，加工每小时为 5.40 元，分装每小时为 6.15 元。本期实际完成的工作：加工 1 000 小时，实际的平均工资率为 4.90 元；分装 800 小时，实际的平均工资率为 6.45 元。计算这两种工作发生的工资率差异。

【解答】

加工：1 000 ×（4.90–5.40）=–500（元）（有利差异）

分装：800 ×（6.45–6.15）=240（元）（不利差异）

如果原定各级工的工资标准没有调整，工资率差异的形成，主要是由生产中升级或降级使用不同工资等级的工人所引起的。

2. 用量差异

1）材料用量差异

材料用量差异的计算公式为

材料用量差异=（实际数量–标准数量）× 标准价格

【例 9-3】　假设白云公司本期生产中领用甲、乙两种材料，甲材料实际用量 2 100 千克，其标准用量应为 1 900 千克，乙材料实际用量 400 千克，其标准用量应为 350 千克。标准价格，前者为每千克 5 元，后者为每千克 3 元。计算这两种材料发生的用量差异。

【解答】

甲材料：（2 100–1 900）× 5=1 000（元）（不利差异）

乙材料：（400–350）× 3=150（元）（不利差异）

材料用量差异是生产中材料耗用量的差异，一般应由生产部门负责，但有时也可能是由采购部门的工作所引起的。例如，采购部门以较低的价格购进了质量较差的材料，

由于不完全适合原定的生产需要，也会引起耗用量的增长，由此而形成的材料数量的不利差异就应由采购部门负责，不能看做由于生产上的缺点而形成的追加耗费。

2）人工效率差异

人工的用量差异统称为效率差异。完成一定的生产工作，用的工时少，说明生产效率高；用的工时多，说明生产效率低。因此，完成一定的生产工作，所用工时的数量正是其生产效率高低的具体表现。

直接人工效率差异按下式计算：

直接人工效率差异=（实际工时−标准工时）×标准工资率

【例9-4】 假设例9-2中白云公司的加工和分装两种工种，实际加工1 000小时所完成的工作，其标准工时应为900小时；实际分装800小时所完成的工作，其标准工时应为1 000小时。标准工资率，前者为每小时5.40元，后者为每小时6.15元。计算这两种工种发生的效率差异。

【解答】

加工：（1 000−900）×5.40=540（元）（不利差异）

分装：（800−1 000）×6.15=−1 230（元）（有利差异）

直接人工效率差异是考核每个工时生产能力的重要指标，降低产品单位成本的关键就在于不断提高工时的生产能力。影响人工效率的因素是多方面的，包括生产工人的技术水平、生产工艺过程、原材料的质量及设备的状况等。因此，找出差异的同时，要分析产生差异的具体原因，分清不同的责任部门，才能采取有效的控制措施。

3. 直接材料的混合差异与产出差异的分析

在生产实践中，几种主要材料有时按照一定的比例混合使用。在这种情况下，材料的标准成本按照计划预定的混合比例制定。生产中如果实际投料的比例和计划预定的比例不同，也会产生差异，并给材料成本差异的分析带来一些复杂因素。

4. 直接人工差异分析中的问题

1）直接人工效率差异中的材料用量因素

在工业生产中，如果主要是对原材料进行加工，同工时耗用的数量直接相联系的往往是加工材料的数量，而不是产品生产的数量。对于这种情况，单位产品的材料用量也是影响人工效率的一个重要因素。因此，对材料的用量差异和人工的效率差异，不能割裂开来孤立地进行分析，而必须相互联系起来进行考虑。

2）直接人工混合差异的分析

在工业生产中，一种产品的生产可能要由不同工资等级的工人来完成，而不同工资等级的小时工资率是不同的。因此，在一定量的总工时中，不同等级工人完成工时所占比重的变动，也是形成直接人工成本差异的一个因素。这一差异，虽然也通过平均工资率的变动而显现出来，但它既不是前面所说的直接人工工资率差异，也不是一般意义上的直接人工效率差异，而应独立地计量，称为直接人工混合差异。它和前面所说的材料混合差异具有相似的性质。

3）直接人工混合差异

直接人工混合差异所反映的是一定量的总工时中，不同等级的工人完成的工时所占比重的变动，并通过平均工资率变动的形式表现出来。

（四）制造费用成本差异分析

1. 变动制造费用成本差异分析

变动制造费用成本差异是指一定产量产品的实际变动制造费用与标准变动制造费用之间的差额。其中：

变动制造费用成本差异=实际变动制造费用－标准变动制造费用

实际变动制造费用=实际分配率×实际工时

标准变动制造费用=实际分配率×标准工时

实际分配率=实际变动制造费用÷实际工时

变动制造费用是变动制造费用分配率与直接人工工时相乘之积。因此，变动制造费用成本差异包括变动制造费用分配率差异和变动制造费用效率差异。变动制造费用分配率差异类似直接材料价格差异和直接人工工资率差异，变动制造费用效率差异类似直接材料用量差异和直接人工效率差异。其计算公式如下：

变动制造费用分配率差异=（实际分配率－标准分配率）×实际工时

变动制造费用效率差异=标准分配率×（实际工时－标准工时）

变动制造费用成本差异=实际变动制造费用－标准变动制造费用

=变动制造费用分配率+变动制造费用效率差异

【例 9-5】 白云公司本期生产甲产品 200 件，实际耗用人工 5 000 小时，实际发生变动制造费用 40 000 元，变动制造费用实际分配率为每直接人工工时 8 元。假设变动制造费用标准分配率为 8.2 元，标准耗用人工 4 500 小时。分析变动制造费用成本差异。

【解答】

变动制造费用分配率差异=（8-8.2）×5 000=-1 000（元）（有利差异）

变动制造费用效率差异=8.2×（5 000-4 500）=4 100（元）（不利差异）

变动制造费用成本差异=8.2×4 500-40 000=-3 100（元）（有利差异）

由于变动制造费用是由许多明细项目组成的，并且与一定的生产水平相联系，所以仅通过例 9-5 中的差异计算来反映变动制造费用成本差异总额，并不能达到日常控制与考核的需要。因此，实际工作中通常根据变动制造费用各明细项目的弹性预算与实际发生数进行对比分析，并提出相应的必要控制措施。

2. 固定制造费用成本差异分析

固定制造费用成本差异是指一定期间的实际固定制造费用与标准固定制造费用之间的差额。固定制造费用属于固定成本，在一定业务量范围内不随业务量的变动而变动。因此，固定制造费用成本差异不能简单地分为价格差异和用量差异两种类型。

根据固定制造费用不随业务量变动而变动的特点，为了计算固定制造费用标准分配率，必须设定一个预算工时。实际工时与预算工时之间的差异造成的固定制造费用成本差异，叫做固定制造费用生产能力利用程度差异。因此，固定制造费用成本差异包括开支差异、效率差异和生产能力利用差异。其中：

固定制造费用成本差异=实际固定制造费用–标准固定制造费用

实际固定制造费用=实际分配率×实际工时

标准固定制造费用=固定制造费用标准分配率×标准工时

固定制造费用实际分配率=实际固定制造费用÷实际工时

固定制造费用标准分配率=预算固定制造费用÷预算工时

固定制造费用开支差异=实际固定制造费用–固定制造费用标准分配率×预算工时

固定制造费用效率差异=固定制造费用标准分配率×（实际工时–标准工时）

固定制造费用生产能力利用差异=固定制造费用标准分配率×（预算工时–实际工时）

【例 9-6】 白云公司本期预算固定制造费用为 2 200 元，预算工时为 900 小时，实际耗用工时 1 100 小时，实际固定制造费用为 2 400 元，标准工时为 1 000 小时。试计算以下问题。

（1）根据公式，求出固定制造费用标准分配率和实际分配率。

（2）根据公式，求出固定制造费用开支差异、效率差异和生产能力利用差异。

【解答】

（1）计算固定制造费用标准分配率和实际分配率：

固定制造费用标准分配率=2 200÷900=2.44

固定制造费用实际分配率=2 400÷1 100=2.18

（2）计算固定制造费用开支差异、效率差异和生产能力利用差异：

固定制造费用开支差异=2 400–2 200=200（元）

固定制造费用效率差异=2.44×（900–1 100）=–488（元）

固定制造费用生产能力利用差异=2.44×（1 100–1 000）=244（元）

在一定的业务范围内，固定制造费用是不随业务量的变动而变动的。对固定制造费用的分析和控制，通常是通过编制固定制造费用预算与实际发生数对比来进行的。由于固定制造费用是由各个部门的许多明细项目构成的，固定制造费用预算应就每个部门及明细项目分别进行编制，实际固定制造费用也应该就每个部门及明细项目进行分别记录。因此，固定制造费用成本差异的分析和控制也应该就每个部门及明细项目分别进行。

就预算差异来说，其产生的可能原因如下：资源价格的变动（如固定材料价格的增减、工资率的增减等）；某些固定成本（如职工培训费、折旧费、办公费等）因管理上的新决定而有所增减；资源的数量比预算有所增减（如职工人数的增减），为了完成预算而推迟某些固定成本的开支等。就生产能力利用差异来说，它只反映计划生产能力的利用程度，可能是由于产销量达不到一定规模造成的，一般不能说明固定制造费用的超支或节约。所有这些差异，都应按不同情况分别进行分析和控制。

五、成本差异处理

作为一个完整的标准成本会计制度，标准成本的制定和成本差异的计算、分析、控制应该与成本核算结合起来，成为一种成本核算和成本控制相结合的完整体系。采用标准成本法进行账务处理时，对产品的标准成本与成本差异应分别进行核算。

（一）成本差异核算账户

采用标准成本法时，针对各种成本差异，应另设各个成本差异账户，并进行核算。

在材料成本差异方面，应设置"材料价格差异"和"材料用量差异"两个账户；在直接人工差异方面，设置"直接人工工资率差异"和"直接人工效率差异"两个账户；在变动制造费用成本差异方面，设置"变动制造费用开支差异"和"变动制造费用效率差异"两个账户；在固定制造费用成本差异方面，应设置"固定制造费用开支差异"、"固定制造费用效率差异"和"固定制造费用生产能力利用差异"三个账户，分别核算三种不同的固定制造费用成本差异。

各种成本差异类账户的借方核算发生的不利差异，贷方核算发生的有利差异。

（二）成本差异的归集

采用标准成本法进行核算时，成本差异的计算、分析工作要到月底实际费用发生后才能进行。因此，平时领用的原材料、发生的直接人工费用与各种变动以及固定制造费用应先在"直接材料"、"直接人工"和"制造费用"账户进行归集。月底计算、分析成本差异后，再将实际费用中的标准成本部分从"直接材料"、"直接人工"和"制造费用"账户转入"生产成本"账户；将完工产品的标准成本从"生产成本"账户转入"库存商品"账户。随着产品的销售，再将已售产品的标准成本，从"库存商品"账户转入"主营业务成本"账户。对各种成本差异，应将其从"直接材料"、"直接人工"和"制造费用"账户转入各个相应的成本差异账户。

成本差异的账务处理如下。

1）编制领用材料成本差异的会计分录

借：生产成本

    贷：原材料

        材料价格差异

        材料用量差异

2）编制直接人工成本差异的会计分录

借：生产成本

    直接人工工资率差异

    直接人工效率差异

    贷：直接人工

3）编制变动制造费用计入产品成本的会计分录

借：生产成本

变动制造费用效率差异

贷：制造费用（变动）

变动制造费用开支差异

4）编制固定制造费用计入产品成本的会计分录

借：生产成本

固定制造费用开支差异

固定制造费用效率差异

贷：制造费用（固定）

固定制造费用生产能力利用差异

上述会计分录中的各项差异，若为有利差异，记入相关账户的借方；若为不利差异，记入相关账户的贷方。

（三）期末成本差异的账务处理

在前面的内容中，我们介绍了月底将各种成本差异记入各差异账户的会计分录，在各个成本差异账户中对发生的成本差异进行了归集，在"生产成本"、"库存商品"和"主营业务成本"账户中只核算了产品的标准成本。随着产品的出售及产品成本的结转，期末对所发生的成本差异也应进行结转和处理，其方法如下。

1. 直接处理法

直接处理法是指将本期发生的各种成本差异全部转入"主营业务成本"账户，由本期的销售产品负担，并全部从利润表的销售收入项下扣减，不再分配给期末在产品和期末库存产成品。这时，期末资产负债表的在产品和产成品项目只反映标准成本。随着产品的出售，应将本期已销产品的标准成本由"库存商品"账户转入"主营业务成本"账户，而各个差异账户的余额，则应于期末直接转入"主营业务成本"账户。这种方法可以避免期末繁杂的成本差异分配工作；同时，本期发生的成本差异全部反映在本期的利润上，使利润指标能如实地反映本期生产经营工作和成本控制的全部成效，符合权责发生制的要求。但这种方法要求标准成本的制定要合理并切合实际，并且要不断进行修订，这样期末资产负债表的在产品和产成品项目反映的成本才能切合实际。该方法的运用需要编制以下会计分录。

1）产品完工入库

借：库存商品

贷：生产成本

2）销售产品

借：应收账款

贷：主营业务收入

3）结转已售产品标准成本
借：主营业务成本
　　　贷：库存商品
4）结转成本差异
借：主营业务成本
　　材料价格差异
　　材料用量差异
　　变动制造费用开支差异
　　固定制造费用生产能力利用差异
　　贷：直接人工工资率差异
　　　　直接人工效率差异
　　　　变动制造费用效率差异
　　　　固定制造费用开支差异
　　　　固定制造费用效率差异

上述会计分录中的各项差异，若为有利差异，记入相关账户的借方；若为不利差异，记入相关账户的贷方。

2. 递延法

递延法是将本期的各种成本差异，按标准成本的比例分配给期末在产品、期末产成品和本期已销售产品。这样分配后，期末资产负债表的在产品和产成品项目反映的都是实际成本，利润表的产品销售成本反映的也是本期已销售产品的实际成本。这种方法期末差异分配非常复杂，不便于产品成本计算的简化。另外，期末资产负债表的在产品和产成品项目反映的都是实际成本，利润表的产品销售成本反映的也是本期已销售产品的实际成本，这样就不便于本期成本差异的分析和控制。因此，西方企业一般都采用第一种方法。

3. 稳健法

稳健法也称折中法，是将成本差异按主客观原因分别处理的方法。它是在实务中对以上两种方法的变通，即对客观差异（一般是指价格差异）按递延法处理；对主观差异（一般是指用量差异）按直接处理法处理。这种方法既能在一定程度上通过利润来反映成本控制的业绩，又可以将非主观努力可控制的差异合理地分配给有关对象。这种方法的缺点是不符合一致性原则。

4. 年末一次处理法

年末一次处理法是指各月末只汇总各类差异，到年末才一次性处理。这样不仅可简化各月处理差异的手续，而且在正常情况下，各月差异正负相抵后，年末一次处理额并不大，可避免各月利润因直接负担差异而波动。但是，如果年内某种差异只有一种变动趋势，则在年末一次处理时，会因累计差异过大而歪曲企业的财务状况和经营成果。一般在后一种情况下不宜采用此法。

第二节 产品质量成本控制

一、质量成本及其种类

质量成本是指企业为了保证和提高产品或服务质量而支出的一切费用，以及因未达到产品质量标准，不能满足用户和消费者需要而产生的一切损失。

质量成本一般包括：①一致成本，是指为确保与要求一致而做的所有工作引起的成本，有预防成本和鉴定成本；②不一致成本，是指由于产品不符合要求，而引起的全部工作产生的成本，有内部损失成本和外部损失成本，两者又统称为故障成本。

预防成本是检验费用和为减少质量损失而发生的各种费用，是在结果产生之前为了达到质量要求而进行的一些活动的成本，包括质量管理活动费和行政费、质量改进措施费、质量教育培训费、新产品评审费、质量情报费及工序控制费。

鉴定成本是按照质量标准对产品质量进行测试、评定和检验所发生的各项费用，是在结果产生之后，为了评估结果是否满足要求进行测试活动而产生的成本，包括部门行政费、材料工序成品检验费、检测设备维修费和折旧等。

故障成本是在结果产生之后，通过质量测试活动发现项目结果不满足质量要求，为了纠正其错误使其满足质量要求发生的成本，分为两部分，即内部损失和外部损失。内部损失是指产品出厂前的废次品损失、返修费用、停工损失和复检费等；外部损失是在产品出售后由于质量问题而造成的各种损失，如索赔损失、违约损失和"三包"损失等。

上述概念也可用公式表示如下：

质量成本=预防成本+鉴定成本+内部损失成本+外部损失成本

二、质量成本与产品成本的关系

质量成本与产品成本是两个不同的客观范畴。一般说来，质量成本远比产品成本小。但质量成本并不完全包含于产品成本之中。质量成本中为保证和提高产品质量所发生的实际费用，以及因质量达不到标准所造成的有形损失，都属于产品成本范畴。而出厂前的产品降级损失，销售过程中的降价损失以及生产效率损失、停产损失等对利润发生影响，并不影响产品成本。

正确区别质量成本和产品成本，是正确核算质量成本费用的前提。因为这不仅关系到质量成本的范围，还涉及其核算方法。目前在理论界有两种观点，一种观点认为产品成本是由质量成本和其他成本构成的，也就是说质量成本包含在产品成本之中。在这种观点指导下，产生了把质量成本纳入产品成本核算的做法，即产品成本=质量成本+其他成本，质量成本费用的核算也基本上用会计核算方法。另一种观点认为，质量成本是一种新的成本概念，它无论从核算性质、费用列支范围、费用摊配原则，还是成本项目设置的要求来看，都是不同的。质量成本+其他成本＞产品成本；质量成本费用的归集不能完全用会计核算的方法，还必须辅之以统计核算和其他业务结算。

三、质量成本的控制

质量成本控制是以质量成本计划所制定的目标要求为依据，采用各种手段，把影响质量总成本的各个成本项目控制在计划范围内的一种管理活动。可见，质量成本控制是完成质量成本计划、优化质量目标、加强质量管理的重要手段。

（一）质量成本控制的意义

对质量成本进行控制，充分反映了现代企业对产品质量和产品成本的重视，也反映了技术与经济相结合促进经济和社会发展这一历史发展的必然趋势。

首先，对质量成本进行控制是提高企业经济效益、增强企业活力的重要手段。企业的一个中心工作就是要通过质量成本控制，把提高产品质量过程中的各种耗费控制在一个合理水平，减少浪费，以较少的消耗和占用，取得尽量好的质量，提高企业的经济效益；加强质量成本控制，保证产品质量，使企业在市场竞争中具有较强的生命力和竞争力，以求得不断发展壮大。

其次，通过质量成本控制来提高企业现代化管理水平。质量成本控制是一项综合性工作，涉及企业诸多部门和生产经营的诸多环节。为此，在质量成本控制过程中，各方面人员要积极配合、协调行动，实行科学的管理，保证企业质量成本控制顺利进行。因此，加强质量成本控制，能够促进和提高企业的管理水平，增强市场的应变能力。

最后，质量成本控制是建立企业内部经济责任制的必要条件。企业要真正成为自主经营、自负盈亏的商品生产和经营者，必须建立企业内部经济责任制。质量成本控制就是要分清企业内部各单位对质量成本形成应承担的经济责任，以便进行合理的奖罚，促使企业内部各单位进一步加强管理，使质量总成本控制在一个较低的水平。

（二）质量成本控制的内容

1. 建立质量成本控制责任制

在质量成本控制过程中，应明确质量总成本由质量检验部门负责，各类质量成本应分解、落实到各责任部门。具体来讲，预防成本应由技术部门负责，控制那些在质量管理、产品开发设计、工艺和检验等阶段所发生的质量预防费用；鉴别成本应由质量检验部门负责，控制那些在原材料、工序检验、成品检验、设备检验及其他检验方面所发生的费用；内部损失成本应由生产车间负责，控制那些在生产过程中可能发生的废品损失、降级损失、停工减少损失及其他损失；外部损失成本由销售部门负责，控制那些在产品销售后可能发生的保修费用、退换损失、索赔费用等。只有明确各职能部门的质量成本控制责任，才能使质量成本控制工作真正在良好、稳定的基础上不断提高和发展。

2. 建立质量成本核算管理

制定质量成本核算的目的是加强考核和管理，企业可按照质量成本的四个类别设置对应的台账，即"预防成本台账"、"鉴别成本台账"、"内部损失成本台账"和"外部损失成本台账"，反映各种费用的归集情况，以便确定质量成本发生的结构及质量总成本。质量成本核算涉及企业的许多部门，是一项复杂的系统工程，必须建立完整的管理制度。一般可按照"职能部门归口统计、分级管理、集中核算、财务部门统一汇总"的原则进行。要明确领导责任和归口管理部门，同时把分工原则、分工方法、所用资料、编写质量成本报告、进行质量分析和控制等纳入质量成本控制管理制度中，以完善规范的制度，保证质量成本控制的实施。

（三）质量成本控制的注意事项

（1）全面控制与特殊控制相结合。以全面控制为基础，以特殊控制为重点，把两者紧密地结合起来，既可避免局部环节失控，又能收到突出重点的效果。

（2）日常控制与定期检查相结合。

（3）及时纠正偏差。当实际质量成本与控制标准发生偏离时，要按事先制定的偏离标准查明原因，及时采取措施，偏离的标准依企业生产工艺、技术特点制定。例如，规定 ±10%以内为允许偏差，±10%~±20%为纠正偏差等。

【本章小结】

本章介绍了标准成本的概念和种类、标准成本控制的基本程序、标准成本的制定方法；对标准成本与实际成本产生差异的分类进行了分析，并讲述了其具体的计算，随后介绍了成本差异账户的设置及其相关的账务处理；最后阐述了质量成本的概念及种类、质量成本与产品成本的关系，以及质量成本控制的内容。

【关键术语】

标准成本　成本差异　质量成本　成本控制

【思考题】

（一）什么是标准成本？它有哪些种类？

（二）标准成本控制的基本程序是什么？

（三）什么是成本差异？它有哪些类型？

（四）变动成本差异计算与分析的基本思路是什么？

（五）成本差异处理的基本步骤有哪些？

（六）什么是质量成本？它有哪些种类？

（七）质量成本与产品成本的关系是什么？

（八）如何进行质量成本控制？

【练习题】

1. 某标牌制造厂采用标准成本来评价工作成果和控制成本，但由于一个职工的疏忽，丢失了部分人工记录资料。根据现存的一部分资料可知全部的人工差异 1 440 元（有利差异），每小时的标准工资率为 12 元，工资的上涨导致了不利的工资率差异 960 元，实际投入的人工小时为 1 600 小时。

要求：

（1）计算每小时实际工资率；

（2）计算实际产出上允许投入的标准人工小时。

2. 某制造车间采用弹性预算和标准成本系统，直接材料的价格差异由采购部门经理负责，车间主任对其余差异负责。2013 年 8 月的有关资料如下：

（1）实际生产产品 5 000 单位。

（2）购买直接材料 8 000 千克，每千克实际价格为 15 元，生产实际使用 5 400 千克。直接材料每千克标准价格为 16 元，每单位产品标准用量为 1 千克。

（3）生产中实际使用人工 8 000 小时，每小时实际支付工资 30.50 元，合计 244 000 元。直接人工小时标准工资率为 30 元，每单位产品的标准工时为 1.5 小时。

（4）固定制造费用预算为 270 000 元，按直接人工小时分配，预计直接人工小时可达到 9 000 小时。变动制造费用标准分配率为每直接人工小时 10 元。固定制造费用实际发生额为 276 000 元，变动制造费用实际发生额为 88 000 元。

要求：

（1）计算下列各项差异，即直接材料的价格差异和用量差异，直接人工的工资率差异和效率差异，变动制造费用的支出差异和效率差异，固定制造费用的支出差异、效率差异和生产能力利用差异。

（2）如果实际产出 6 000 单位产品，固定制造费用成本差异会有什么不同？

3. 宝田制造公司采用标准成本系统，2014 年 3 月该公司有关成本和生产资料如表 9-1 所示。

表 9-1　宝田制造公司 2014 年 3 月相关资料

项目	数额
固定制造费用标准分配率/（元/人工小时）	1
变动制造费用标准分配率/（元/人工小时）	4
预计的直接人工小时/小时	40 000
实际使用的直接人工小时/小时	39 500
实际产量上允许的标准人工小时/小时	39 000
制造费用总差异（有利差异）/元	2 000
实际发生的变动制造费用/元	159 500

要求：为制造费用的差异作会计分录。

4. 北方公司最近获取 10 000 件某种精密机械零件的订货。该种零件的精密度要求极高，废品在生产过程中难以发现，直到最后完工步骤才能确定。预计该种零件的废品率为 20%，因此生产 10 000 件合格产品必须投产 12 500 件。

北方公司采用标准成本系统进行内部成本控制。经过工程技术人员及财会和有关部门的分析确定，每件产品需要直接材料 1.7 千克，正常的边角废料平均每件为 0.3 千克，直接材料的标准价格每千克为 8.5 元，另外每千克运费和处理费用共 0.5 元。该零件需要熟练工人加工，每件需要直接加工工时 4 小时，每小时工资率为 20 元。直接加工人工每周按 40 小时支付工资，其中 32 小时为直接加工工时，另外 8 小时包括必要的停工和休息时间。基本工资之外另支付每小时奖金 4 元，工薪税按基本工资的 10%交纳。

要求：根据上述资料，计算确定该精密机械零件每件合格品所耗用的直接材料标准成本和直接人工标准成本。

【案例分析】

怡元家具厂成本差异分析

怡元家具厂近年来一直采用标准成本制度来控制成本，有显著的成效。由于其生产成本较低，因而在市场竞争中处于有利地位，经济效益较好，加之其产品质量较高，售后服务好，所以形成了知名品牌。该企业生产的某种家具产品的有关资料见表 9-2。

表 9-2 标准成本卡

项目	数量标准	价格标准	金额/元
直接材料/千克	12	36	432
直接人工/小时	18	6	108
变动制造费用/小时	20	8	160
固定制造费用/小时	20	15	300
标准单位成本	—	—	1 000

该企业预计产量 1 000 件，变动制造费用预算为 160 000 元，固定制造费用预算为 300 000 元。本期实际产量为 1 050 件，直接材料消耗量为 13 650 千克，单价 34 元；实际生产总工时 18 000 小时，实际支付工资 106 000 元；实际变动制造费用为 150 000 元，固定制造费用为 295 000 元。

依据上述资料，请回答：

（1）如何计算该企业各成本项目的总差异和分差异？

（2）试分析各项差异产生的原因。

第十章

责任会计

【本章学习目标】通过本章的学习，学生应了解责任会计的基本内容及建立责任会计制度的原则；了解责任中心的划分及其业绩考核指标；掌握内部转移价格的意义及其类型。

■ 第一节　责任会计概述

一、分权管理与责任会计

（一）分权管理模式的特征

分权管理模式不同于将所有的决策权都集中于企业最高管理层次的集权管理模式，它进行分权管理，将生产经营的决策权在不同层次的管理人员之间进行适当的分配，将决策权及相应的经济责任授予不同管理层次的管理人员，以对日常经营活动及时做出正确有效的决策，适应迅速变化的外部环境，提高企业的经营和管理效率。

（二）责任会计的产生

分权管理模式下，企业内部形成了多个具备一定决策权力而相对独立的责任单位。各个责任单位之间既具有某种程度的相互依存性，又具有相对的独立性。因此，出于自身经济利益的考虑，责任单位的局部利益与企业整体利益或长远利益之间，以及责任单位自身利益之间可能会出现冲突。因此，在分权管理模式下，必须建立有效的制度保证企业管理的协调一致。责任会计制度正是顺应这种管理要求而不断发展和完善起来的一种行之有效的控制制度，在管理会计体系中占有重要的地位。

责任会计是将企业划分为各种分权的责任中心，确定各责任中心拥有的权力、承担的责任及对其业绩的奖惩措施，以各级责任中心为会计主体，以责任中心可控的经济活动为对象，以权、责、利的协调统一为原则，以责任中心的责任预算作为控制的依据，通过编制责任报告进行业绩考核评价，对责任中心进行控制和考核的一种会计制度。责任会计的对象是各种责任中心,强调对责任中心进行事前、事中及事后的全过程管理。责任会计可以起到协调企业中的各种经济利益管理、调动员工的工作积极性、保证分权经营模式稳定运行的作用。

（三）责任会计制度

责任会计制度是现代分权管理模式的产物,它是通过在企业内部建立若干责任中心,并对其分工负责的经济业务进行计划与控制,以实现业绩考核与评价的一种内部控制制度。这种制度要求:根据授予各级单位的权力、责任及对其业绩的评价方式,将企业划分为各种不同形式的责任中心,建立起以各责任中心为主体,以权、责、利相统一为特征,以责任预算、责任控制、责任考核为内容,通过信息的积累、加工和反馈而形成的企业内部控制系统。

在分权组织结构形式下建立责任会计制度,也应按责任中心的层次,先将全面预算从最高层逐级向下分解,形成各责任单位的责任预算;然后建立责任预算的跟踪系统,记录预算执行的实际情况,并定期从最基层的责任单位把责任成本的实际数,以及销售收入的实际数,通过编制"业绩报告"的形式逐级向上汇总,一直达到最高层的投资中心。

二、责任会计的基本内容

责任会计的基本内容,归纳起来有以下四个方面:

（1）设置责任中心,明确责权范围。

企业实行分权的管理模式,应在企业内部划分若干责任单位或者责任中心。根据责任中心权责范围的不同,责任中心可以进一步划分为成本中心、利润中心和投资中心三种主要类型。

（2）编制责任预算,确定考核标准。

责任预算是根据企业全面预算所确立的企业经营的目标和任务,按责任归属,层层分解落实到各责任中心,为各责任中心编制的预算。

责任预算既是责任中心的努力目标和控制依据,也是考核责任中心业绩的标准。

（3）建立责任会计核算系统,提交责任报告。

（4）考核工作绩效,评价经营业绩。

通过对各责任中心业绩报告的实际数与预算数的对比,来评价和考核各责任中心的工作实绩和经营效果,并分别指出其取得的成绩和存在的问题,以保证经济责任制的贯彻执行。

三、建立责任会计制度的原则

在建立责任会计制度时,应遵循以下几个基本原则。

（1）责任主体原则。使各级管理部门在充分享有经营决策权的同时,也对其经营管理的有效性承担相应的经济责任。按各级管理部门设置相应的责任中心建立责任会计的核算。

（2）可控性原则。对各责任中心的业绩考核与评价，必须以责任中心自身能够控制为原则。如果一个责任中心，自身不能有效地控制其可实现的收入或发生的费用，也就很难合理地反映其实际工作业绩，从而也无法做出相应的评价与奖惩。

（3）目标一致原则。当经营决策权授予各级管理部门时，实际上就是将企业的整体目标分解成各责任中心的具体目标。必须始终注意与企业的整体目标保持一致，避免因片面追求局部利益而损害整体利益。

（4）激励原则。要求对各责任中心的责任目标、责任预算的确定相对合理。它包括两个方面：一是目标合理、切实可行；二是经过努力完成目标后所得到的奖励与所付出的努力相对应。

（5）反馈原则。必须保证以下两个信息反馈渠道的畅通：一是信息向各责任中心的反馈，使其能够及时了解预算的执行情况，以便采取有效措施调整偏离目标或预算的差异；二是向责任中心的上级反馈，以便上级管理部门做出适当反应。

（6）重要性原则。注意在全面中突出重点，注意成本效益性。

■ 第二节　责任中心及其业绩评价与考核

一、成本中心及其业绩评价与考核

（一）成本中心的含义

成本中心是指只对其成本或费用承担责任的责任中心，处于企业的基础责任层次。由于成本中心不会形成可以用货币计量的收入，不应当对收入、利润或投资负责。

成本中心的范围最广。一般来说，凡企业内部有成本发生、需要对成本负责，并能够实施成本控制的单位，都可以成为成本中心。工业企业上至工厂一级，下至车间、工段、班组甚至个人，都有可能成为成本中心。总之，成本中心一般包括负责产品生产的生产部门、劳务提供部门以及给予一定费用指标的管理部门。

成本中心的规模大小不一，各个较小的成本中心可以共同组成一个较大的成本中心，各个较大的成本中心又共同构成一个更大的成本中心。由此，在企业内部形成一个逐级控制并层层负责的成本中心体系。规模大小不一和层次不同的成本中心，其控制和考核的内容也不尽相同。

（二）成本中心的类型

按照成本中心控制对象的特点，可将成本中心分为技术性成本中心和酌量性成本中心两类。

1. 技术性成本中心

技术性成本中心又称标准成本中心、单纯成本中心或狭义成本中心，是指把生产实物产品而发生的各种技术性成本作为控制对象的成本中心。该类中心不需要对实际产出量与预算产量的变动负责，往往通过应用标准成本制度或弹性预算等手段来控制产品成本。

2. 酌量性成本中心

酌量性成本中心又称费用中心，是指把为组织生产经营而发生的酌量性成本或经营费用作为控制对象的成本中心。该类中心一般不形成实物产品，不需要计算实际成本，往往通过加强对预算总额的审批和严格执行预算标准来控制经营费用开支。

（三）成本中心的特点

成本中心相对其他层次的责任中心，有其自身的特点，主要表现在以下方面。

1. 成本中心只考评成本费用，不考评收益

成本中心一般不具有经营权和销售权，其经济活动的结果不会形成可以用货币计量的收入；有的成本中心可能有少量的收入，但从整体上讲，其产出与投入之间不存在密切的对应关系。因此，这些收入不作为主要的考核内容，也不必计算这些货币收入。成本中心只以货币形式计量投入，不以货币形式计量产出。

2. 成本中心只对可控成本承担责任

成本（含费用）按其是否具有可控性（即其责任主体是否控制）可划分为可控成本与不可控成本两类。

具体来说，可控成本必须同时具备以下四个条件：可以预计，即成本中心能够事先知道将发生哪些成本以及在何时发生；可以计量，即成本中心能够对发生的成本进行计量；可以施加影响，即成本中心能够通过自身的行为来调节成本；可以落实责任，即成本中心能够将有关成本的控制责任分解落实，并进行考核评价。

不能同时具备上述四个条件的成本，通常为不可控成本。

属于某成本中心的各项可控成本之和构成该成本中心的责任成本。从考评的角度看，成本中心工作成绩的好坏，应以可控成本作为主要依据，不可控成本核算只有参考意义。在确定责任中心成本责任时，应尽可能使责任中心发生的成本成为可控成本。

成本的可控与不可控，是以一个特定的责任中心和一个特定的时期作为出发点的，这与责任中心所处管理层次的高低、管理权限及控制范围的大小和运营期间的长短有直接关系。因此，可控成本与不可控成本可以在一定的时空条件下发生相互转化。

首先，成本的可控与否，与责任中心的权力层次有关。某些成本对于较高层次的责任中心来说是可控的；对于其下属的较低层次的责任中心而言，可能是不可控的。对整个企业来说，几乎所有的成本都是可控的；而对于企业下属各层次、各部门乃至个人来说，则既有各自的可控成本，又有各自的不可控成本。

其次，成本的可控与否，与责任中心的管辖范围有关。某项成本就某一责任中心看，是不可控的；而对另一个责任中心，则可能是可控的。这不仅取决于该责任中心的业务

内容，也取决于该责任中心所管辖的业务内容的范围。例如，产品试制费，从产品生产部门看是不可控的，而对新产品试制部门来说，就是可控的。如果新产品试制也归口由生产部门进行，则试制费又成为生产部门的可控成本。

再次，某些成本从短期看，是不可控的成本；从较长的期间看，又成为可控成本。例如，现有生产设备的折旧，就具体使用的部门来说，其折旧费用是不可控的；但是，当现有设备不能继续使用，要用新的设备来代替时，是否发生新设备的折旧费又成为可控成本。

最后，随着时间的推移和条件的变化，过去某些可控的成本项目，可能转化为不可控成本。

一般来说，成本中心的变动成本大多是可控成本，而固定成本大多是不可控成本；各成本中心发生的直接成本大多是可控成本，其他部门分配的间接成本大多是不可控成本。但在实际工作中，必须用发展的眼光看问题，要具体情况具体分析，不能一概而论。

3. 成本中心只对责任成本进行控制和考核

责任成本是各成本中心当期确定或发生的各项可控成本之和，又可分为预算责任成本和实际责任成本。前者是指根据有关预算所分解确定的各责任中心应承担的责任成本；后者是指各责任中心由于从事业务活动而实际发生的责任成本。

对成本费用进行控制，应以各成本中心的预算责任成本为依据，确保实际责任成本不会超过预算责任成本；对成本中心进行考核，应通过各成本中心的实际责任成本与预算责任成本进行比较，确定其成本控制的绩效，并采取相应的奖惩措施。

责任成本与产品成本是既有联系又有区别的两个概念。两者之间的区别有以下四点。

1）归集和分配的对象不同

责任成本是以成本中心为费用归集和分配的对象；产品成本则是以产品为费用归集和分配的对象。

2）分配的原则不同

责任成本的分配原则是"谁负责，谁承担"，其中的"谁"是指责任中心及其责任人。产品成本的分配原则是"谁受益，谁承担"，其中的"谁"是指产品成本的物质承担者，即产品本身。

3）核算的基础条件不同

责任成本核算要求以成本的可控性为分类标志，以将成本分为可控成本和不可控成本两部分为前提条件；产品成本核算则要求以成本的经济用途作为分类标志，以将成本区分为生产成本和期间成本两大类为前提条件。

4）核算的主要目的不同

责任成本核算的主要目的在于控制耗费、降低成本、考核和评价责任中心的工作业绩；产品成本核算的主要目的是为资产的计价、成本的补偿和计量经营成果提供信息。

两者之间也有以下两点联系：成本的本质是相同的，无论是责任成本还是产品成本，其都是由企业生产经营过程中一定量的资金耗费构成的；在一定时期内，企业发生的全部责任成本之和应当等于全部产品成本之和。

（四）成本中心的考核指标

既然成本中心的业绩考核与评价的对象是责任成本而不是全部成本，那么成本可控性就应当是确定责任成本的唯一依据。在成本中心的业绩报告中，应从全部成本中区分出可以控制的责任成本，将其实际发生额同预算额进行比较、分析，揭示产生差异的原因，据此对责任中心的工作成果进行评价。

成本中心的考核指标包括责任成本的变动额和变动率两类指标，其计算公式为

责任成本变动额=实际责任成本-预算责任成本

$$责任成本变动率=\frac{责任成本变动额}{预算责任成本}\times100\%$$

在对成本中心进行考核时，如果预算产量与实际产量不一致，应注意按弹性预算的方法先行调整预算指标，再按上述指标计算。

二、利润中心及其业绩评价与考核

（一）利润中心的含义

利润中心是指对利润负责的责任中心。由于利润是收入与成本费用之差，因此，利润中心既要对成本负责，还要对收入负责。

利润中心往往处于企业内部的较高层次，是对产品或劳务有生产经营决策权的企业内部部门，如分厂、分店、分公司等具有独立的经营权的部门。

与成本中心相比，利润中心的权力和责任都相对较大，不仅要绝对地降低成本，更要寻求收入的增长，并使之超过成本的增长。通常利润中心对成本的控制，是结合对收入的控制同时进行的，强调成本的相对节约。

（二）利润中心的类型

按照收入来源的性质不同，利润中心可分为自然利润中心与人为利润中心两类。

1. 自然利润中心

自然利润中心是指可以直接对外销售产品并取得收入的利润中心。这类利润中心虽然是企业内部的一个责任单位，但本身直接面向市场，具有产品销售权、价格制定权、材料采购权和生产决策权，其功能与独立企业相近。最典型的形式就是公司内的事业部，每个事业部均有销售、生产、采购的机能，有很大的独立性，能独立地控制成本、取得收入。

2. 人为利润中心

人为利润中心是只对内部责任单位提供产品或劳务而取得"内部销售收入"的利润

中心。这种利润中心一般不直接对外销售产品。成为人为利润中心应具备两个条件：一是该中心可以向其他责任中心提供产品（含劳务）；二是能为该中心的产品确定合理的内部转移价格，以实现公平交易、等价交换。

工业企业的大多数成本中心都可以转化为人为利润中心。人为利润中心一般也应具备相对独立的经营权，即能自主决定本利润中心的产品品种（含劳务）、产品质量、作业方法、人员调配、资金使用等。例如，大型钢铁公司的采矿、炼铁、轧钢等生产部门的产品除了少量对外销售外，主要在公司内部转移，这些部门可以视为人为利润中心。

（三）利润中心的成本计算

利润中心要对利润负责，需要以计算和考核责任成本为前提。只有正确计算利润，才能为利润中心业绩考核与评价提供可靠的依据。对利润中心的成本计算，通常有两种方式可供选择。

1. 利润中心只计算可控成本，不分担不可控成本，即不分摊共同成本

这种方式主要适用于共同成本难以合理分摊或无须进行共同成本分摊。按这种方式计算出来的盈利，不是通常意义上的利润，而是相当于"边际贡献总额"。企业各利润中心的边际贡献总额之和，减去未分配的共同成本，经过调整后才是企业的利润总额。采用这种成本计算方式的"利润中心"，实质上已不是完整的和原来意义上的利润中心，而是边际贡献中心。人为利润中心适合采取这种计算方式。

2. 利润中心不仅计算可控成本，也计算不可控成本

这种方式适用于共同成本易于合理分摊或不存在共同成本分摊。这种利润中心在计算时，如果采用变动成本法，应先计算出边际贡献，再减去固定成本，才是税前利润；如果采用完全成本法，利润中心可以直接计算出税前利润。各利润中心的税前利润之和，就是企业的利润总额。自然利润中心适合采取这种计算方式。

（四）利润中心的考核指标

利润中心的考核指标为利润，通过比较一定期间实际实现的利润与责任预算所确定的利润，可以评价其责任中心的业绩。由于成本计算方式不同，各利润中心利润指标的表现形式也不同。

1. 当利润中心不计算共同成本或不可控成本时

其考核指标如下：

利润中心边际贡献总额=该利润中心销售收入总额

－该利润中心可控成本总额（或变动成本总额）

需要说明的是，如果可控成本中包含可控固定成本，就不完全等于变动成本总额。一般而言，利润中心的可控成本大多只是变动成本。

2. 当利润中心计算共同成本或不可控成本，并采取变动成本法计算成本时

其主要考核指标如下：

利润中心边际贡献总额=该利润中心销售收入总额-该利润中心变动成本总额

利润中心负责人可控利润总额=该利润中心边际贡献总额

　　　　　　　　　　　-该利润中心负责人可控固定成本总额

利润中心可控利润总额=该利润中心负责人可控利润总额

　　　　　　　　　　-该利润中心负责人不可控固定成本总额

公司利润总额=各利润中心可控利润总额之和

　　　　　　-公司不可分摊的各种管理费用、财务费用

为了考核利润中心负责人的经营业绩，应针对经理人员的可控成本费用进行考核和评价。这就需要将各利润中心的固定成本进一步区分为可控的固定成本和不可控的固定成本。这主要考虑某些成本费用可以划归、分摊到有关利润中心，却不能为利润中心负责人所控制，如广告费、保险费等。在考核利润中心负责人业绩时，应将其不可控的固定成本从中剔除。

三、投资中心及其业绩评价与考核

（一）投资中心的含义

投资中心是指对投资负责的责任中心。其特点是不仅要对成本、收入和利润负责，还要对投资效益负责。

投资的目的是获得利润，因此，投资中心同时也是利润中心，但又不同于利润中心，其主要区别有两点：一是权利不同。利润中心没有投资决策权，只能在项目投资形成生产能力后进行具体的经营活动；而投资中心则不仅在产品生产和销售上享有较大的自主权，而且能够相对独立地运用所掌握的资产，有权购建或处理固定资产，扩大或缩减现有的生产能力。二是考核办法不同。考核利润中心业绩时，不联系投资多少或占用资产的多少，即不进行投入产出的比较；而在考核投资中心的业绩时，必须将所获得的利润与所占用的资产进行比较。

投资中心处于企业最高层次的责任中心，具有最大的决策权，也承担最大的责任。投资中心的管理特征是较高程度的分权管理。一般而言，大型集团所属的子公司、分公司、事业部往往都是投资中心。在组织形式上，成本中心一般不是独立法人；利润中心可以是独立法人，也可以不是独立法人；而投资中心一般是独立法人。

由于投资中心要对其投资效益负责，为保证其考核结果的公正、公平和准确，各投资中心应对其共同使用的资产进行划分，对共同发生的成本进行分配，各投资中心之间相互调剂使用的现金、存货、固定资产等也应实行有偿使用。

（二）投资中心的考核指标

投资中心考核与评价的内容是利润及投资效益。因此，投资中心除了考核和评价利润指标外，更需要计算、分析利润与投资额的关系性指标，即投资利润率和剩余收益。

1. 投资利润率

投资利润率是指投资中心所获得的利润与投资额之间的比率。其计算公式为

$$投资利润率=\frac{利润}{投资额}\times 100\%$$

投资利润率还可以进一步展开：

$$投资利润率=\frac{销售收入}{投资额}\times\frac{利润}{销售收入}\times 100\%$$
$$=总资产周转率\times销售利润率\times 100\%$$

或

$$投资利润率=\frac{销售收入}{投资额}\times\frac{成本费用}{销售收入}\times\frac{利润}{成本费用}\times 100\%$$
$$=总资产周转率\times销售成本率\times成本费用利润率\times 100\%$$

式中，投资额是指投资中心可以控制并使用的总资产。因此，投资利润率也可称为总资产利润率，主要说明投资中心运用每一元资产对整体利润贡献的大小，主要用于考核和评价由投资中心掌握、使用的全部资产的盈利能力。

为了考核投资中心的总资产运用状况，也可以计算投资中心的总资产息税前利润率，其计算公式为

$$总资产息税前利润率=\frac{息税前利润}{总资产占用额}\times 100\%$$

需要说明的是，由于利润或息税前利润是期间性指标，故上述投资额或总资产占用额应按平均投资额或平均占用额计算。

投资利润率是广泛采用的评价投资中心业绩的指标，优点有以下四个方面。

（1）投资利润率能反映投资中心的综合盈利能力。从投资利润率的分解公式可以看出，投资利润率的高低与收入、成本、投资额和周转率有关，提高投资利润率应通过增收节支、加速周转和减少投入来实现。

（2）投资利润率具有横向可比性。投资利润率将各投资中心的投入与产出进行比较，剔除因投资额不同而导致的利润差异的不可比因素，有利于进行各投资中心经营业绩比较。

（3）投资利润率可以作为选择投资机会的依据，有利于调整资产的存量，优化资源配置。

（4）以投资利润率作为评价投资中心经营业绩的尺度，可以正确引导投资中心的经营管理行为，使其行为长期化。由于该指标反映了投资中心运用资产并使资产增值的能力，如果投资中心资产运用不当，会增加资产或投资占用规模，也会降低利润。因此，以投资利润率作为考核与评价的尺度，将促使各投资中心盘活闲置资产，减少不合理资产占用，及时处理过时、变质、毁损资产等。

作为投资中心的业绩指标，投资利润率得到了广泛的应用。但该指标也存在一定的局限性。一是世界性的通货膨胀，使企业资产账面价值失真、失实，以致相应的折旧少计、利润多计，使计算的投资利润率无法揭示投资中心的实际经营能力。二是使用投资

利润率往往会使投资中心只顾本身利益而放弃对整个企业有利的投资项目，造成投资中心的近期目标与企业长远目标的背离。各投资中心为达到较高的投资利润率，可能会采取减少投资的行为。三是投资利润率的计算与资本支出预算所用的现金流量分析方法不一致，不便于投资项目建成投产后与原定目标的比较。四是从控制角度看，由于一些共同费用无法为投资中心所控制，投资利润率的计量不全是投资中心所能控制的。为了克服投资利润率的某些缺陷，应采用剩余收益作为主要评价指标。

2. 剩余收益

剩余收益是一个绝对数指标，是指投资中心获得的利润扣减最低投资收益后的余额。最低投资收益是投资中心的投资额（或资产占用额）按规定或预期的最低收益率计算的收益。其计算公式如下：

剩余收益=息税前利润-总投资额×规定或预期的最低投资报酬率

如果考核指标是规定或预期的总资产息税前利润率，则剩余收益计算公式应作相应调整，其计算公式如下：

剩余收益=息税前利润-总资产占用额×规定或预期的总资产息税前利润率

这里所说的"规定或预期的最低投资报酬率"和"规定或预期的总资产息税前利润率"，通常是指企业为保证其生产经营正常、持续进行所必须达到的最低收益水平，一般可按整个企业各投资中心的加权平均投资收益率计算。只要投资项目收益高于要求的最低收益率，就会给企业带来利润，也会给投资中心增加剩余收益，从而保证投资中心的决策行为与企业总体目标一致。

剩余收益指标具有以下两个特点。

（1）体现投入产出关系。减少投资（或降低资产占用）同样可以达到增加剩余收益的目的，因此与投资利润率一样，该指标也可以用于全面考核与评价投资中心的业绩。

（2）避免本位主义。剩余收益指标避免了投资中心的狭隘本位倾向，即单纯追求投资利润而放弃一些有利可图的投资项目。因为以剩余收益作为衡量投资中心工作成果的尺度，可以促使投资中心尽量提高剩余收益，只要有利于增加剩余收益绝对额，投资行为就是可取的，而不只是尽量提高投资利润率。

第三节 内部转移价格

一、内部转移价格的意义

内部转移价格是企业的内部单位之间相互提供产品或劳务时由于结算需要而选定的价格标准。内部转移价格对于转出部门来说相当于销售收入，对于转入部门则相当于成本，它同时影响到两个相关部门的利润，定价高会增加转出部门的利润、降低转入部门的利润，定价低则结果相反。因此各部门的负责人都非常关心内部转移价格的制定，有时为了各自的利益甚至会发生争执。

　　制定内部转移价格的目的：一方面明确各部门的责任，避免由于成本在部门间的转移造成责任的转嫁，以便对各责任中心进行有效的业绩评价；另一方面引导各责任中心在经营中采取与整体目标一致的决策。但这两个目的往往难以同时兼顾，因此在制定内部转移价格时必须根据企业的具体情况全面考虑，权衡利弊，做出最佳选择。

　　内部转移价格的意义在于：

　　（1）合理界定各责任中心的经济责任。内部转移价格作为一种计量手段，可以确定转移产品或劳务的价值量。这些价值量既标志着提供产品或劳务的责任中心经济责任的完成，同时也标志着接受产品或劳务的责任中心应负经济责任的开始。

　　（2）有效测定各责任中心的资金流量。各责任中心在生产经营过程中需要占用一定数量的资金。企业集团可以根据内部转移价格确定一定时期内各责任中心的资金流入量和资金流出量，并可在此基础上根据企业集团资金周转的需求，合理制定各责任中心的资金占用量。

　　（3）科学考核各责任中心的经营业绩。提供产品或劳务的责任中心可以根据提供产品或劳务的数量及内部转移价格计算本身的"收入"，并可根据各生产耗费的数量及内部转移价格计算本身的"支出"。

二、制定内部转移价格的原则和要求

（一）制定原则

　　（1）全局性原则。采用内部转移价格的各单位从属于一个企业，企业总利益是一致的。制定内部转移价格，只是为了分清各单位的责任，有效地考核评价各单位的业绩。在这种情况下，企业制定内部转移价格，要从全局出发，使局部利益和整体利益协调统一，力争使企业整体利益最大化。

　　（2）公平性原则。内部转移价格的制定应公平合理，防止某些单位因价格上的缺陷而获得一些额外的利益或损失。在商品经济条件下，商品交换是按等价原则进行的，高质高价、低质低价。如果制定的内部转移价格不合理，就会影响到单位的生产经营积极性。

　　（3）自主性原则。高层管理者不应干预各个单位经理（厂长）自主决策。在企业整体利益最大化的前提下，各单位有一定的自主权，如生产权、技术权、人事权和理财权等，制定的内部转移价格必须为各方所接受。

　　（4）重要性原则。钢铁企业需要制定的内部转移价格的对象成百上千，甚至更多。如果事无巨细，都制定一个详细、准确价格，不但不必要，而且很难实施。因此，制定内部转移价格，可对那些价高量大，耗用频繁的对象，尽可能地科学计算，从严定价；对一些价低量小，不常耗用的对象，可以从简定价。

（二）制定要求

　　内部转移价格就是指企业内各部门之间由于相互提供产品、半成品或劳务而引起的相互结算、相互转账所需要的一种计价标准。

内部转移价格系统在企业中能够协调部门经理的自主权与整个企业的集中决策，促进行为的一致性；能够与会计中的业绩评价方法相一致，进行有效的业绩考核；能够较为客观地反映各部门的责任和业绩；能够加强企业的经济核算，提高企业的经营管理水平，增强企业整体竞争能力。

企业要充分发挥内部转移价格的作用，应注意以下几点：

一是目标一致性。采用内部转移价格的各部门同属一个企业，总的利益是一致的。制定内部转移价格，只是为了分清各部门的责任，有效地考核评价各部门的业绩，根本目的仍是实现企业的整体利益。各部门经理都应选择能使公司总体利润最大的行动取向。制定内部转移价格的目标，就是通过建立有效的激励机制，使自主的部门经理做出有利于组织整体目标的决策。

二是准确的业绩评价。没有任何一个部门经理可以以牺牲其他部门的利益为代价而获利。内部转移价格的制定应避免主观随意性，客观公正地反映各部门的业绩，进行准确的考核和相应的激励，来调动各部门的工作积极性，促使各部门服从整体利益，并以最大努力来完成目标。

三是保持各部门的自主性。高层管理者不应干预各个部门经理的决策自由。在整体利益最大化的前提下，各部门有一定的做出决策的自主权。公司高层直接干涉分部制定具体的内部转移价格并不可取，但是，由它制定一些通用的指导方法是适宜的。

三、内部转移价格的类型

1. 市场价格

以市场价格作为内部转移价格的方法，是假定企业内各部门都立足于独立自主的基础之上，它们可以自由地决定从外界或内部进行购销。同时，产品有竞争市场，这些产品之间只有极其微小的差别，而且有一个客观的市场价格可供利用。

其理论基础是对独立的企业单位进行评价，只考虑它们在市场上买卖的获利能力。以市场价格为基础制定内部转移价格，没有必要考虑消除由市场价格带来的竞争压力。

以正常的市场价格作为内部转移价格有一个显著的优点，就是供需双方的部门都能按照市场价格买进卖出他们所供和所需的产品。供需双方的部门经理在相互交易时，同外部人员一样进行交易。从公司的观点看，只要供应一方是按生产能力提供产品，也可将之视同为在市场中进行交易。另外，一个公司的两个责任中心相互交易，不管市场上是否存在同样的货物，内部进行买卖具有质量、交货期等易于控制，可以节省谈判成本等优点。因此，如果公司管理当局为了全公司的整体利益，应当鼓励进行内部转让。其基本原则是除非责任中心有充分理由说明外部交易更为有利，否则各责任中心之间应尽量进行内部转让。具体表现在以下两个方面：

（1）"购买"的责任单位可以将从内部购入同从外界购入相比较。如果内部单位要价高于市场价格，则它可以舍内求外，而不必为此支付更多的代价。

（2）"销售"的责任单位也应如此，使它不可能从内部单位获得比向外界销售更多的收入。这是正确评价各个利润（投资）中心的经营成果，并更好地发挥生产经营活动的主动性和积极性的一个重要条件。但是，必须注意的是，购买部门向外界购入，将会使企业的部分生产能力闲置，但同时又从向外界购入得到一定的益处。此时，就应将其向外界购买所得到的收益与企业生产能力闲置而受到的损失进行比较。如果前者能抵补后者，则允许向外界进行购入。否则，次优方案必须服从最优方案。

直接以市场价格作为内部转移价格的主要困难在于：部门间提供的中间产品常常很难确定它们的市场价格，而且市场价格往往变动较大，或市场价格没有代表性。从业绩评价来说，以市场价格为内部转移价格，将对销售部门有利。这是因为，产品由企业内部供应，可以节省许多销售、商业信用方面的费用。而直接以市场价格为内部转移价格，则这方面所节约的费用将全部表现为销售单位的工作成果，购买单位得不到任何好处，因而会引起它们的不满。另外，在进行产品由企业自制或外购决策，或是否淘汰某一产品的决策时，以市场价格作为内部转移价格几乎完全无用。因为，从企业作为一个整体的观点来看，这些决策应以边际成本或差异成本方法为基础来制定。尽管以市场价格为内部转移价格，还有一些缺点，但由于以市场价格为内部转移价格适合于利润中心和投资中心组织，且有利于每个部门的业绩评价，故当产品有外界市场，"购""销"双方可以自由对内、对外销售产品的情况下，以市场价格作为内部转移价格仍不失为一种有效的方法。

2. 产品成本

用产品成本作为内部转移价格，是制定内部转移价格最简单的方法。人们在讨论这一问题时，常用到完全成本、标准成本、变动成本等不同的成本概念。它们对存货估价决策、业绩评价将产生不同的影响。完全成本（实际成本），其成本资料是根据财务报告的要求编制的，具有现成可用的特点。因此，不必为制定内部转移价格而增加任何费用。

但是，以完全成本作为内部转移价格，将使产品（半成品）的销售单位得不到任何利润。所有利润都将表现在购买单位的账上。同时，由于销售部门的成本全部转移给购买部门，因此对制造部门降低成本缺乏激励作用。而对购买单位来说，由于制造部门的成本无论高低都将全额转移给它，因此它就要承担不受它控制而由其他部门造成的工作效率上的责任。如果以此为依据，对有关各方面的工作成果进行评价，并按成果大小进行"奖励"，就必然会产生偏差，不能取得应有的效果。为了弥补上述缺陷，人们认为可以采用某种形式的"标准（预算）成本"。标准（预算）成本可以极大地减少低效率问题，有利于明确经济责任，便于正确评价各部门的工作成果。但是，无论是以完全成本还是以标准（预算）成本作为内部转移价格，对于短期决策来说，都会遇到这样一个问题：销售单位的固定成本在购买单位将作为变动成本处理，由此决定了它们不能很好地解决目标一致性问题。以完全成本作为内部转移价格的方法，主要适用于成本中心之间相互提供的产品和劳务的计价、结算。

当然，还可以考虑以变动成本作为内部转移价格，但以其作为内部转移价格的主要问题如下：

（1）这种内部转移价格会使购买部门过分有利。

（2）由于对责任中心只计算变动成本，因而不能用投资利润率和剩余收益对该中心负责人进行业绩评价，而只限用于成本中心。

（3）如果无限制地将一个责任中心的变动成本转移给另一个责任中心，将不利于激励成本中心经理控制成本。为此，有的企业采用"变动成本加固定费用"的办法来制定内部转移价格。总的说来，以成本为内部转移价格是内部转移价格的较简单的和不完善的方法，但对于包含秘方及专利等没有市场价格存在，或者无外界市场的中间产品，以及便于某种整体决策目的来说，它仍不失为一种行之有效且必要的内部转移价格方法。

3. 经过协商的市场价格

为了解决直接以市场价格作为内部转移价格所存在的缺点，有关单位也可以正常的市场价格为基础，由那些部门的经理定期进行协调来确定一个双方都愿意接受的内部转移价格作为内部计价、结算的依据。

使这项制度能有效地执行的一般前提条件是有关的中间产品应有市场可以买卖，这个市场使"购""销"双方可以决定是否买卖这种中间产品，任何通过协商制定的内部转移价格都表示这种选择权利的存在。另外，外界市场的存在，可以减少协商中讨价还价的余地。

但是，经过协商确定内部转移价格还是不可避免地要花费很多时间，而且还要耗费很多人力、物力。当需要进行协商的产品相当多的时候，由于需要时间多、人力多，常常会争吵不休而无法取得结果，同时又伤害了部门间的合作感情。这一方法的另一个缺陷是各部门经理之间难以确定内部转移价格，故往往由企业一级经理作为公断者来决定。在这种情况下，不但使应用这样的内部转移价格进行业绩评价成为问题，而且使"自治"化为乌有，失去了分权的意义，更难以起到激励的作用。尽管这种做法在某种程度上可以满足目标一致性的要求，但这种方法同样使销售单位的固定成本在购买单位将作为变动成本。因而也限制了内部转移价格在进行短期决策时的作用。但这种方法在中间产品有非竞争性市场、生产单位有闲置的生产能力以及变动成本低于市场价格，且部门经理有讨价还价的自由和完全自主的情况下，是行之有效的。

【本章小结】

本章首先介绍了责任会计的基本内容、建立责任会计制度的原则，其次分别详细阐述了责任会计制度中的成本中心、利润中心和投资中心的含义、类型、特点及相应的考核指标，最后分析了为分清责任而产生的内部转移价格的意义、制定原则及类型。

【关键术语】

责任会计　责任中心　内部转移价格

【思考题】

（一）什么是责任会计？它的基本内容有哪些？
（二）建立责任会计制度有哪些原则？
（三）什么是成本中心？它有哪些类型？它的特点是什么？它的考核指标有哪些？

（四）什么是利润中心？它有哪些类型？如何计算它的成本？它有哪些考核指标？

（五）什么是投资中心？它的考核指标有哪些？

（六）什么是内部转移价格？制定内部转移价格的原则有哪些？

（七）内部转移价格有哪些类型？

【练习题】

1. 某总公司加权平均投资利润率为18%,其所属A投资中心的经营资产平均余额为400万元,利润为100万元。现该投资中心有一投资项目,投资额为50万元,预计投资利润率为20%。若该公司要求的最低投资利润率为其加权平均投资利润率。

要求:

（1）如果不考虑投资项目,计算A投资中心目前的投资利润率。

（2）如果按投资利润率来衡量,A投资中心是否愿意接受这一投资项目？

（3）计算投资项目的剩余收益。

（4）如果按剩余收益来衡量,A投资中心应否接受这一投资项目？

2. 某公司2013年相关资料如表10-1所示。

表10-1　某公司2013年相关资料（单位：万元）

项目	预算数	实际数		
		甲投资中心	乙投资中心	丙投资中心
销售收入	200	180	220	200
营业利润	18	19	20	18
营业资产	100	90	100	99

在年末业绩评价时,董事会对这三个投资中心的评价发生了分歧:有人认为丙投资中心全面完成了预算,业绩最好;有人认为乙投资中心收入和利润都超出预算,业绩最好;还有人认为甲投资中心利润超过预算并节约了资金,业绩最好。

要求:假设该公司资本成本是18%,请对三个投资中心进行评价。

3. 某投资中心投资额为100 000元,年净利润为20 000元,公司为该投资中心规定的最低投资利润率为15%。请计算该投资中心的投资利润率和剩余收益。

4. 某公司的投资中心A,现平均经营资产为500 000元,经营净利润为100 000元。该公司经营资产最低的投资报酬率为15%,目前有一项新业务,需要投入资金200 000元,可获利68 000元。

要求:

（1）若以投资利润率为评价和考核投资中心A的依据,A中心是否愿意投资这项新业务？

（2）若以剩余利润为评价和考核投资中心A的依据,A中心是否愿意投资这项新业务？

5. 甲公司为集团总公司下设三个投资中心,现有的投资项目有关资料如表10-2所示。

表 10-2　甲公司投资项目相关资料（单位：万元）

部门	利润	资产占用资
总公司	3 410	31 000
A 投资中心	960	9 500
B 投资中心	1 050	9 200
C 投资中心	1 400	12 300

如果现有一个新投资项目，利润为 203 万元，投资额 1 800 万元。

要求：

（1）计算甲公司和各投资中心的投资利润率，并据此评价各投资中心的业绩；

（2）以总公司投资利润率作为最低投资利润率，计算各投资中心现有项目的剩余收益，并据此评价各投资中心的业绩；

（3）用各投资中心的投资利润率指标判断各投资中心是否会接受新投资项目；

（4）以总公司投资利润率作为最低投资利润率，用剩余收益指标判断各投资中心是否应接受新投资项目。

【案例分析】

申安公司准备按照分权管理的要求建立责任会计制度，设立内部责任中心。该企业是一个规模较大的机器制造公司，主要有六个生产制造车间和三个辅助性部门，三个辅助性部门分别是维修部门、供水供电部门和行政管理部门。以上各部门都具有较大的独立性。该公司在建立责任会计制度的过程中，业务经理提出以下主要设想供参考：

（1）董事长主持讨论责任会计制度的建立方案，责成总经理具体实施。

（2）建立责任会计制度的宗旨是把它看做企业全面质量管理的有效途径。

（3）该企业内部各机构、部门都可以被确认成为一个责任中心，指定专人承担相应的经济责任。

（4）根据分权的原则，企业只要求在执行预算过程中将信息迅速地反馈给各责任中心，而无须再向上级报告。

（5）内部转移价格属于短期决策中的价格决策内容，可由企业的业务部门具体操作，与责任中心无关。

（6）在确保原有组织机构的基础上，可以根据责任会计的要求对企业机构进行适当的调整。

（7）各成本中心为有效地管理该中心而发生的成本应被确定为责任成本。

（8）在未来五年的长远计划中，该公司准备再设立三个分部，并将它们设计成利润中心和投资中心，以加大管理力度。

（9）对于利润中心的考核，可以采用投资报酬率和剩余收益两种指标来衡量，但要注意前一指标可能导致职能失调的行为。

（10）要求责任中心进行系统的记录和计量，并定期编制业绩报告。

要求：根据建立责任会计制度和责任中心的原则，指出以上的设想在实际中是否可操作？哪些设想有明显的错误？

第十一章

作业成本计算与管理

【本章学习目标】通过本章学习，学生应了解作业成本法（activity-based costing system，ABC）的由来、概念和主要特点；了解作业成本法的理论依据；掌握作业成本的计算程序并能进行作业成本的实践计算，了解作业成本管理（activity-based cost management，ABCM）的相关内容。

■ 第一节　作业成本法概述

一、作业成本法的由来

20 世纪初，全球以劳动密集型生产为主要特征的传统制造业得到了迅速发展。被誉为"科学管理之父"的泰勒创立了旨在控制大批量生产中的直接人工的"科学管理学说"，并被广泛应用。直接人工占产品总成本的 40%~50%；而作为间接成本的制造费用约占总成本的 10%。传统的产品成本核算以直接人工为主，而作为间接成本的制造费用，被认为是出于人工"驱动"产生的，其分配依据也大多以数量（如直接人工工时、机器工时等）为基础。可以说，这种传统的产品成本核算方法与当时的生产力和科学技术水平是相适应的。

20 世纪 70 年代发生的第三次技术革命，其主要特征是在电了技术革命的基础上形成的生产过程高度的电脑化、自动化。随着生产环境的自动化程度不断提高，产品总成本中的直接人工大大减少，而制造费用比例却从 10%提高到 70%~75%。甚至在一些高新技术的制造企业中出现了完全自动化的、没有生产工人的"无人车间"，根本就没有直接人工，取而代之的是大量的制造费用。产品或劳务所耗费的生产资源和其所耗费的人工工时或机器工时之间的相关性越来越弱。这不论是从提高产品成本计算的准确性，还是从提高成本控制的有效性来看，都要求关注制造费用的分配。传统的数量分配基础极大地歪曲了产品对生产资源的消耗情况，计算出来的产品成本越来越偏离实际成本。新的生产环境要求以新的、更符合实际情况的分配基础替代原有的标准对间接费用进行分配，鉴于此，以作业为基础的作业成本法（也有人称之为作业成本计算法）就应运而生了。当然，采用多元化分配制造费用的作业成本法，也带来了庞大的信息处理成本，如果没有现代电子计算技术的应用，将违背成本-效益原则，使作业成本法难以实施。

正是由于上述种种原因，虽然作业成本法的基本思想早在 20 世纪 30 年代就已由美国会计学家科勒（E. Kohler）在研究水力发电的行业和成本特点时提出了，但其真正引起人们的注意却是在 20 世纪 80 年代之后。

二、作业成本法相关概念

1. 作业成本法

作业成本法，即以作业为基础的成本计算方法。作业成本法的基本理论认为，企业的全部经营活动是由一系列相互关联的作业组成的，企业每进行一项作业都要耗用一定的资源；而企业生产的产品（包括提供的服务）需要通过一系列的作业来完成。因而，产品的成本实际上就是企业全部作业所消耗资源的总和。在计算成本时，首先按经营活动中发生的各项作业来归集成本，计算作业成本；其次按各项作业成本与成本对象（产品或服务）之间的因果关系，将作业成本追溯到成本对象，最终完成成本计算过程。

"不同目的，有不同的成本"。例如，为了进行战略性盈利分析，人们会计算和使用企业在全部经营活动中发生的成本，即价值链成本。价值链成本是指产品的设计、开发、生产、营销、配送和售后服务耗用作业成本的总和。价值链成本的计算，首先是将企业发生的全部资源耗费分配到价值链的一系列作业上，其次将各项作业成本分配到产品。又如，为了进行短期的战术盈利分析，决策是否接受某一项订单等，则需要计算经营成本。产品的经营成本一般包括生产、销售和售后服务等作业的成本，而不包括产品设计、开发等成本。再如，企业为了对外提供财务报告，则应按对外报告的要求，计算产品的生产成本。我们知道，生产成本即制造成本，包括直接材料、直接人工和制造费用；而经营成本则是制造成本加上销售费用；价值链成本则是企业某一时期发生的全部成本，包括管理费用、销售费用和制造成本。运用作业成本法，我们可以将制造成本、销售费用、管理费用等间接成本，更加准确地分配到有关产品，从而得到满足不同需要的成本信息。不过，在运用作业成本法计算产品成本时，人们通常关注的重点是制造成本，强调制造费用的分配。在作业成本法下，直接成本（如直接材料）可以直接计入有关产品，而其他间接成本（制造费用等）则先分配到有关作业，计算作业成本，再将作业成本分配到有关产品。作业成本法仍然可以分为品种法、分批法和分步法等成本计算基本方法，或者说作业成本法可与品种法、分批法和分步法结合起来运用。

2. 作业

作业是指企业在经营活动中的各项具体活动。例如，签订材料采购合同、将材料运达仓库、对材料进行质量检验、办理入库手续、登记材料明细账等；又如，机加工车间所进行的车、铣、刨、磨等加工活动；再如，产品的质量检验、包装、入库等。其中每一项具体活动就是一项作业。一项作业对于任何加工或服务对象，都必须是重复执行特定的或标准化的过程和办法。例如，轴承制造企业的车工作业，无论加工何种规格型号的轴承外套，都须经过将加工对象（工件）的毛坯固定在车床的卡盘上，开动机器进行切削，然后将加工完毕的工件从卡盘上取下等相同的特定动作和方法。执行任何一项作业都需要耗费一定的资源。例如，上述车工作业，需要耗费人工、材料（如机物料等）、能源（电力）和资本（车床和厂房等）。一项作业可能是一项非常具体的活动，如车工作业；也可能泛指一类活动，如机加工车间的车、铣、刨、磨等所有作业可以统称为机加工作业；甚至可以将机加工作业、产品组装作业等统称为生产作业（相对于产品研发、设计、销售等作业而言）。

3. 成本动因

在作业成本法中，大量地使用着成本动因这一概念。成本动因也称成本驱动因素，是指引起相关成本对象的总成本发生变动的因素。在作业成本计算中，成本动因可分为资源动因和作业动因。

资源动因是引起作业成本变动的因素。资源动因被用来计量各项作业对资源的耗用，运用资源动因可以将资源成本分配给各有关作业。例如，产品质量检验工作（作业）需要有检验人员、专用的设备，并耗用一定的能源（电力）等。检验作业作为成本对象，其耗用的各项资源，构成了检验作业的成本。其中，检验人员的工资、专用设备的折旧费等成本，一般可以直接计入检验作业；而能源成本往往不能直接计入（除非为设备专门安装电表进行电力耗费记录），需要根据设备额定功率（或根据历史资料统计的每小时平均耗电数量）和设备开动时间来分配。这里，"设备的额定功率乘以开动时间"就是能源成本的动因。设备开动导致能源成本发生，设备的功率乘以开动时间的数值（即动因数量）越大，耗用的能源越多。以"设备的额定功率乘以开动时间"这一动因作为能源成本的分配基础，可以将检验专用设备耗用的能源成本分配到检验作业中。

作业动因是引起产品成本变动的因素。作业动因计量各种产品对作业耗用的情况，并被用来作为作业成本的分配基础。例如，某车间生产若干种产品，每种产品又分若干批次完成，每批产品完工后都需进行质量检验。假定对任何产品的每一批次进行质量检验所发生的成本相同，则检验的"次数"就是检验成本的作业动因，它是引起产品检验成本变动的因素。某一会计期间发生的检验作业总成本（包括检验人工成本、设备折旧、能源成本等）除以检验的次数，即为每次检验所发生的成本。某种产品应承担的检验作业成本，等于该种产品的批次乘以每次检验发生的成本。产品完成的批次越多，则需要进行检验的次数越多，应承担的检验作业成本越多；反之，则应承担的检验作业成本越少。

三、作业成本法的主要特点

作业成本法的主要特点，是相对于以产量为基础的传统的完全成本法而言的。

1. 成本计算分为两个阶段

作业成本法的基本指导思想是，"产品消耗作业、作业消耗资源"。根据这一指导思想，作业成本法把成本计算过程划分为两个阶段：第一阶段，将作业执行中耗费的资源追溯到作业，计算作业的成本并根据作业动因计算作业成本分配率；第二阶段，根据第一阶段计算的作业成本分配率和产品所耗费作业的数量，将作业成本追溯到各有关产品。

传统的完全成本法，首先是将直接成本追溯到产品，同时将制造费用追溯到生产部门（如车间、分厂等）；其次将制造费用分摊到有关产品。完全成本法分两步进行：第一步除了把直接成本追溯到产品之外，还要把不同性质的各种间接费用按部门归集在一起；第二步以产量为基础，将制造费用分摊到各种产品。传统方法下的成本计算过程，虽然也分为两步，但实际上，是把生产活动中发生的资源耗费，通过直接计入和分摊两种方式计入产品成本，即"资源→产品"。而作业成本法下成本计算的第一阶段，除了把直接成本追溯到产品以外，还要将各项间接费用分配到各有关作业，并把作业看做按产品生产需求重新组合的"资源"；在第二阶段，按照作业消耗与产品之间不同的因果关系，将作业成本分配到产品。因此，作业成本法下的成本计算过程可以概括为"资源→作业→产品"。作业成本法经过两个阶段的计算，把在完全成本法下的"间接成本"变成了直接成本。

作业成本法的这一双重联动的成本计算方法，彻底改变了传统的完全成本法的基本面貌，即生产量越大，技术要求越简单的产品成本越高，生产量越小，技术要求越复杂的产品成本越低，严重扭曲各产品之间的合理成本，并导致成本指标不能真实反映不同产品耗用生产费用。

2. 成本分配强调可追溯性

作业成本法认为，将成本分配到成本对象有三种不同的形式，即直接追溯、动因追溯和分摊。作业成本法的一个突出特点，就是强调以直接追溯或动因追溯的方式计入产品成本，而尽量避免分摊方式。

分摊是一种简便易行且成本较低的成本分配方式。这种成本分配方式，建立在某种特定的假设前提之下。当这一特定的假设前提符合成本与成本对象之间的因果关系时，分配的结果是相对准确的，否则，就会扭曲成本，影响成本的真实性。以产量为基础的完全成本法，对制造费用等间接成本采用分摊的方式，就是建立在"产量高的产品耗用的资源多"这一假设前提之下的。在经济不是十分发达、科学技术相对落后的环境下，劳动密集型企业中往往是常年大批量生产少数几种产品，而且产品的直接材料、直接人工在产品成本中所占比重较大（高的可达 70%以上），而制造费用等间接成本所占比重较小。在这样的企业中，按照传统的成本计算方法，直接材料、直接人工等成本直接追溯到对象；制造费用等间接成本，按照产品的产量或与产量密切相关的人工工时、人工成本等单一的成本分配基础分摊到各有关产品，产品成本的真实性不会出现大问题。这是因为：一方面，这类企业间接成本的主要内容无一定的因果关系。某种产品的产量越高，耗费的人工工时越多，使用机器设备等固定资产的时间越长，耗用的燃料和动力越多，自然应承担的成本越高；反之，应承担的成本越低。另一方面，由于间接成本在产品成本中所占比重较小，即使分配不够准确，对产品单位成本的影响也相对较小。与这种情况相适应，传统的以产量为基础的成本计算方法所得到的成本信息，一般可以比较真实地反映实际情况，能够满足企业管理与决策的需求。相反，追求过细的间接成本分配方法，不仅实际意义不大，而且经济上不合算，不符合成本-效益原则。

随着经济的发展，企业为满足客户需求，产品和服务朝着多品种、小批量、个性化发展，尤其是在一些技术密集型企业中，产品成本中直接材料和直接人工所占比重较低，而制造费用所占比重较高。在这样的企业中，采用单一的产量基础分摊制造费用，往往会造成产品成本的扭曲，成本信息严重失真。这样一来，不仅不能及时地为控制与决策提供更多的有用信息，甚至会误导决策。因此，完全成本法下对间接成本的"分摊"，越来越受到学术界和实务界的普遍质疑。

作业成本法的成本分配主要使用直接追溯和动因追溯。

直接追溯，是指将成本直接确认分配到某一成本对象的过程。这一过程是可以实地观察的。例如，确认一台电视机耗用的显像管、集成电路板、扬声器及其他零部件的数量是可以通过观察实现的。又如，确认某种产品专用生产线所耗用的人工工时数，也是可以通过观察投入该生产线的工人人数和工作时间而实现的。显然，使用直接追溯方式最能真实地反映产品成本。

动因追溯，是指根据成本动因将成本分配到各成本对象的过程。生产活动中耗费的各项资源，其成本不都能直接对应为特定的成本对象。对不能直接追溯的成本，作业成本法则强调使用动因（包括资源动因和作业动因）追溯方式，将成本分配到有关成本对象（作业或产品）。采用动因追溯方式分配成本，首先必须找到引起成本变动的真正原因，即成本与成本动因之间的因果关系。例如，检验作业应承担的能源成本，以设备单位时间耗电数量和设备开动时间（即耗电量）作为资源动因进行分配，是因为设备单位时间耗电量和开动时间与检验作业应承担的能源成本之间存在着因果关系。又如，各种产品应承担的检验成本，以产品投产的批次数（即质量检验次数）作为作业动因进行分配，是因为检验次数与产品应承担的检验成本之间存在着因果关系。动因追溯虽然不像直接追溯那样准确，但只要因果关系建立恰当，成本分配的结果同样可以达到较高的准确程度。

作业成本法强调使用直接追溯和动因追溯来分配成本，尽可能避免使用分摊方式，因而能够提供更加真实、准确的成本信息。在这里之所以使用"强调"一词，而不使用"要求"或"必须"，是因为在实务中，存在少数作业成本不能采用直接追溯或动因追溯方式进行分配。但由于这部分成本所占比重较小，不会对产品成本的准确性产生较大影响，因而不会导致成本严重扭曲。

3. 成本追溯使用众多不同层面的作业动因

一个企业仅以员工的工龄长短来确定工薪等级，并据以向员工分配薪酬，往往会造成分配上的不合理。如果同时考虑员工工龄的长短、技术水平的高低、工作能力的大小、创造财富的多少等因素来确定员工的工薪，就会使情况得到明显的改善，使分配更加合理，也更能充分反映员工对企业的贡献。同样道理，在传统的成本计算方法下，产量被认为是能够解释产品成本变动的唯一动因，并以此作为分配基础进行间接费用的分配。而制造费用是一个有多种不同性质的间接费用组成的集合，这些性质不同的费用有些是随产量变动的，而多数则并不随产量变动，因此用单一的产量作为分配制造费用的基础显然是不合适的。作业成本法的独到之处，在于它把资源的消耗首先追溯到作业，然后使用不同层面和数量众多的作业动因将作业成本追溯到产品。不同层面的作业动因包括单位水准动因（即以单位产品或其他单位产出物为计量单位的作业动因）、批次水准动因（即以"批"或"次"为计量单位的作业动因）以及产品水准动因（即以产品的品种数为计量单位的作业动因）等，而且每一层面的动因远不止两个。从运用作业成本法计算产品成本的企业实践来看，一般使用的动因在 30~50 个。采用不同层面的、众多的成本动因进行成本分配，要比采用单一分配基础更加合理，更能保证成本的准确性。

■ 第二节　作业成本的计算

一、作业成本法的理论依据

作业成本法是指将制造费用分配的着眼点放在作业活动上，以作业为核算对象，通过成本动因来确认和计量作业量，再以作业量为基础分配间接费用的一种成本计算方法。其基本指导思想是，"产品消耗作业、作业消耗资源"，作业是连接产品与资源的纽带，不仅产品成本是最终的成本计算对象，处于"中介"地位的作业也应成为重点成本计算对象。

资源是成本的源泉，是指企业为了得到产出而投入的一切生产要素，包括直接人工、直接材料、生产维持成本（如后勤、辅助人员工资等）、间接制造费用，以及生产过程以外的成本（如广告费等）。产品是指广义的产品，也即成本对象，包括若干工业品、劳务、信息等。作业是指一个组织内为了某种目的而进行的消耗资源的活动。资源动因是一种资源消耗量与作业之间的逻辑关系，它联系着资源和作业，把总分类账上的资源（生产费用）分配到作业成本上。作业动因则是一种作业消耗量与产品之间的逻辑关系，它是分配作业成本到产品或劳务的标准，也计量了每类产品消耗作业的频率。例如，当使用机器生产产品并将"操作机器"定义为一个作业时，则"机器运转小时"即可成为一个作业成本动因。如果生产 A 产品使用机器所花费的运转时间占总数的 80%，则作业"操作机器"发生的机器折旧、修理费用、能源消耗、润滑油、标准费等成本的 80% 就应归集到生产的 A 产品上。

二、作业成本法的计算程序

（一）确认主要作业

1. 作业的认定

作业的认定就是对每项消耗资源的作业进行定义，识别每项作业在生产活动中的作用、与其他作业的区别以及每项作业与耗用资源的联系。作业认定有两种形式：一种是根据企业总的生产流程，自上而下进行分解；另一种是通过与员工、经理进行交谈，自下而上确定他们所做的工作，并逐一认定各项作业。

2. 作业的分类

作业认定后，接下来的工作就是将作业组织成不同级别的作业中心。在制造业企业，通常将作业分成四个类型。

（1）单产性作业（unit level activity）或与产品产量有关的作业，是指每生产一单位的产品或劳务就执行一次的作业，即这类作业及其成本与产量有关，随着产量的增减而增减，如直接人工或直接材料的使用、机器保养等。

（2）批量性作业（batch level activity）或与产品批次有关的作业，是指每生产一批产品或劳务就执行一次的作业，即这类作业及其成本与产品批次有关，随着产品批次的增减而增减，如设备调整、质量检验、材料处理等。

（3）品种性作业（product level activity）或与产品项目有关的作业，是指为了特定产品或生产线的存在而执行的作业，即这类作业及其成本与品种或生产线相关，如产品设计、客户关系处理、采购和零部件管理等。

（4）产能性作业（facility level activity）或与产品设施有关的作业，是指为了维护整个企业的总体生产能力而执行的作业，此类作业的成本与提供良好的生产环境有关。它属于各类产品的共同成本，与产品项目多少、某种产品生产批次、某批产品的产量无关，具体包括工厂管理、照明和热动力、财产贮存、人事管理与培训等。

3. 主要作业的确定

一个企业作业的种类很多，如果将所有的作业都用来设计作业成本计算系统肯定不符合成本–效益原则，最终作业的确定需要会计师的专业判断，国外成功运行的作业成本管理系统主要有采购、客户订单处理、质量控制、生产控制、生产准备、加工制造、材料处理、维修等。

（二）建立"同质组"与"同质成本库"

建立作业同质组也就是在作业按产出方式分类的基础上，进一步按作业动因分类，将具有相同作业动因的作业，按一定要求合并在一起，成为同质组或同质成本库，形成一个成本集合。纳入同一个同质组的作业，须同时具备两个条件：①必须属于同一类作业；②对于不同产品来说，有着大致相同的消耗比率。

（三）将资源成本分配给作业

资源成本可以通过直接分配或估计的方法分配给作业。直接分配即按客观、真实的尺度来对资源进行计量，测算作业所消耗的经营资源的实际数额。例如，机器运转所耗用的电费可以通过查电表，将其直接分配到机器运转作业中。在缺乏或很难获取直接分配基准的情况下，往往采用调查和询问的方式来估计作业所消耗的经营资源成本。

（四）计算作业成本分配率

作业成本分配率是根据作业成本和作业量计算的，计算公式如下：

作业成本分配率＝作业成本÷作业量

（五）按作业动因将作业成本分配给最终产品

作业动因是各项作业被最终产品消耗的方式和主要原因。例如，调整准备作业的作业动因是调整设备次数，质量检验作业的成本动因是检验小时。某产品耗用的作业成本为

某产品耗用的作业成本=$\sum$（该产品耗用的作业量×实际作业成本分配率）

（六）计算产品成本

作业成本法的目标是计算出最终产品的成本。将直接材料、直接人工与分配给某产品的各作业成本库分摊的制造费用加总，计算出最终产品成本。某产品当期应承担的成本（即当期发生成本）为

某产品当期发生成本=当期投入该产品的直接成本+该产品当期耗用的各项作业成本

三、作业成本法案例及分析

【例 11-1】 皖巢公司是一家只生产甲、乙两种产品的企业。甲产品产量高、技术水平要求低，年产量为 10 000 件；乙产品产量低、技术水平要求高，年产量为 5 000 件。在作业成本核算系统下，该企业按作业过程将制造费用划分为生产订单、质量检验、机器调整准备、机器维修、原材料进货五个成本库。甲、乙产品的制造费用分配表如表 11-1 所示。

表 11-1 皖巢公司制造费用分配表

成本动因	可追溯成本/元	作业量/次			分配率/（元/次）
		甲产品	乙产品	合计	
生产订单次数	10 000	300	100	400	25
质量检验次数	10 000	400	600	1 000	10
机器调整准备次数	22 500	300	450	750	30
机器维修次数	30 000	120	280	400	75
原材料进货次数	15 000	140	60	200	75
合计	87 500	—	—	—	—

甲、乙产品的直接成本资料如表 11-2 所示。

表 11-2 皖巢公司直接成本分配表

产品名称	直接人工/小时	单位直接人工/小时	小时工资率/元	单位直接材料/元
甲产品	7 500	0.75	12	2.0
乙产品	1 250	0.25	12	0.8

根据表 11-1 和表 11-2 的已知数据，按完全成本法和作业成本法两种不同的核算方法将其制造费用在甲、乙两种产品之间进行分配，可以得出不同的结果。

（1）按完全成本法计算的制造费用分配情况如下：

制造费用分配率=87 500÷（7 500+1 250）=10（元/小时）

甲产品应分配的制造费用=7 500×10=75 000（元）

乙产品应分配的制造费用=1 250×10=12 500（元）

（2）按作业成本法计算的制造费用分配情况如下：

甲产品应分配的制造费用=300×25+400×10+300×30+120×75+140×75=40 000（元）

乙产品应分配的制造费用=100×25+600×10+450×30+280×75+60×75=47 500（元）

通过以上计算，我们可以得出不同计算方法下两种产品的总成本和单位成本，如表 11-3 所示。

表 11-3 皖巢公司产品成本计算表

成本项目	甲产品（产量 10 000 件）				乙产品（产量 5 000 件）			
	总成本/元		单位成本/元		总成本/元		单位成本/元	
	完全成本法	作业成本法	完全成本法	作业成本法	完全成本法	作业成本法	完全成本法	作业成本法
直接材料	20 000	20 000	2.0	2.0	4 000	4 000	0.8	0.8
直接人工	90 000	90 000	9.0	9.0	15 000	15 000	3.0	3.0
制造费用	75 000	40 000	7.5	4.0	12 500	47 500	2.5	9.5
合计	185 000	150 000	18.5	15.0	31 500	66 500	6.3	13.3

由以上计算可以看出，采用不同的成本计算方法，会得出相异的成本信息，而不同的成本信息会直接影响企业的经营决策。在完全成本法下，这种不合理的成本费用可能会导致不合理的定价，这种定价造成产品的盈利水平失真，表面盈利的产品可能是由于低估成本费用造成的，而表面亏损的产品可能实际上是盈利的。作业成本法和完全成本法所分配的对象都是产品或劳务所耗费的资源，只不过具体分配到每一种产品或劳务上的费用不一样，所以得出了不同的单位成本。

【例 11-2】 宏达公司生产 A、B、C 三种电子产品，产品 B 工艺最简单，产品 C 工艺最复杂。公司设有一个生产车间，主要工序包括零部件排序准备、自动插件、手工插件、压焊、技术冲洗及烘干、质量检测与包装，原材料与零部件均外购。该企业当月制造费用总额为 3 714 000 元。宏达公司一直采用完全成本法计算产品成本。有关基本数据如表 11-4 所示。

表 11-4 A、B、C 三种产品有关资料

项目	产品 A	产品 B	产品 C
产量/件	40 000	20 000	8 000
班次	由 4 个班次完成	由 1 个班次完成	由 10 个班次完成
直接材料/元	90	50	20
直接人工工时/（小时/件）	4	3	2
每变换一个班次准备时间/小时	10	10	10
装配工时/（小时/件）	1.25	1	2
直接人工工资率/（元/小时）	20	20	20
准备人工工时成本/（元/小时）	20	20	20

根据上述资料，用完全成本法计算 A、B、C 三种产品的单位成本，计算步骤如下。

（1）计算综合性的预计制造费用分配率。

产品 A 预计的直接人工工时=40 000×4=160 000（小时）

产品 B 预计的直接人工工时=20 000×3=60 000（小时）

产品 C 预计的直接人工工时=8 000×2=16 000（小时）

直接人工工时合计=236 000（小时）

综合性的预计制造费用分配率=3 714 000÷236 000=15.74（元/小时）

（2）各产品单位成本的计算如表 11-5 所示。

表 11-5　完全成本法下各产品单位成本计算表（单位：元）

项目	产品 A	产品 B	产品 C
直接材料	90	50	20
直接人工	80（20×4）	60（20×3）	40（20×2）
制造费用	62.96（15.74×4）	47.22（15.74×3）	31.48（15.74×2）
合计	232.96	157.22	91.48

现假设该公司采用成本加成定价法作为企业的定价策略，并按成本的 25%的加成作为目标售价，则各产品的实际售价将分别定为 291.20 元、196.53 元、114.35 元。但这样的计算结果令企业管理当局十分困惑，产品 A 按目标售价正常出售；但市场上与产品 B 相类似的产品单位售价仅为 180 元，若宏达公司也按此价格出售，将无法弥补各项销售管理费用产生的亏损；而产品 C 的订单特别多，即便将价格提高到 200 元，现有生产能力也仍然不能满足市场需求。因此宏达公司决定对成本的计算采用更为精确的作业成本法。公司在对制造出用做出详细分析后，将生产过程中的作业分为 7 个作业中心，各作业中心全年的作业成本如表 11-6 所示。

表 11-6　各作业中心全年的作业成本（单位：元）

制造费用	金额	制造费用	金额
装配	1 212 600	产品包装	250 000
调整准备	3 000	工程处理	700 000
物料处理	620 000	综合管理	507 400
质量保证	421 000	合计	3 704 000

将以上制造费用按作业的成本动因归属于各层次的成本库，其结果如下。

（1）"单位"层次的成本库："装配" 1 212 600 元。

（2）"批"层次的成本库："调整准备" 3 000 元；"物料处理" 620 000 元；"质量保证" 421 000 元；"产品包装" 250 000 元。

（3）"产品"层次的成本库："工程处理" 700 000 元。

（4）"综合能力维持"层次的成本库："综合管理" 507 400 元

各作业成本库的成本动因作业量如表 11-7 所示。

表 11-7 各作业成本库的成本动因作业量

制造费用	成本动因	作业量			
		产品 A	产品 B	产品 C	合计
装配	机器小时/小时	50 000	20 000	16 000	86 000
调整准备	准备次数/批次	4	1	10	15
物料处理	材料移动/次数	30	7	63	100
质量保证	检验小时/小时	2 000	1 000	2 000	5 000
产品包装	包装次数/次	600	80	1 320	2 000
工程处理	工程处理时间/小时	900	500	600	2 000
综合管理	直接人工/小时	160 000	60 000	16 000	236 000

单位产品各项间接费用的分配如表 11-8 所示。

表 11-8 作业成本法下单位产品间接费用分配表（单位：元）

"装配"成本

产品 A：1 212 600 ÷ 86 000 × 1.25=17.625
产品 B：1 212 600 ÷ 86 000 × 1=14.10
产品 C：1 212 600 ÷ 86 000 × 2=28.20

"调整准备"成本

产品 A：3 000 ÷ 15 ÷（40 000 ÷ 4）=0.02
产品 B：3 000 ÷ 15 ÷（20 000 ÷ 1）=0.01
产品 C：3 000 ÷ 15 ÷（8 000 ÷ 10）=0.25

"材料处理"成本

产品 A：620 000 × 30 ÷ 100 ÷ 40 000=4.65
产品 B：620 000 × 7 ÷ 100 ÷ 20 000=2.17
产品 C：620 000 × 63 ÷ 100 ÷ 8 000=48.825

"质量保证"成本

产品 A：421 000 × 2 000 ÷ 5 000 ÷ 40 000=4.21
产品 B：421 000 × 1 000 ÷ 5 000 ÷ 20 000=4.21
产品 C：421 000 × 2 000 ÷ 5 000 ÷ 8 000=21.05

"产品包装"成本

产品 A：250 000 × 600 ÷ 2 000 ÷ 40 000=1.875
产品 B：250 000 × 80 ÷ 2 000 ÷ 20 000=0.50
产品 C：250 000 × 1 320 ÷ 2 000 ÷ 8 000=20.625

"工程处理"成本

产品 A：700 000 × 900 ÷ 2 000 ÷ 40 000=7.875
产品 B：700 000 × 500 ÷ 2 000 ÷ 20 000=8.75
产品 C：700 000 × 600 ÷ 2 000 ÷ 8 000=26.25

"综合管理"成本

产品 A：507 400 ÷ 236 000 × 4=8.60
产品 B：507 400 ÷ 236 000 × 3=6.45
产品 C：507 400 ÷ 236 000 × 2=4.30

综合上述有关资料，可得出用作业成本法计算的产品 A、B、C 的单位成本，如表 11-9 所示。

表 11-9 作业成本法下各产品单位成本计算表（单位：元）

项目	产品 A	产品 B	产品 C
直接材料	90	50	20
直接人工	80（20×4）	60（20×3）	40（20×2）
制造费用			
"单位"层次			
装配成本	17.625（14.10×1.25）	14.10（14.10×1）	28.20（14.10×2）
"批"层次			
准备成本	0.02	0.01	0.25
物料处理	4.65	2.17	48.825
质量保证	4.21	4.21	21.05
产品包装	1.875	0.50	20.625
"产品"层次			
工程处理成本	7.875	8.75	26.25
"综合能力维持"层次			
综合管理	8.60	6.45	4.30
合计	214.855	146.19	209.50

比较传统的成本法与作业成本法两种成本计算法所得到的单位成本，可以看出，在作业成本法下，产品 A、B 的单位成本均有所降低，产品 C 的单位成本大大提高。究其原因在于，完全成本法下全部制造费用均按直接人工小时分摊；但事实上并非所有产品的成本动因都是人工小时，特殊化并少量生产的 C 产品在物料处理、工程处理等方面的成本更高，而完全成本法将企业发生的总成本中产品 C 应负担的部分转嫁给产品 A、B 负担，造成了成本指标的严重歪曲，对企业以成本为基础所进行的各项经营决策（特别是产品定价决策）会产生严重的误导。

四、作业成本法的应用拓展

作业成本法为解决在新制造环境下间接成本费用的分配问题，提供了一条崭新的思路和一整套系统的方法，一般来说，其适用于制造费用比重大、项目多的企业。我们应该吸取作业成本法的精华，在一些制造费用占成本比重较大的企业推行。在具体应用时，可考虑采用以下措施：

（1）不必要求制造费用全部参加分配，对一些数额较大的项目，如车间生产特定产品的设备维修费、折旧费应直接计入该产品成本，余下的制造费用再分配计入产品成本。

（2）当各车间制造费用分配率差距较大时，尽管成本采用一级核算，制造费用也要按各车间进行分配；规模大的企业可缩小核算单位，按班组或工段归集、分配制造费用。

（3）制造费用必须采用合适的分配标准。若一个车间用一个标准分配制造费用难以保证其准确性，可将制造费用分类，采用不同的标准分配。例如，制造费用中的折旧费、修理费、外购动力费可按机器工时分配，机物料消耗、劳动保护费等可按直接人工分配。

（4）用折合工时进行分配。无论是按实际工时还是按定额工时来分配制造费用，都忽视了各种生产设备每小时制造费用水平的不同，尤其对那些设备型号多、精密性相差悬殊的企业。因此，必须根据实际情况，将设备分为若干类，以各类设备每小时的折旧费、修理费、保养费等，或每小时加工价格为依据，确定折合计算标准工时系数，然后根据这个系数将各种产品的各类工时折合为标准工时，据以分配制造费用。

综上所述，作业成本法从本质上来说就是一种费用分配方法，是为了提供更准确的成本信息而对传统的完全成本法所作的改进，它并不是完全否定传统的完全成本法，它的目的在于通过对生产流程作更细致的分析，更难确地分配制造费用。

五、作业成本法的优点与缺点

作业成本法在资源和产品间引进一个中介——作业，其基本思路是作业消耗资源，产品消耗作业，生产导致作业发生，作业导致成本发生。作业成本法与传统成本计算的具体方法，如品种法、分批法、分步法并不冲突，作业成本法可与上述方法配合使用，只是在制造费用的分配方面，应当将归集对象由部门改为更细的作业活动，并按各种或各类作业活动分别选择适当的分摊基础。另外，非制造成本分摊至产品是品种法、分批法、分步法没有考虑的因素，而作业成本法则能够提供这类信息。

作业成本法能够解决完全成本法的缺陷，但也伴随着一些原有方法不存在的问题，其优缺点分析如下。

（一）优点

1）成本计算的精确性、完整性

在作业成本法下，将间接成本按作业活动分为各种成本库，各自选择适当的成本动因作为分摊作业成本的基础来计算产品成本，这样能够反映生产所耗用的资源，从而使产品的成本计算更为精确。而且，企业的作业活动不限于生产，因此按作业活动分摊及归集的成本涵盖了与产品成本有关的所有成本，使成本信息更为完整，与定价、生产、销售等决策的相关性更强，从而有利于企业做出最优决策。

2）更有利于成本的规划与控制

通过分析作业成本及相关成本，管理人员可以了解公司资源运用的情况，以及各项作业成本的多少，从而有助于进行妥善的资源规划，并尽量选择较低的作业以满足顾客的需求。

同时，在作业成本法下，成本动因是引发作业成本发生的主要原因，因此人们可以通过对成本动因的管理而有效地控制成本。并且，通过各项作业成本的归集，管理人员可以找出无附加价值的活动，并尽可能减少或消除此类活动。例如，工厂中由于厂区、设备规划不当而造成的原材料、零部件或半成品等在各工序之间的搬运而导致成本的发生，无助于产品价值的增加。此类活动或作业就应当减少或消除。

此外，作业成本法的实施还可以使责任成本归属更加明确，使管理上的问题更易发现而得到及时改进。例如，由相关人员共同协商制定各项作业成本的预计分摊率，将各项作业成本的实际成本和预计成本比较，就可以发现发生问题的作业及其责任人或责任单位。因此，从成本控制和绩效专评的角度看，作业成本法比完全成本法更有效。

（二）缺点

1）不易划分作业活动

一个企业作业的种类很多，如果将公司整体的经营活动都仔细划分为不同的作业往往会花费巨大的费用和人力。因此，如何适当地将企业活动划分为适量的作业中心，需要管理者仔细衡量。

2）不易确认成本的动因

有一些作业活动的成本动因不易确认，必须依赖人为的主观判断。

3）实施的效益未必高于成本

对于作业项目繁杂或产品种类多样的公司来说，实施作业成本法所耗费的作业度量成本、账务处理成本等，很可能超过其效益，这就需要评估实施作业成本法的可行性。

■ 第三节　作业成本管理

一、作业成本管理的概念

作业成本管理，是指企业对利用作业成本计算所获得的信息进行作业管理（activity-based management，ABM），以达到不断消除浪费、实现持续改善、提高客户价值，并最终实现企业战略目标的一系列活动。

现代企业被看做为客户提供有用的产品或服务，以更好地为实现客户价值而设计的由一系列作业组成的价值链。客户价值是指客户所得与所费之间的差额。"所得"是指客户从所购买的产品（或服务）中获得的有形和无形利益，包括产品（或服务）的功能、质量、外观、使用说明、品牌乃至心理上的满足；"所费"是指为获得该项产品（或服务）的有形和无形利益而发生的各项成本，包括购买成本、掌握产品的使用方法所耗费的时间、使用中花费的其他成本、维修成本等。不断提高客户价值，企业才能吸引和赢得更多的客户，从而扩大产品的市场份额，最终实现企业盈利增加。价值链则是指为了实现一项特定目标而进行的一系列相互关联的作业组合。一般情况下是指企业经营全过程，包括研发、设计、生产、营销、配送等；有的是指某一特定过程中所包含的相互联系的各项作业。例如，为了实现降低原材料采购成本这一目标，必须包括采购计划的拟订、供应商的选择、签订采购合同、运输、保险、质量检验等一系列作业，而不是其中某一项作业。又如，企业为了提高客户价值，则往往需要对研发、设计、原料采购、生产、营销、配送等各个方面的作业，乃至整个作业链，进行不断改进、完善，以提高产品有用性，增加客户的有形和无形利益，不断消除浪费，全面降低成本。

作业成本计算的产生为成本管理提供了一种新思维，同时，它也对整个会计信息系统产生了较大的影响，展示了成本计算方法由"数量基础"到"作业基础"的最新进展。前面我们已经了解了管理者如何按作业成本法计算各种产品的成本。对于一个拥有上百种甚至上千种产量不同、工艺不同、规格不同的产品的企业，作业成本法的应用效果是最为显著的。但作业成本计算的作用远不止成本计算，作业成本法以作业为中心的管理思想，现在已从成本的确认、计量方面转移到企业管理的诸多方面，一种新的现代企业管理思想——作业管理正在形成。作业管理是把管理重心深入作业层次的一种新的管理观念。作业管理的研究领域除了生产过程，还把供应者、顾客这类作业链的投入端与产出端作为独立的分析对象（如顾客盈利性分析），同时也针对作业链整体进行分析。可以说，发展至今，作业成本法已成为以作业为核心、成本分配观（cost assignment view）和过程分析观二维导向、作业成本计算与作业管理相结合的全面成本管理制度。

二、作业成本法的二维观念

作业成本法是一个"二维"的观念，即成本分配观和过程分析观。

（1）成本分配观。成本分配观从"资源流动"与"成本流动"两个侧面全面地提供有关资源、作业和成本对象的信息。它可概括为"资源—作业—成本对象"。成本对象引起作业需求，而作业需求又引起资源的需求，这是成本分配的"资源流动"。成本分配观的"成本流动"却恰好相反，它从资源到作业，而后从作业到成本对象。

（2）过程分析观。过程分析观提供"何种因素引起作业以及作业完成效果如何"的信息，企业可以利用这些信息不断优化经营过程，从而实现持续改善。它可概括为"经营过程分析—作业—持续改善"。作业管理体现了作业成本法的过程分析观，其目的在于对作业链进行持续改善，以使企业获得竞争优势。

成本分配观导向下所提供的信息有助于分析资源、作业与产品这三者之间的关系，准确计量产品成本，寻找成本管理的突破点，实施目标成本法，进行顾客盈利性分析。过程分析观导向下提供的信息反映作业过程的动态关系，为从根源上控制成本、评价业绩、持续改善生产经营创造了条件。

从作业管理的实质来看，作业管理主要有两个目标：一是从外部顾客的角度出发，尽量通过作业为顾客提供更多的价值；二是从企业自身角度出发，尽量从顾客反馈信息中获取更多的利润。为实现上述两个目标，企业管理必须深入作业水平，进行作业分析，最终实现经营过程的改善。

三、作业分析

对作业分析的理解有广义和狭义之分。狭义的作业分析仅仅是指认识和区分作业。显然仅仅认识和区分作业并不能满足需要，我们需要通过认识和分析作业，将作业作为成本核算和管理的对象。所以一般需要将细小的作业整合成成本计算的对象以及将具体作业的改进纳入作业分析的概念中，从而形成广义的作业分析概念。广义的作业分析是指对一个企业（或组织、部门）所进行的作业的辨认、描述、评价和改进的过程。它能为企业提供如下信息：进行了多少作业，多少人参与了作业，作业所耗费的时间和资源，评价作业对企业的价值，分辨"增值作业"（value added activity）和"非增值作业"（non-value added activity）。

实行作业分析的目的在于认识企业的作业过程，以便从中发现持续改善的机会及途径。具体目的主要表现在以下几个方面：使企业了解主要作业目前的成本耗费水平和企业的工作业绩；为降低成本或改进业绩提供相应的作业信息，为作业的改进提供信息；辨别从属的、次要的和非增值的作业；辨别跨机构、跨组织作业问题。

作业分析的步骤如下。

（一）分析客户产品或服务的"价值观"

产品或服务的"价值观"特指影响客户对本企业所提供的产品或服务价值高低的各种因素；价值高低可以用"客户愿意支付的价格"来衡量。只有明确判断影响客户评价企业向其提供的产品或服务价值高低的各种因素，企业才可能发现哪些作业能够增加产品的价值，而哪些作业不能增值。影响客户"价值观"的因素有很多，不同类型的客户往往具有不同的"价值观"，因此，在进行"价值观"分析时，企业应明确自己的市场定位，即哪些客户是本企业争取的对象，只有对这些持定类型的客户进行分析才能直接获得改善作业链的机会。

（二）分析作业之间的联系

企业各项作业之间存在有机联系，形成作业链；作业链的改善并非靠各项作业逐一优化来实现，而要通过各项作业的协调改善来完成。理想的作业链应该使作业完成的时间最短且重复次数最少。由此我们知道，作业管理不仅仅是一项管理工作，更为重要的是它是不断改进作业活动的动态过程。

（三）区分增值作业与非增值作业

作业按其是否具有增值性，可以分为增值作业和非增值作业两类。

1. 增值作业

增值作业是指企业生产经营所必需的，且能为顾客带来价值的作业。这里所说的价值是指顾客对企业向他们提供的产品或服务所愿意支付的价格。企业如果消除了这类作业，就会影响顾客所愿意支付的价格。处于生产工艺流程中的各项作业一般都是增值作业，如采购订单的获取、在产品的加工及完工产品的包装。对于增值作业，企业要做的是努力提高其执行效率。

2. 非增值作业

非增值作业是指对增加顾客价值没有贡献的作业，或者即使消除也不会降低产品价值的作业。顾客不会因为企业消除这类作业而降低所愿意支付的金额。非增值作业的判别标准是企业把该作业消除后仍能为顾客提供与以前同样的效果。非增值作业是企业作业成本管理的重点。实际上，在一个企业所从事的作业中，非增值作业占有相当大的比重，存在巨大的改进潜力。企业应合理安排作业及各作业之间的联系，竭力减少非增值作业的执行。一般来说，一个企业的非增值作业主要有以下几个方面：

（1）计划作业。该作业要耗费时间和资源来决定如何生产、生产多少、何时生产。

（2）移动作业。该作业要耗费时间和资源将原材料、在产品和产成品从一个部门转移到下一个部门，如原材料、在产品和产成品搬运。

（3）等待作业。原材料或在产品未被下一道工序及时加工而存在等待作业，这一作业也要耗费时间和资源。

（4）检查作业。该作业要耗费时间和资源来确保产品符合标准，如产品因质量问题所进行的返修、重复检测。

（5）储存作业。该作业要消耗时间和资源保存原材料或产品，如存货的存储、分类、整理。

值得强调的是，我们不能根据一项作业在产品生产过程中是否具有可消除性来判断其是否属于非增值作业。例如，原材料搬运作业通常不可能完全消除，但该作业属于非增值作业。相反，某些产品的包装这项作业具有可消除性，企业可以采用散装方式向顾客销售（如可以不必对每支牙膏进行单独包装），但是顾客往往不愿按带有包装产品的价格购买。所以，包装作业通常属于增值作业，尽管有时它具有可消除性。

（四）分析重要性作业

企业的作业通常多达几十种，甚至上百种、上千种，对这些作业一一进行分析是不必要的，因为这样做不符合成本-效益原则。必须根据重要性原则，对那些相对于顾客价值和企业价值而言比较重要的作业进行分析。

（五）分析作业成本动因

分析作业成本动因的目的在于对作业成本实施事前控制，如合理制订生产计划，来保证作业低成本；在进行成本动因分析时，应将不同作业划分成单位作业、批量作业、产品作业及生产能力作业四个不同层次；由于相同层次的作业有类似甚至相同的成本动因，因此可按作业层次逐层分析。

（六）分析作业执行效果

分析作业执行效果的目的在于对作业的执行过程实施控制，以寻求降低作业成本的机会。作业效果的优劣可以从以下三方面加以衡量：①作业的成本高低；②完成作业的必要时间；③工作质量好坏。以订货作业为例，可以考虑：①一次订货的平均成本；②一次订货需耗用的时间；③一个月内发生的订货过失次数。

四、经营过程改善

作业管理的根本目的在于企业经营过程的持续改善。作业分析为实现这一目的提供了必要的信息。利用这些信息，企业可以从以下方面着手经营过程的持续改善。

（一）重构作业链

重构作业链是一项较为复杂的过程改善措施，大致包含以下内容。

1. 作业消除

作业消除就是消除非增值作业。消除非增值作业是改善经营过程最重要的环节。例如，将原材料从集中保管的仓库搬运到生产部门、将某部门生产的零件搬运到下一个生产部门都是非增值作业，如果条件许可，将原料供应商的交货方式改为直接送达原材料使用部门，改善工厂布局，缩短运输距离，削减甚至消除非增值作业。企业应对所有不必要的作业予以消除，对那些无法彻底消除的非增值作业，应最大限度地降低其成本及所消耗的时间。

2. 改变产品工艺设计

改变工艺设计可以从许多方面着手。例如，重新进行设计，以增加不同产品间零部件的通用性，或减少每件产品所需零部件的种类和数量。这样便可使生产过程的复杂程度降低，进而可以简化作业流程，缩短整个作业流程周期，降低总体作业成本。

3. 合并被划分过细的相关作业

对于那些被划分过细，却又关系密切、属性基本相同的作业应予以合并，以提高作业过程总体效率。例如，可将"人员招聘""职工档案管理"等作业合并为"人事管理"作业。不同作业是否有必要进行合并应视拟合并的各项作业的复杂程度、相互之间的相关程度，以及能否适应管理要求而定。

4. 作业分解

如果某个作业包含了不同类的业务，而这些业务中的每一项又具有一定的复杂性，那么，应该将该作业按业务的性质进行拆分，以提高作业效率。例如，"材料采购作业"中也含了"购货"、"验货"和"收货"三种不同性质的业务，因此可以按上述三种不同业务类型，相应分解为三项不同作业。

5. 改善作业流程

作业流程的改进，原则上应使整个作业流程时间最短，并且成本最低。例如，通过改变作业地点布局来缩短在产品间的传递距离，从而实现整个作业的时间消耗更短。通过增设材料处理作业，一系列加工作业效率大大提高，同时次品率又可大幅减少，废品损失成本大大降低。

（二）合理资源配置

资源总体利用效果未能最优化的原因，在于不同作业的产出水平相差较大，致使个别作业利用率接近饱和，而其余作业利用率却未达到饱和状态。由此造成人员空闲、机器设备闲置等资源浪费现象。企业只有首先明确各项作业利用率，才能从根本上改善资源总体利用效果。利用作业成本法，企业易于获得作业利用率的有关信息，进而找出"饱和作业"和"过剩作业"。

（三）优化作业

优化作业目的在于降低作业单位产出成本，缩短作业时间和提高作业质量。实行作业优化可按以下步骤进行。

（1）通过作业减低优化潜力较大的作业。企业的经营过程包含许多作业，在对作业进行优化时，应该重点选择那些潜力较大的作业实施优化。属于这类作业的主要有：①无法彻底消除的非增值作业；②成本较高的增值作业；③作业时间较长的增值作业；④对其他作业影响较大的作业。通过作业减低改善必要作业的效率或者改善在短期内无法消除的不增值的作业，如减少整理准备次数，就可以改善整理准备作业及其成本。

（2）缩短作业周期，降低作业成本。作业周期的缩短有利于增加客户的满意度，同时可提高作业产出能力，有利于降低作业成本。缩短作业周期的途径主要有：①提高作业人员的熟练程度；②改善作业方式；③优化作业安排；④与其他相关作业相协调；⑤进行设备技术更新。

（3）提高作业质量水平。作业质量水平的提高有利于增加产品价值，同时也有利于降低产品成本。为此，企业可以从以下方面着手：①以人为本，树立质量第一的企业文化；②提高作业人员的业务水平；③加强设备维护；④进行设备更新。

（4）作业分享。作业分享就是利用规模经济效应提高必要作业的效率，即增加成本动因的数量但不增加作业成本，这样可以降低单位作业成本及分摊于产品的成本。例如，新产品在设计时如果考虑到充分利用现有其他产品使用的零件，就可以免除新产品零件的设计作业，从而降低新产品的生产成本。

五、作业成本管理与传统成本管理的主要区别

将作业成本管理与传统成本管理进行比较，指出二者的主要区别，有助于进一步了解作业成本管理。二者的主要区别在于以下三个方面。

1. 传统成本管理与作业成本管理关注的重点不同

传统成本管理关注的重点是成本，而作业成本管理关注的重点是作业。

传统成本管理的对象主要是产品，关注的重点是如何降低产品成本，而不涉及作业。通过传统成本计算取得的仅仅是产品成本信息，而不是与作业相关的信息。尽管使用不同的成本计算方法可以得到固定成本、变动成本、标准成本、成本差异、可控成本等信息，但是这些成本均是以产量为基础分摊到产品的成本，所提供的信息不仅在准确性方面遭到质疑，在信息的广泛性、相关性、及时性等方面也都存在一定问题。利用它们实施成本控制，进行决策，往往具有很大的局限性，只能"就成本论成本"。

传统成本管理尤其不适于那些制造环境先进、产品品种多且更新换代较快、市场竞争十分激烈的企业。

而作业成本管理的对象不仅是产品，而且包括作业，并把关注的重点放在作业上。因为作业成本管理认为，作业引起成本，所以对作业进行管理效率更高，能够更好地降低成本。通过作业管理，对作业进行分析，可以将管理引入更深的层次，发现影响成本的根本原因，从而解决影响成本的实质问题。例如，将材料从仓库运往车间这项作业，通过作业动因的认定和分析，可以指出产生该项作业的原因是仓库与车间存在 0.5 千米的距离，如果改变流程布局缩短仓库与车间的距离，则可以降低或者消除该项作业成本，从而达到消除浪费、降低产品成本的目的。在实施作业管理的过程中，需要计算和使用关于效率、质量、时间的大量非财务性指标（如产出/人工工时、产出/千瓦时，不合格品的数量、次品数量/总产量，交货时间等），以研究分析作业产生的原因、作业执行的质量和效率及作业执行的结果，并从中寻找降低成本的路径。

2. 传统成本管理与作业成本管理职责的划分、控制标准的选择、考核对象的确定及奖惩兑现的方式不同

传统的成本管理一般以部门（或生产线）作为责任中心，以该部门可控成本作为对象；以企业现实可能达到的水平作为控制标准，而且这一标准是相对稳定的，是企业现实可能达到的，而不是最高水平的标准；以是否达到该标准及达到该标准的程度作为考核依据，对部门和相关责任人兑现奖惩。这种模式，一方面容易造成部门利益与企业总体目标相悖，为追求部门利益可能损害企业的整体利益。例如，采购部门为了降低材料采购成本，可能减少对供应商和材料质量的考察、选择，或者增加一次购入量，减少采购次数。这种情况可能会增加材料质量检验的工作，提高检验作业成本；扩大材料储备量，增加储备作业成本。同时，还可能会造成次品的增加，导致材料浪费和返工作业量增加，提高加工成本，使企业整体利益受损。另一方面，以企业当前可能实现的水平作为控制标准，则不能实现持续改善。我们知道，标准成本的制定一般是以企业的正常成本作为依据的，而正常成本是按企业现实可能达到的水平确定的。以机器设备为例，它不仅考虑了设备维修、保养、操作人员必要的沟通及休息等停工时间，而且考虑了现实的低效率、可能出现的技术故障、次品返工、待料停工时间等因素。这种标准本身包含着"浪费"或节约的潜力。以这种标准作为控制标准，并以达到或超过这种标准确定奖惩，显然无法刺激有关责任人进行持续改善，不利于成本的不断降低。

作业成本管理则是以作业及相关作业形成的价值链来划分职责，以价值链作为责任控制单元，而价值链是超越部门界限的。这种职责划分只能建立在作业成本计算的基础之上。某一作业成本库或若干个成本库的成本之和，就是作业或价值链的成本，其资料来源十分容易。作业成本管理以实际作业能力［在不考虑现实的低效率、技术故障、次（废）品、非正常停工等因素的情况下，可能达到的最高产出水平］成本，即最优或理想成本作为控制标准。以不断消除浪费所取得的成果和接近最优标准的程度作为业绩。实现的业绩可以用财务指标衡量，也可用非财务指标衡量。非财务指标一般是实物性的营运指标，它便于所有参与人员（非财务人员），尤其是工人所接受，而且无须通过成本计算，随时可以取得，因而大大提高控制信息的及时性。对作业链中各种作业的执行者，即"团队"（不是某一部门和某一责任人）实施奖惩。因此，实施作业成本管理更有利于划清责任，并保证局部与整体利益高度一致；不断消除浪费，提高效率，实现持续改善。同时，使用实际作业能力成本作为标准，而不是以本企业现实可能达到的水平作为标准，有利于企业达到行业最高标准，使企业在激烈的竞争环境中处于有利地位。

3. 传统成本管理忽视非增值成本，而作业成本管理高度重视非增值成本，并注重不断消除非增值成本

传统成本管理关注的是在经营过程中实际发生的成本，并在此基础之上，采取各种手段和措施来控制这些成本，而忽视实际发生的成本中存在的非增值成本。非增值成本，是指那些不增加客户价值的作业所耗费的成本。在现实的管理水平下，非增值成本并非不必要的成本，但却是可以通过持续改善加以消除的成本。例如，产品质量检验作业的成本，为了防止不合格产品流向市场，检验作业是必需的。但是，检验作业的成本不能增加客户价值。通过持续改善，不断提高生产技术和工艺水平，可以实现下线产品一次合格率达到百分之百，那么检验作业就可以消除。传统成本管理虽然也注重提高产品质量，也注意控制和压缩检验费用的开支，但是没有意识到它是一项非增值成本，应逐步予以消除。而作业成本管理从实现和提高客户价值方面考虑，能够发现并报告非增值成本，并十分明确地提出目标，通过持续改善，最终消除非增值成本。

目前，两种成本管理在实务中都可以找到，而传统成本管理运用的范围更加广泛。对于那些市场竞争十分激烈、产品品种复杂且不断创新、制造环境比较先进、制造费用在成本中所占比重较大的企业来说，传统成本管理往往表现出很大的局限性，而作业成本管理则可以克服这种局限性，使成本管理更加有效。因此，国内外不少企业纷纷对原有的成本管理系统进行了改造，建立了作业成本管理系统。通过实施有效的作业成本管理，取得了降低成本的明显效果。但是，由于建立作业成本管理系统成本高，实施起来难度大，加之管理当局及广大职工对作业成本管理认知程度不高等其他原因，半途而废的也不在少数。不过，无论如何，作业成本管理是对传统成本管理的一个重大突破，经过理论界、实务界几十年的努力探索和实践，作业成本管理已成为一种更加科学、更为有效的成本管理模式。对于大多数企业来说，在不改变原有的成本计算与成本管理系统的情况下，可以运用作业成本管理的基本原理和操作方法，进行产品盈利情况的分析，进行旨在消除非增值成本的生产分析，以及利用作业成本计算所提供的信息进行决策等。

【本章小结】

本章首先进行了作业成本法的概述，其次详细阐述了作业成本计算的理论依据、计算程序并进行了案例分析，最后对作业成本的管理进行了分析。

【关键术语】

作业成本法　直接追溯　动因追溯　作业　单产性作业　批量性作业　品种性作业产能性作业　主要作业　同质组　同质成本库　资源成本　作业成本分配率　作业动因作业成本管理

【思考题】

（一）作业成本法的基本思想是什么？什么是作业、作业链？简述作业的分类。

（二）什么是资源动因？什么是作业成本动因？

（三）简述作业成本计算的程序。

（四）简述作业成本计算与传统成本计算的区别。

（五）什么是增值作业？什么是非增值作业？

（六）何为作业分析？作业分析的步骤有哪些？

（七）如何利用作业分析对企业的经营过程进行改善？

【练习题】

（一）选择题

1. 下列作业中属于非增值作业的有（　　　）。

A. 检验作业　　　　　　　　　　　B. 次品返工作业

C. 印刷厂的装订作业　　　　　　　D. 裁缝厂的裁剪作业

2. 不论是作业成本法还是传统成本法，其成本计算的目的都是确定（　　　）。

A. 直接费用（成本）　　　　　　　B. 间接费用（成本）

C. 产品成本　　　　　　　　　　　D. 作业成本

3. 作业成本法的理论核心和主要创新在于对（　　　）的确认与应用，这是实施该方法最重要的一步，也是最困难的一步。

A. 作业　　　　　　　　　　　　　B. 成本动因

C. 作业链　　　　　　　　　　　　D. 间接费用

4. 作业成本法与传统成本法的区别主要包括（　　　）。

A. 成本的最终计算对象不同　　　　B. 成本计算步骤（程序）不同

C. 费用分配标准不同　　　　　　　D. 提供的成本信息不同

（二）判断题

1. 作业成本法也属于完全成本法，但它比传统的完全成本法更精确，更有利于成本的规划与控制。　　　　　　　　　　　　　　　　　　　　　　　　　　　　　（　　）

2. 作业成本法的基本思路是产品消耗资源、资源消耗作业。　　　　　　（　　）

3. 作业成本法比传统方法具有更大的优越性，因而，企业所有的间接费用都应当采用作业成本法。　　　　　　　　　　　　　　　　　　　　　　　　　　　　　（　　）

4. 成本动因与作业之间并非是一对一的关系：同一个作业的成本动因往往不止一

个，而一个成本动因也可以支持多个作业。 （　　）

（三）计算题

1. 某公司制造用于大型光学望远镜的高级镜头和反光镜。该公司目前正在编制其年度利润方案，作为针对每种产品的盈利能力分析工作的一部分，财务主管根据以下信息对应该被分摊到每种产品上的制造费用的数额进行了预算，表 11-10 列示了其中物料搬运成本的预算数。

表 11-10　物料搬运成本的预算数

产品	生产的台数/套数	物料在产品线上移动次数/次	每台产品直接耗费工时/小时	物料搬运成本/元
反光镜	25	5	200	50 000
镜头	25	15	200	

计算：

（1）在直接工时分摊的成本计算系统下，分摊到每个反光镜及镜头的物料搬运成本应该是多少？

（2）基于作业成本法，分摊到每个反光镜及镜头的物料搬运成本是多少？

2. 资料：某制造厂生产 A、B 两种产品，有关资料如下。

（1）A、B 两种产品 2004 年 1 月的有关成本资料如表 11-11 所示。

表 11-11　A、B 两种产品成本资料

产品名称	产量/件	单位产品机器小时/小时	单位直接材料/元	单位直接人工/元
A	100	1	50	40
B	200	2	80	30

（2）该厂每月制造费用总额为 50 000 元，与制造费用相关的作业有 4 个，有关资料如表 11-12 所示。

表 11-12　作业动因资料

作业名称	成本动因	作业成本/元	作业动因数（A）	作业动因数（B）
质量检验	检验次数	4 000	5	15
订单处理	生产订单份数	4 000	30	10
机器运行	机器小时数	40 000	200	800
设备调整准备	调整准备次数	2 000	6	4
合计	—	50 000	—	—

要求：

（1）用作业成本法计算 A、B 两种产品的单位成本。

（2）以机器小时作为制造费用的分配标准，采用传统成本法计算 A、B 两种产品的单位成本。

（3）根据上述计算结果，对作业成本法进行评价。

3. 某公司生产 A、B 两种产品，有关成本资料如表 11-13 所示。

表 11-13 A、B 产品成本资料

项目		产品 A	产品 B
产量/件		6 000	2 000
每件产品材料成本/元		20	15
产品单位人工工时/小时		2	1
单位人工/元		7	
生产间接费用/元	生产计划成本	25 000	
	操作准备成本	10 000	
	材料处理成本	20 000	
	合计	55 000	

要求：

（1）企业一直按直接人工工时分配生产间接费用。请根据上述资料按传统成本法计算两种产品的总成本和单位成本。

（2）现假设企业采用作业成本法计算产品成本。经分析，企业的间接生产费用中，生产计划成本与操作准备成本的主要成本动因是生产周期数量；材料处理成本的主要成本动因是领料单数。有关成本动因数据如表 11-14 所示，请采用作业成本法分配间接生产费用并计算两种产品的总成本与单位成本。

表 11-14 成本动因资料

项目	产品 A	产品 B
领料单数/份	3 000	2 000
生产周期数量/次	3	1

4. 资料：宏远公司建立的作业成本库和作业成本动因如表 11-15 所示。

表 11-15 宏远公司作业成本库和作业成本动因资料

作业成本库	作业成本/元	作业成本动因
机器准备	180 000	3 000 准备小时
材料搬运	50 000	25 000 千克材料
直接电力费用	20 000	40 000 千瓦时

公司生产两种产品，即 M201 和 M180，有关信息如表 11-16 所示。

表 11-16 M201 和 M180 生产费用资料

项目	M201	M108
生产数量/台	4 500	10 000
直接材料/元	25 000	30 000
直接人工/元	14 000	16 000
机器准备小时/小时	120	150
材料搬运数量/千克	5 000	10 000
电力耗用量/千瓦	2 000	3 000

要求：用作业成本法计算两种产品的单位成本。

5. 资料：大华公司 2010 年制造费用的作业成本库及作业成本动因如表 11-17 所示。

表 11-17 大华公司作业成本库及作业成本动因资料

作业成本库	作业成本/元	作业成本动因	数量
机器维修	40 000	机器小时	20 000 小时
材料搬运	25 000	搬运次数	250 次
机器准备	30 000	准备小时	1 000 小时
检查	25 000	检查次数	500 次
合计	120 000		

2011 年 1 月两种完工产品的有关信息如表 11-18 所示。

表 11-18 W101 和 W102 生产费用资料

项目	W101	W102
直接材料/元	12 000	8 000
直接人工/元	10 000	6 000
生产数量/台	2 000	1 500
直接人工小时/小时	640	400
机器小时/小时	700	650
材料搬运次数/次	40	15
准备次数/次	80	40
检查次数/次	35	15

要求：

（1）用机器小时分配制造费用，计算每种产品的单位成本；

（2）用作业成本法计算每种产品的单位成本；

（3）哪种方法能提供更为精确的产品成本信息？请解释。

6. 东方公司是一家只生产 A、B、C 三种产品的企业。本月投产 A、B、C 三种产品的产量分别为 1 000 件、2 000 件、3 000 件；本月发生制造费用总额为 1 000 000 元，其中机器运转费（与机器工时有关）420 000 元，生产准备费用（与生产班次有关）180 000 元，材料整理、质量保证及包装费用（与产量有关）240 000 元，综合能力维持费用（与直接人工工时有关）160 000 元。其他有关产品成本的资料如表 11-19 所示。

表 11-19 A、B、C 三种产品成本资料表

品名	A 产品	B 产品	C 产品
直接材料/（元/件）	100	200	300
直接人工/（元/件）	30	30	30
准备工时成本/（元/件）	30	30	30
生产班次/个	2	4	3
直接人工工时/（小时/件）	4	3	2
生产准备工时/（小时/件）	10	10	10
机器工时/（小时/件）	1	2	3

要求：

（1）采用完全成本法分别计算 A、B、C 三种产品的总成本和单位成本（假定制造费用按直接人工工时比例分配）。

（2）采用作业成本法分别计算 A、B、C 三种产品的总成本和单位成本。

【案例分析】

星海公司制造的 A 产品有两款型号——标准型号与豪华型号，该两款型号的详细资料如表 11-20 所示。

表 11-20 两款型号有关资料

项目	标准型号	豪华型号
年销售量/件	12 000	12 000
每件售价/元	130	147
每批件数/件	1 000	50
每件所需工时/小时	2	2.5
每小时工资率/元	16	16
每件所需材料成本/元	44	64
每件所需特别零件数量/件	1	4
每批所需设置次数/次	1	3
每批所需发出材料次数/次	1	1
每年发出的销售发票数目/张	50	240

近年来，星海公司一直尝试说服购买标准型号的客户转为购买豪华型号。星海公司所编制的"间接制造费用分析"提供了如表 11-21 所示的资料。

表 11-21 间接制造费用资料

作业活动	间接制造费用/元	成本动因
设置成本	146 000	设置次数
特别零部件处理成本	120 000	特别零部件数量
出具发票成本	58 000	发票数量
材料处理成本	126 000	材料发出次数
其他间接费用	216 000	工时
合计	666 400	

要求：

（1）分别使用传统的以人工工时为分配标准的间接制造费用分配法和作业成本法，计算标准与豪华两个型号的每件利润和销售利润率。

（2）根据（1）中的计算，简单归纳对管理部门的建议。

（3）简单描述一家公司在什么情况下采用作业成本法会有好处，并评论其可能产生的问题。

【参考文献】

亨格瑞 C T，达塔尔 S M，福斯特 G，等. 2010. 成本与管理会计[M]. 13 版. 王立彦，刘应文，罗炜译.
　　北京：中国人民大学出版社.

孙茂竹. 2015. 管理会计学[M]. 北京：中国人民大学出版社.

吴大军. 2013. 管理会计[M]. 3 版. 大连：东北财经大学出版社.

第十二章

战略管理会计

【本章学习目标】通过本章的学习，了解战略管理会计产生的历史，明确战略管理会计的概念、特点和基本程序，掌握企业经营环境分析、价值链分析、竞争能力分析和战略定位的方法。

■ 第一节　战略管理会计概述

一、战略管理会计的产生与发展

"战略"一词自古就有，原本是军事术语，是指重大的具有全局性、长远性的谋划。早在先秦的典籍中，就出现了很多和战略相近的词，如计、画、战道、韬略等，我国古代的《孙子兵法》是最早研究军事战略的一本著作，而西晋史学家马彪第一次使用了"战略"一词，写了《战略卷》一书。在西方的发展历史中，战略一词的出现要晚得多，东罗马帝国皇帝毛莱斯为了训练将领，编写了名为 *Strategicon* 的教材，该词后来演变为 strategy（战略）。

20 世纪初期，随着社会经济的发展，各个不同利益组织之间的商战越来越激烈，企业为自身的生存和发展，将军事上战略的概念移植到了经营管理中，成为企业管理学的一个范畴。最早将战略的思想引入企业管理的是美国经济学家切斯特·巴纳德，1938 年他的著作《经理的职能》运用战略的思想对影响企业发展的各种因素及其相互关系进行了分析。1962 年，钱德勒在《战略与结构》中首次涉及战略管理的概念，这为以后战略管理的研究和发展奠定了基础。在这一阶段，战略在管理领域作为"手段"或"方法"的代名词，实务中的战略，只是将预算的时间拉长几年，此时的战略是非常狭隘的。

1972 年，安索夫发表文章《战略管理概念》，正式提出了"战略管理"的概念。之后，安索夫出版了书籍《从战略计划走向战略管理》，将战略管理定义为"企业高层管理者为保证企业的持续生产和发展，通过对企业外部环境和内部条件的分析，对企业全部经营活动所进行的根本性和长远性的规划与指导"。至此战略管理的理论体系正式形成。同时，电子技术飞速发展，逐渐转化为生产力，这使得企业内部环境和外部环境发生了显著的变化，传统的管理会计逐渐力不从心，不能适应现代战略管理。这主要表现在：

第一，高新技术的发展使得企业成本的结构发生了变化，各种间接成本特别是制造费用的比重明显上升，而传统的管理会计采用变动成本法，这受到了人们的质疑。

第二，传统的管理会计重点在内部成本和收益的比较，而忽视了外部环境的变化。

第三，传统的管理会计偏向于考虑成本，忽视了市场、管理、战略等非财务因素。

在这样的背景下，大量学者和管理会计人员开始从战略管理的角度来研究企业的会计信息，战略管理对各种内部和外部、财务和非财务、定性和定量、历史和现实等多样化的管理会计信息进行了分析，战略管理会计也随之产生。

1981 年，著名管理学家西蒙首次提出了"战略管理会计"，他认为战略管理会计应该侧重于本企业与竞争对手的对比，收集竞争对手关于市场份额、定价、成本、产量等方面的信息。

20 世纪 90 年代，侧重于实务的刊物，如英美的《管理会计杂志》、《成本管理杂志》及《管理会计研究杂志》等，出现了越来越多关于战略管理会计的文献，自此战略管理会计为人们接受。

二、战略管理会计的概念及其特点

1. 战略管理会计的概念

西蒙首次提出"战略管理会计"时，将其定义为"用于构建与监督企业战略的有关企业及竞争对手的管理会计数据的提供和分析"。威尔逊等在之后的研究中将其更明确地定义为"战略管理会计是明确强调战略问题和所关切重点的一种管理会计方法，它通过运用财务信息来发展卓越的战略，以取得持久的竞争机制优势，从而更加拓宽了管理会计的范围"。

我们赞同如下表述：战略管理会计是指以协助高层领导制定竞争战略、实施战略规划，从而促使企业良性循环并不断发展为目的，能够从战略的高度进行分析和思考，既提供顾客和竞争对手具有战略相关性的外向型信息，也提供本企业与战略相关的企业内部信息，服务于企业战略管理的一个会计分支。

2. 战略管理会计的特点

与传统管理会计相比，战略管理会计具有以下特点：

（1）超越了单一会计主体的范围，注重企业外部环境和竞争对手。

传统会计提供的信息一般局限于一个会计主体的信息，强调服务于企业内部管理职能，对企业外部环境有所忽视，基本不涉及企业的顾客和竞争对手的相关信息。

战略管理跳出了单一企业这个狭小的空间范围，将视角更多地投向企业外部环境，强调深入分析企业的外部环境，密切关注整个市场和竞争对手的动向，以时刻调整企业的战略。外部环境主要包括政治形势、社会文化环境、自然环境、法律环境及行业环境，任何企业都在一定的外部环境中，利用一定的内部条件来从事生产经营活动。外部环境作为生存的基础，为企业的生产和发展提供了机会，同时又可能在变化过程中对企业经营造成某种不利威胁。因此，管理企业必须站在战略的高度引入系统观点，既重视系统内部各种资源和条件的制约，又充分考虑系统外部各种环境因素的影响，强调企业发展与市场环境变化的协调一致，以求得产业价值链的最优效益。战略管理会计正是以外部情况为核算的重点，重视市场，从战略高度审视企业外部环境，提供了超越企业自身的更为广泛、有用的信息。因此，战略管理会计克服了传统管理会计的缺陷，拓展了管理会计的研究范围，增强了企业对环境的应变性，满足了企业战略的信息需要。

（2）提供更多的与战略有关的非财务信息。

传统管理会计以货币为计量尺度，虽然也可以提供一些非财务信息，但主要研究的是财务信息，企业只能从财务分析中获取信息，忽略了其他的非财务信息。而在激烈的竞争环境中，衡量竞争优势的不仅有财务信息，还有大量的非财务信息，忽视这些信息很可能会导致决策失误。

而战略管理会计超越了会计货币计量的范围，将信息范围扩展到各种与企业战略决策相关的领域中，如质量、供应量、需求量、市场份额、市场需求的规模、类型和持续期、顾客满意程度、产品合格率、返修率等。信息获取渠道也更加多样化，包括企业的公开财务报告、竞争对手的广告、行业分析报告、贸易金融报道、政府统计报告、银行金融市场、商品市场等，与竞争对手共同的供应商、共同的顾客也可以成为信息的来源，信息可以由本企业的机构和人员去收集，也可以委托外部专职咨询机构收集。

（3）更注重长远发展的战略。

传统管理会计以获得最大利益为目标，将这一目标贯穿于预测和决策中，但是没有竞争优势的观念，没有考虑对企业竞争地位的影响。现代企业非常重视自身健康的可持续发展，企业战略管理的核心目的是获得和保持持久的竞争优势，在竞争日益激烈的市场中立于不败之地。它更关注企业的未来发展，重视企业在市场竞争中的地位，始终把扩大市场份额和追求企业的长期竞争优势作为其根本目的。市场份额和企业竞争优势代表企业未来的收入或利润，所以战略管理会计更注重的是长期的利润，其目标具有长期性，有时为了取得持久的优势，甚至不惜牺牲短期利益，以提升企业的战略地位。此外，企业的竞争优势来源于整体优势，暂时的优势可能是企业某一方面的优势，只有当一个企业具有整体优势时，才可能形成长久、持续的竞争优势。战略管理会计遵循长期性的原则，从长远利益来分析、评价企业的各种管理策略。

三、战略管理会计的基本程序

1. 确定企业目前的宗旨和目标

企业的宗旨和目标是企业的长期规划及长期奋斗目标，是战略管理会计的核心问题。明确企业目前的宗旨和目标，要求管理会计人员协助企业高层领导研究企业目前的产品和服务范围，并以此作为修正基础。

2. 分析外部环境

企业存在于特定的环境中，而环境总是处在不断变化中的，这要求管理会计人员不仅要分析企业目前的环境，还要预测企业未来可能的环境变化对企业的影响。如果能够提前预测环境变化带来的影响，企业就能提前准备，取得先发制人的效果。分析外部环境中最重要的是要对竞争对手进行分析，管理会计人员要搜集竞争对手的信息，做到知己知彼。

3. 分析企业的资源

企业在分析外部环境的基础上，还应该分析自身的资源，包括固定资产、无形资产、现金等物质资源，也包括职工的技术和能力等人力资源，还应分析企业是否存在资源短缺现象及短缺程度，同时应注意企业资源的利用情况。

4. 发现机会和威胁，识别优势和劣势

在分析外部环境和自身资源的基础上，管理会计人员还应发掘企业是否存在可利用的机会，洞察企业可能面临的威胁。抓住机会是企业制胜的关键，而机会与威胁又常常并存，企业抓不住机会将会危机四伏。管理会计人员必须了解企业的优势，找出企业独特的技能和资源，看到自身的弱点，只有明确了企业自身的优势和劣势，才能制定合理的竞争战略。

5. 重新评估企业的宗旨和目标

明确了企业的机会、威胁、优势和劣势，企业就可以在此基础上重新评估企业的宗旨和目标是否合理，是否需要修正。

6. 战略制定

战略是企业的长远计划和经营策略，企业战略不仅包括企业层次的总体战略，还包括分层战略，各个层次的战略均要进行定位，以便获取相对竞争对手的优势。

7. 战略实施

为实现战略目标，企业应制定实施战略的具体行为规范和实施战略的具体方法，建立实施战略的计划体系，将企业战略具体化，根据战略来调整企业的组织机构、人员安排、财务政策、生产管理制度、研究与发展政策等。

8. 评价并反馈信息

战略实施到一定阶段，应对其执行过程和结果及时评价，并将评价的结论及时、准确地反馈到企业战略管理的各个环节，以便各级管理人员及时分析并采取必要的行动进行纠正。

■ 第二节　战略管理会计研究的内容

战略管理会计是在战略管理理论的基础上产生并为战略管理服务的，两者密不可分。因此，战略管理会计研究的基本问题不可能脱离战略管理理论单独存在。战略管理在环节上包括企业内外部环境分析、战略的制定、战略的实施、战略业绩的评价等。相应的，战略管理会计的研究内容应包括企业经营环境分析、价值链分析、企业竞争能力分析和企业战略定位。

一、企业经营环境分析

协助企业制定战略管理目标是战略管理会计的首要任务，也是其为企业战略管理提供各种信息的最首要目标。与企业战略的制定和实施相关的会计信息，不仅包括企业内部信息，还包括与外部环境相关的信息。战略管理会计对环境因素相关的信息进行收集、整理和分析的目的就在于使企业能够根据环境的变化修改原有的发展战略，制定新的发展战略，使企业的战略建立在多方位、多角度、多层次分析的基础之上。

1. 外部环境分析

1）宏观环境分析

宏观环境是指对所有企业都会产生较大影响的宏观因素，主要可以分为四大类，即政治和法律环境、经济环境、社会和文化环境及技术环境。

政治和法律环境是指那些约束并影响企业的政治要素及法律系统，以及其运行状态。政治和法律环境是保障企业生产经营活动的基本条件，在一个稳定的法治环境中，企业能够真正通过公平竞争，获取自己正当的权益，并得以长期稳定地发展，而国家的政策法规对企业的生产经营活动具有控制、调节作用，同一个政策或法规，可能会给不同的企业带来不同的机会或制约。企业管理人员必须把依法经营、注重经营效益与社会效益并重作为生产经营所有环节必须遵循的基本准则。

经济环境是指构成企业生产和发展的社会经济状况及国家的经济政策，包括社会经济结构、经济发展水平、经济体制、宏观经济政策、当前经济状况和其他一般经济条件等要素。与政治和法律环境相比，经济环境对企业生产经营的影响更直接、更具体，如社会经济结构、国内生产总值、经济体制、物价政策等，这些因素为企业的战略选择提供了依据。

社会和文化环境是指企业所处的社会结构、社会风俗和习惯、信仰和价值观念、行为规范、生活方式、文化传统、人口规模与地理分布等因素的形成及变动。企业在确定投资方向、产品改进与革新等重大经营决策问题时必须考虑人口规模、社会人口年龄结构、家庭人口结构、社会风俗对消费者消费偏好的影响等因素。

技术环境是指企业所处的环境汇总的科技要素及与该要素直接相关的各种社会现象的集合，包括国家科技体制、科技政策、科技水平和科技发展趋势等。企业管理者必须要预见新技术带来的变化，在战略管理上做出相应的决策，以获得新的竞争优势，在某些特定的行业内，技术水平甚至在很大程度上决定了应生产哪种产品或提供哪种服务、应使用哪些设备以及应如何进行经营管理。

【例 12-1】　A 公司是 C 国一家民营电信运营商，专注于宽带接入服务。2015 年，C 国政府制定政策，将宽带定位于重要的公共基础设施，放宽了民间资本进入电信业的限制，以适应经济快速增长和互联网普及率迅速提高的要求，面对十分广阔的市场前景，许多投资者跃跃欲试，准备跻身于宽带接入行业，有的一级供应商还有可能利用先进的

4C 技术来代替传统的宽带接入技术，从根本上改变行业竞争格局。

要求：从宏观的角度分析 A 公司所处的环境。

【解答】

从宏观角度来看，A 公司面临的政治和法律环境是政府制定政策，将宽带定位于重要的公共基础设施，放宽了民间资本进入电信业的限制。经济环境是 C 国经济快速发展。社会和文化环境是互联网的普及率迅速提高。技术环境是有的一级供应商还有可能利用先进的 4C 技术来代替传统的宽带接入技术，从根本上改变行业竞争格局。

2）产业环境分析

产业环境是指对处于同一产业内的组织都会产生影响的环境因素，它只对处于特定产业内的企业及与该企业存在业务关系的企业产生影响。一个企业不可能拥有整个产业市场，这就要求对它所处的产业市场进行细分，将整个产业市场划分为若干个具有一定特点的细分市场。企业应根据自己生产经营的特点，选择目标市场，并了解目标市场的容量和饱和度以及相关竞争者的数量、手段、影响力等。特定的产业环境直接关系到企业的市场占有率和盈利水平，因此，产业环境分析应当是企业外部环境分析的核心。

2. 内部环境分析

企业的内部环境是指企业的内部条件，如企业的资源和能力等。企业要合理设置自己的组织机构，保证其高效地运转，同时合理配置资源，提高自身优势，正确选择企业的竞争战略。

二、企业价值链分析

1. 价值链的概念

迈克尔·波特在《竞争优势》中提出了"价值链"的概念。波特认为企业每项生产经营活动都是其创造价值的经济活动，那么，企业所有的互不相同但又相互关联的生产经营活动，便构成了创造价值的一个动态过程，即价值链。企业每完成一项作业都要消耗一定的资源，而作业的产出又形成一定的价值，转移到下一个作业，依次转移，直至形成最终产品提供给企业组织外部顾客，最终产品成为企业组织内部作业链的最后一环，凝结了各个作业链形成并最终提供给顾客的价值。

价值链将企业的生产经营活动分为两大类，即基本活动和支持活动，如图 12-1 所示。基本活动又称主体活动，是指生产经营的实质性活动，这类活动与商品实体的加工流转直接相关，是企业的基本增值活动，大体上基本活动包括五类，即内部后勤、生产经营、外部后勤、市场销售和服务。其中，内部后勤是指与产品投入有关的进货、仓储和分配等活动；生产经营是指将投入转化为最终产品的活动；外部后勤是指与产品的库存、分送给购买者有关的活动；市场销售是指与促进和引导购买者购买企业产品有关的活动；服务是指与保持和提高产品价值有关的活动。支持活动又称辅助活动，是指支持基本活动而且内部之间又相互支持的活动，包括采购管理、技术开发、人力资源管理和企业基础设施。其中，采购管理是指采购企业所需投入品的职能，而不是被采购的投入品本身，这里的采购是广义的，包括生产原材料的采购也包括其他资源投入的管理；技术开发是指可以改进企业产品和工序的一系列技术活动；人力资源管理是指企业职工的招聘、雇佣、培训、提拔和退休等各项管理活动；企业基础设施是指企业的组织结构、管理、控制系统及文化等活动。

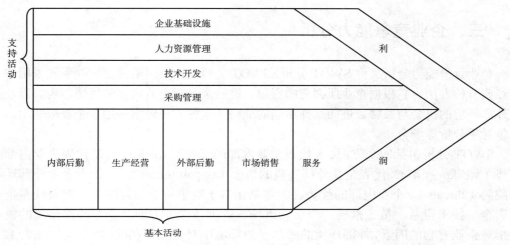

图 12-1　价值链

桑克和戈文德拉贾在波特价值链的基础上扩展了其范围，他们认为"任何企业的价值链都包括从最初的供应商那里取得原材料到最终产品到达最终客户手中的全过程"。每一个企业都是企业所处行业价值链的一个组成部分。

2. 价值链分析

由于市场竞争日益激烈，企业更加关心自己的核心能力建设和发展，企业的优势既可以来源于价值活动所涉及的市场范围的调整，也可来源于企业间协调或合用价值链所带来的最优化效益。由于作业特性不同，价值链一般按行业构成，相关行业之间有交叉价值链。价值链分析包括三个部分，即企业内部价值链分析、行业价值链分析、竞争对手价值链分析。

企业内部价值链分析就是找出最基本的价值链、生产作业的成本动因及与竞争对手的成本差异，区分增值与非增值的作业，以发现并消除容易带来高成本和不增值的链接，从战略上调整和重构具有相对成本较低地位的、优化的企业内部价值链。内部价值链分析始于原材料、外购件的采购，而终于产品的销售——顾客价值的实现。

行业价值链分析是指企业从行业的角度，从战略的高度看待自己与供给商和经销商的关系，寻求利用行业价值链来降低成本的方法。进行行业价值链分析，既可使企业明确自己在行业价值链中的位置，以及与自己同处于一个行业的价值链上其他企业的整合程度对企业构成的威胁，也可使企业探索利用行业价值链达到降低成本实现竞争优势的目的。行业的这种价值链又称垂直联结，即代表了企业在行业价值链中与其上下游之间的关系。

竞争对手价值链分析，它是确定竞争对手在竞争中相对地位的基本工具。对竞争对手价值链的分析过程与企业对自己价值链的分析过程相同，其主要目的是识别竞争对手的价值链，判断竞争对手是怎样进行价值作业的。通过竞争对手价值链分析，可以了解本企业与竞争对手之间在成本和价值上的差异，从而根据相对成本地位制定提高成本竞争优势的战略。

三、企业竞争能力分析

企业竞争能力分析又称 SWOT 分析，SWOT 分析是由美国哈佛商学院率先采用的一种经典分析方法。它根据企业所拥有的资源，进一步分析企业内部的优势与劣势以及企业外部环境的机会与威胁，进而选择适当的战略。这种方法经常被用于企业战略制定、竞争对手分析等场合。

SWOT 分析包括四个方面，S 代表企业内部的优势（strength），W 代表企业内部的劣势（weakness），O 代表企业外部环境的机会（opportunities），T 代表企业外部环境的威胁（threats）。企业内部的优势、劣势是相对于竞争对手而言的，一般表现在企业的资金、技术设备、员工素质、产品、市场、管理技能等方面。企业外部环境的机会是指对企业有利的因素，外部环境的威胁是指环境中对企业不利的因素。具体如表 12-1 所示。

表 12-1　SWOT 分析常见格式

优势	劣势
专利技术	缺乏市场知识与经验
企业专家所拥有的专业市场知识	缺少关键技能和知识资格能力
对自然资源的独有进入权	竞争对手进入分销渠道的优先地位
企业地理位置优越	企业地理位置较差
新颖的、创新的产品或服务	缺乏市场规划能力
优质的客户服务	产品或服务质量低下
质量流程与控制优势	陈旧的设备
有利的品牌和声誉	声誉败坏
机会	威胁
新的细分市场扩张	价格竞争
并购、合资或形成战略联盟	出现新的竞争对手
新的国际市场	市场增长减缓
政府规则放宽	政府颁布新的规则导致成本增加
进入具有吸引力的新的细分市场	出现新的竞争壁垒
国际贸易壁垒消除	消费者购买需求下降

SWOT 分析可以按以下步骤进行：第一，确认当前的战略；第二，确认企业外部环境的变化；第三，根据企业资源组合情况，确认企业的关键能力和关键限制；第四，

按照通用矩阵或类似的方式打分评价；第五，将结果在 SWOT 分析图（图 12-2）上定位，即可将企业的优势、劣势、外部环境的机会与威胁转换为企业下一步的战略开发方向。

	机会	威胁
优势	增长型战略（SO）	多元化战略（ST）
劣势	扭转型战略（WO）	防御型战略（WT）

图 12-2　SWOT 分析图

从图 12-2 中可以看出，SO 战略类型的企业有很好的内部优势及众多的外部机会，应当采取增长型战略，如开发市场、增加产量等。ST 战略类型的企业具有一定的内部优势，但外部存在威胁，应采取多元化战略，利用自己的优势，在多样化经营上寻找长期发展机会，或进一步增强自身竞争优势，以对抗竞争对手的威胁。WO 战略类型的企业面临巨大的外部机会，但却受到内部劣势的限制，应采用扭转型战略，充分利用环境带来的机会，设法清除劣势。WT 战略类型的企业内部存在劣势，外部面临强大威胁，应采用防御型战略，进行业务调整，设法避开威胁并清除劣势。

【例 12-2】　A 省某啤酒公司非常注重产品的质量管理和品牌建设，深得消费者的好评，产品价格、市场占有率、品牌信誉度都比较高。渠道创新是啤酒营销创新的重要方面，但该啤酒公司仍延续"企业———级商——二级商——零售终端"的传统渠道模式，渠道链长，物流效率低，终端控制力低，渠道成员利润率低，渠道稳定性低。

A 省啤酒企业内部竞争形势不容乐观，中小企业面临生存危机。青岛、雪花、燕京等均在 A 省周边省份并购了大中型啤酒企业，对 A 省市场形成了包围、渗透之势。

A 省是中国人口大省，其经济多年来稳步发展，经济总量和啤酒年消费总量均位于全国前列。居民消费水平不断提升，中高档产品消费需求量越来越大，对产品品牌的要求越来越高。因此，A 省啤酒行业的发展前景光明，前途辉煌，具备极大的市场潜力。

要求：运用 SWOT 分析法对该啤酒公司进行分析。

【解答】

（1）优势：产品价格、市场占有率、品牌信誉度比较高。

（2）劣势：渠道链长，物流效率低，终端控制力低，渠道成员利润率低，渠道稳定性低。

（3）机会：经济发展速度快，啤酒消费需求量越来越大，市场潜力大。

（4）威胁：一些啤酒公司在 A 省周边省份并购了大中型啤酒企业，对 A 省市场形成了包围、渗透之势。

四、企业战略定位

企业在对自己所处的内部和外部环境进行详细周密的调查及分析的基础上，要进行行业、市场和产品方面的定位分析，再确定以怎样的竞争战略来保证企业在既定的产品、市场和行业中站稳脚跟，击败对手，获取竞争优势。

1. 企业的使命和目标抉择

企业的使命是要阐述企业组织的根本性质与存在理由，它是企业在社会进步与社会、经济发展中所应担当的角色及责任，一般包括企业目的、企业宗旨和经营哲学。例如，通用电气的使命是以科技及创新改善生活品质，迪斯尼的使命是使人们过得更快活，索尼的使命是体验发展技术造福大众的快乐。

企业的目标是企业使命的具体化，它是一个体系，建立目标体系的目的是将企业的业务使命转换成明确具体的业绩目标，从而使企业的进展有一个可以测度的标准，一般可以分为财务目标体系和战略目标体系。财务目标体系一般包括市场占有率、收益增长率、满意的投资回报率、股利增长率、股票价格评价、良好的现金流及企业的信任度等；战略目标体系一般包括获得足够的市场份额，在产品质量、客户服务或产品革新等方面压倒竞争对手，使整体成本低于竞争对手的成本，提高企业在客户中的声誉，在国际市场上建立更强大的立足点，建立技术上的领导地位，获得持久的竞争优势，抓住诱人的成长机会，等等。

2. 企业层的战略定位

企业层战略是企业最高层次的战略，它需要根据企业的目标，选择企业可以竞争的经营领域，合理配置企业经营所必需的资源，使各项经营业务相互支持、相互协调。

1）经营类型及经营范围的选择

每个企业都是产业价值链的一部分或几部分或全部，决定企业应处于价值链的哪个环节的战略决策建立在企业自身相对优势确定的基础上，即企业在哪个环节上能够发挥其优势并能为顾客提供更多、更好的服务而获得更多的利润，则企业的产品就定位在那里。企业的优势一旦确定，产品生产就应确定其定位，企业的产品生产有可能覆盖供产销三阶段，也有可能是其中的某个阶段，但所做出的选择必须是企业的优势所在。

在选择产业时，企业应侧重于分析不同产业的投资利润率，如果选择的新产业投资利润率大于企业现有的整体投资利润率，应考虑进入新产业，否则不考虑进入。也就是说，企业应进入朝阳产业，不应该进入夕阳产业，同样的，企业应选择朝阳的产品经营，而不应选择夕阳产品经营，一旦确定为夕阳的行业或产品，应考虑放弃。

2）波士顿矩阵

波士顿矩阵又称市场增长率-相对市场份额矩阵、波士顿咨询集团法、四象限分析法、产品系列结构管理法等，由波士顿咨询公司的创始人布鲁斯·亨德森首创，该方法的核心是要解决如何使企业的产品品种及其结构适合市场需求的变化，同时，将企业有限的资源有效地分派到合理的产品结构中去，以保证企业受益。

波士顿矩阵将企业所有产品从市场增长率和企业市场占有率的角度进行再组合，根据有关业务或产品的市场增长率和企业相对市场占有率标准，波士顿矩阵把企业全部业务定位在四个区域，可以分别采用不同的战略，其分类如图 12-3 所示。

图 12-3 波士顿矩阵

明星业务。这类业务处于高速成长的市场,具有很大的市场份额,但也需要企业大量投资,企业应该在短期内优先供给它们所需的资源,支持它们继续发展。这类业务采取的战略是积极扩大经济规模和市场机会,以长远利益为目标,提高市场占有率,加强竞争地位。

问题业务。这类业务通常处于最差的现金流量状态,所在产业的市场增长率高,企业需要大量的投资支持其生产经营活动,但是其相对市场占有率低,能够生产的资金很小。这类业务要谨慎分析,判断其能否转变为明星业务,分析其未来盈利,判断是否值得投资。

现金牛业务。这类业务处于成熟的低速增长市场中,市场地位有利,盈利率高,本身不需要投资,反而能为企业提供大量资金,用以支持其他业务的发展。这类产品可以采用收获战略,即所投入资源以达到短期收益最大化为限。

瘦狗业务。这类业务处于饱和的市场,竞争激烈,可获利润很低,不能成为企业资金来源,这类产品应采取撤退战略,对于还能自我维持的业务,应缩小经营范围加强内部管理,其他的都应该立即淘汰。

3. 经营层战略定位

波特总结了三种具有内部一致性的基本竞争战略,即成本领先战略、差异化战略和集中化战略,这个战略框架被广泛应用。

1)成本领先战略

成本领先战略是指企业通过在内部加强成本控制,在研究开发、生产、销售、服务和广告等领域把成本降到最低限度,成为产业中的成本领先者的战略。这个成本领先不是短期的成本优势或者仅仅是削减成本,而是可持续的成本领先,企业可以通过其低成本地位来获得持久的竞争优势。成本领先战略通常是通过规模经济、降低要素成本、提高生产力、改进产品工艺设计、提高生产能力利用度、采用适宜的交易组织方式或重点集聚等方式实现的。

实现成本领先战略能够为潜在的进入者设置较高的进入障碍,增强企业与供应者和购买者的讨价还价能力,降低替代品的威胁,保持自己的领先竞争地位。但是采取这种战略面临一定的风险,如技术的变化可能使过去降低成本的投资与积累的经验一笔勾销;产业的新加入者或追随者通过模仿或者以高技术水平设施的投资能力,用较低成本进行学习;市场需求从注重价格转向注重产品的品牌形象,使得企业原有的优势变为劣势。

2)差异化战略

差异化战略是指企业向顾客提供的产品和服务在产业范围内独具特色,这种特色可以给产品带来额外的加价，如果一个企业的产品或服务的溢出价格超过因其独特性所增加的成本，那拥有这种差异化的企业将获得竞争优势。差异化战略可以通过强大的研发能力和产品设计能力、强大的市场营销能力、良好的创造性文化或提高某项经营业务的质量、树立产品形象、保持先进技术等方式获得。

采用差异化战略，顾客对该产品或服务有很高的忠诚度，可以形成强有力的进入障碍，降低顾客对产品价格的敏感度，增强企业对供应者并且削弱购买者的讨价还价能力，防止替代品威胁。但是差异化战略要面临以下风险：企业形成产品差别化的成本过高；市场需求发生变化，购买者需要的产品差异化程度下降；竞争对手的模仿和进攻程度使已建立的差异缩小甚至转向。企业在采取差异化战略时，应注意这些风险，及早采取防范措施。

3）集中化战略

集中化战略是针对某一特定购买群体、产品细分市场或区域市场，采用成本领先或产品差异化来获取竞争优势的战略。由于集中化战略避开了在大范围内与竞争对手的直接竞争，所以集中化战略一般是中小企业采用的战略，这可以增强它们相对的竞争优势。

采用集中化战略可能面临如下风险：目标市场过小，导致成本优势或差异化优势丧失，从而导致集中战略失败；购买者群体之间需求差异变小导致失败；竞争对手进入细分市场，以此为目标来实施集中化战略，从而使实施集中化战略的企业失去了优势。

【本章小结】

本章介绍了在科学技术迅速发展的环境下，企业面临新的机遇和挑战，传统的管理会计不再满足企业需求，战略管理会计应运而生。本章对管理会计的概念进行了表述，并且将战略管理会计与传统管理会计对比，阐述了战略管理会计的特点，说明了战略管理会计的基本程序。战略管理会计的研究内容包括企业经营环境分析、企业价值链分析、企业竞争能力分析和企业战略定位。分析企业的经营环境包括外部环境和内部环境，其中外部环境又可以分为企业所处的宏观环境和产业环境。在一定的环境中，企业的生产经营过程形成了一个创造价值的动态过程，通过企业内部价值链分析、行业价值链分析和竞争对手价值链分析，企业能够找到自己的竞争优势。此外，企业要分析自己的竞争能力，这可以通过 SWOT 分析实现，这种方法是通过分析企业内部的优势与劣势以及企业外部环境的机会与威胁，找出适合自己的战略。最后，战略定位可以通过选择企业的使命和目标、企业层的战略定位和经营层的战略定位实现。

【关键术语】

战略管理　战略管理会计　宏观环境　产业环境　价值链　使命　波士顿矩阵　成本领先战略　差异化战略　集中化战略

【思考题】

（一）为什么会产生战略管理会计？
（二）什么是战略管理会计？

（三）战略管理会计与传统管理会计相比有哪些特征？

（四）战略管理会计的研究内容有哪些？

（五）应从哪些角度分析企业的宏观环境？

（六）如何分析企业的竞争能力？

【练习题】

1. 甲公司是一家汽车制造企业。甲公司进行战略分析后，选择了成本领先战略作为其竞争战略，并通过重构价值链各项活动以求获取成本优势。甲公司主要重构措施包括：

（1）与汽车发动机的供应厂家建立良好关系，保证采购正常进行。

（2）生产所需要的外购配件大部分由就近的供应商生产，与甲公司总装厂距离非常近，减少了物流费用。

（3）总装厂根据装配工序，采用及时生产模式，让配件厂按照流程进度提供配件，减少存储费用。

（4）出售时，员工根据全国汽车经销商的分布就近调配车型，并选择最优路线配送以降低物流费用。

（5）利用售前热线开展市场调查活动，有的放矢地进行广告宣传，提高广告效率。

（6）终端车主可以通过售后热线反馈不同车型的质量问题，将信息与汽车经销商共享，以获得最佳配件库存，提高前来维修的客户的满意度。

（7）通过市场调查，开发畅销车型。

（8）定期对员工进行培训，使其及时掌握公司所采用的最新技术、工艺或流程，尽快实现学习经济。

要求：依据企业价值链分析理论，对甲公司的价值活动进行分类。

2. 乙公司有三个事业部，分别从事 A、B、C 三类家电产品的生产和销售，这类产品的有关市场销售数据见表 12-2。

表 12-2　2015 年市场销售数据

产品	A 产品	B 产品	C 产品
乙公司销售额/万元	2 000	8 000	12 500
最大竞争对手销售额/万元	4 000	20 000	10 000
全国市场销售总额/万元	32 000	84 000	64 000
当年全国市场增长率/%	15	3	1

要求：

（1）用波士顿矩阵分析乙公司 A、B、C 三类产品分别属于何种产品？

（2）乙公司对 A、C 两类产品应分别采取什么策略？

3. 假设某公司专业生产奶粉，根据市场细分，其产品有婴幼儿奶粉、成年人奶粉、孕妇奶粉、老年人奶粉，各有特点。

要求：

（1）指出该公司采用的是哪一种竞争战略。

（2）采用这种战略的优势是什么？风险是什么？

【案例分析】

美国西南航空公司是一家在固定成本极高的行业中成功实施低成本竞争策略的优秀公司。它从 20 世纪 70 年代在大航空公司夹缝中谋求生机的小航空公司一跃发展成为美国第四大航空公司,持续 30 余年保持远高于行业平均水平的高利润和远低于行业平均值的低成本。而且,无论经历机票价格战或经济衰退,还是遭遇石油危机、海湾战争、"9·11"事件抑或其他意想不到的灾难,西南航空卓越的表现都一如既往。面对一个发育较为成熟但普遍保持较高利润的市场,西南航空选择以怎样的方式进入? 在行业固定成本率高达 60%而所选细分市场平均成本又高于行业平均成本的情况下,西南航空又采取何种策略取胜?

从战略定位的角度来看,诚如战略专家所言: 没有明确的战略,就不便谈论企业的成本管理问题。从战略视角看,与其说成本是控制出来的,不如说是根据企业战略设计出来的。毫无疑问,坚持正确的市场定位,树立持之以恒的目标聚焦战略,正是西南航空创造成本控制传奇的利器。

1. 别出心裁的差别化战略

西南航空的成功源于其敢于追求差别化的市场定位,这是世界上唯一一家只提供短航程、高频率、低价格、点对点直航的航空公司。在美国相对成熟的航空市场,利润较高的长途航线基本被瓜分完毕,利润较薄的短途航线因单位成本高无人问津。唯有西南航空审时度势,选择以汽车为竞争对手的短途运输市场,这一别出心裁的战略定位既实现了与其他航空公司的差异化竞争,又开辟了一个巨大的市场。

"我们的对手是公路交通。我们要与行驶在公路上的福特车、克莱斯勒车、丰田车、尼桑车展开价格战。我们要把高速公路上的客流搬到天上来",西南航空执行官赫伯·凯勒尔这样解释道。起初西南航空只将精力集中于得克萨斯州内的短途航班上,提供的航班不仅票价低廉,而且班次频率高。短途航班缓解了和实力强大的老牌航空公司之间的竞争弱势,有助于吸引注重方便、原本应该搭乘提供全套服务班机的顾客;高班次频率突出了与公路汽车相媲美的竞争优势,有利于招揽注重价格、原本应该坐巴士或开车的顾客。可见,西南航空在突出服务性能、力求方式差异的基础之上,避免了同行间的竞争压力。同时扩大了服务的范围,顺利迈出了走向成功的第一步。

2. 卓有成效的成本领先战略

航空公司原有的高额固定成本行业特性和"与汽车竞争"的低价竞争定位,促使西南航空致力于对成本的控制。

首先,选用型号单一、装修朴实的飞机。西南航空只购买波音 737,没有豪华铺张的内装修,机舱内没有电视和耳机。单一机型能最大限度提高飞机利用率。因为每个飞行员都可机动驾驶所有飞机,此外,还可以简化管理,并降低培训、维修和保养成本。同时,西南航空将飞机大修、保养等非主业业务外包,保持地勤人员少而精。例如,飞机降落后,一般只有四个地勤人员提供飞机检修、加油、物资补给和清洁等工作。人手不够时驾驶员也会从事地勤工作。

　　其次，选择价格低廉、成效卓著的转场。西南航空尽可能选用起降费、停机费较低廉的非枢纽机场，这样不仅直接降低中转费用，而且也能确保飞机快速离港。为了减少飞机在机场的停留时间，增加在空中飞行的时间（也就是挣钱的时间），西南航空采用了一系列保证飞机高离港率的规定：不提供托运行李服务；不指定座位，先到先坐，促使旅客尽快登机；建立自动验票系统，加快验票速度；不提供集中订票服务；等等。这些特色使得西南航空 70%的飞机滞留机场的时间只有 15 分钟，而其他航空公司的客机需要一两个小时。对于短途航运而言，这节约的一两个小时就意味着多飞了一个来回。

　　最后，提供化繁为简、顾客满意的服务。选择低价格服务的顾客一般比较节俭，于是公司在保证旅客最主要满意度的基础上，尽可能将服务项目化繁为简，降低服务成本。例如，飞机上不提供正餐服务，只提供花生与饮料。一般航空公司的空姐都询问"您需要来点儿什么，果汁、茶、咖啡还是矿泉水？"，而西南航空的空姐则问"您渴吗？"，只有当乘客回答"渴"时才会提供普通的水。更甚之，西南航空直接将饮料和食品放在登机口并让旅客自取，以使西南航空能保持 86∶1 的机服比例。而美国其他航空公司则平均为 126∶1，甚至更高。

　　基于以上措施，西南航空的低成本战略取得了非凡成绩。统计数据表明，西南航空每座位英里（1 英里=1.609 344 千米）的运营成本比联合航空公司低 32%，比美国航空公司低 39%；美国航空业每英里的航运成本平均为 15 美分，而西南航空的航运成本不到 10 美分；在洛杉矶到圣弗朗西斯科航线上其他航空公司的票价为 186 美元，西南航空的票价却仅为 59 美元。1987 年，西南航空在休斯敦—达拉斯航线上的单程票价为 57 美元，而其他航空公司的票价为 79 美元。

　　3. 持之以恒的目标聚焦战略

　　不论业务范围如何扩展，规模如何扩大，西南航空始终坚持最初制定的"短航线、低价格"标准，并为此严格进行成本控制，不曾偏离。

　　坚持"短航线"是突出差异的关键。自《北美自由贸易协定》签署后，人们普遍认为总部位于得克萨斯州的西南航空最有条件开辟墨西哥航线，但西南航空并没有选择这一具有诱惑力的航线。1994 年，美国有 51 个城市恳请西南航空为自己设立办事处，而西南航空仍不受干扰地严格依据自己短程、低价的定位对航线进行严格的筛选。

　　从价值链成本分析的角度，西南航空成本节省要素的截取大致可分为两个阶段：第一阶段是通过市场细分与定位，考虑消费者的接受态度，从服务价值链上截取成本节省要素；第二阶段是综合行业限制因素与企业选取的服务流程的合理性、有效性，从公司活动与结构上截取成本要素。以上两个阶段的战略实施，使得其低价运营的目标得以实现，并保证了与其他交通工具的价格竞争优势。该战略实施的特点如下。

　　在对客户进行细分的过程中，确立了对旅行票价敏感的短途航线并以其他交通工具的乘客为目标客户。通过提供简单、核心的服务方式去思索如何以低成本的组织活动方式完成这一运营模式，这是一个 who-what-how 的战略思维渐进过程。

　　对业务价值链进行系统分析以进行价值重组进而找出可能的成本优势。价值链重构经常能提供从根本上改变公司成本结构的机会，采用一个不同本质上的低成本价值链可以使一个公司为产业设立起一个新的成本标准。同时，企业建立新优势的办法也改变了竞争结构。重构价值链可能依据企业的偏好而改变了重要的成本驱动因素，因为间接活动的减少使得新价值链比原有的行业价值链对规模的敏感性变弱，从而使成本因素从规模中独立出来。

　　系统内的连续活动以独一无二的战略贯穿。这些活动之间相互关联、相互促进从而使高效率运行得以实现，即系统的执行能力间的相互促进保证了战略的可靠实施。从西南航空运作方式中可以看出：短程点对点→高密度飞行→过站间隔短→准时起飞。在这样的运作模式中，可以看到系统活动间的动作相互依赖、相互促进，使得系统运作循环连贯且逐级增强。系统内所有的活动均需要员工的高效运作，系统连贯运作形成了员工高效的工作意识形态，进而达致企业文化的形成。而企业文化的激励与保障功能又被同步享受业绩增长的员工认同和固化，进而提高了企业文化在战略上的独特性与领先性。

　　（资料来源：《现代企业》，有删减）

【参考文献】

吴大军. 2013. 管理会计[M]. 第三版. 大连：东北财经大学出版社.

杨洁. 2012. 管理会计[M]. 北京：清华大学出版社.

中国注册会计师协会. 2015. 公司战略与风险管理[M]. 北京：经济科学出版社.

附　　录

复利现值系数表（P/F, i, n）

期数	1%	2%	3%	4%	5%	6%	7%
1	0.990 1	0.980 4	0.970 9	0.961 5	0.952 4	0.943 4	0.934 6
2	0.980 3	0.961 2	0.942 6	0.924 6	0.907 0	0.890 0	0.873 4
3	0.970 6	0.942 3	0.915 1	0.889 0	0.863 8	0.839 6	0.816 3
4	0.961 0	0.923 8	0.888 5	0.854 8	0.822 7	0.792 1	0.762 9
5	0.951 5	0.905 7	0.862 6	0.821 9	0.783 5	0.747 3	0.713 0
6	0.942 0	0.888 0	0.837 5	0.790 3	0.746 2	0.705 0	0.666 3
7	0.932 7	0.870 6	0.813 1	0.759 9	0.710 7	0.665 1	0.622 7
8	0.923 5	0.853 5	0.789 4	0.730 7	0.676 8	0.627 4	0.582 0
9	0.914 3	0.836 8	0.766 4	0.702 6	0.644 6	0.591 9	0.543 9
10	0.905 3	0.820 3	0.744 1	0.675 6	0.613 9	0.558 4	0.508 3
11	0.896 3	0.804 3	0.722 4	0.649 6	0.584 7	0.526 8	0.475 1
12	0.887 4	0.788 5	0.701 4	0.624 6	0.556 8	0.497 0	0.444 0
13	0.878 7	0.773 0	0.681 0	0.600 6	0.530 3	0.468 8	0.415 0
14	0.870 0	0.757 9	0.661 1	0.577 5	0.505 1	0.442 3	0.387 8
15	0.861 3	0.743 0	0.641 9	0.555 3	0.481 0	0.417 3	0.362 4
16	0.852 8	0.728 4	0.623 2	0.533 9	0.458 1	0.393 6	0.338 7
17	0.844 4	0.714 2	0.605 0	0.513 4	0.436 3	0.371 4	0.316 6
18	0.836 0	0.700 2	0.587 4	0.493 6	0.415 5	0.350 3	0.295 9
19	0.827 7	0.686 4	0.570 3	0.474 6	0.395 7	0.330 5	0.276 5
20	0.819 5	0.673 0	0.553 7	0.456 4	0.376 9	0.311 8	0.258 4
21	0.811 4	0.659 8	0.537 5	0.438 8	0.358 9	0.294 2	0.241 5
22	0.803 4	0.646 8	0.521 9	0.422 0	0.341 8	0.277 5	0.225 7
23	0.795 4	0.634 2	0.506 7	0.405 7	0.325 6	0.261 8	0.210 9
24	0.787 6	0.621 7	0.491 9	0.390 1	0.310 1	0.247 0	0.197 1
25	0.779 8	0.609 5	0.477 6	0.375 1	0.295 3	0.233 0	0.184 2
26	0.772 0	0.597 6	0.463 7	0.360 7	0.281 2	0.219 8	0.172 2
27	0.764 4	0.585 9	0.450 2	0.346 8	0.267 8	0.207 4	0.160 9
28	0.756 8	0.574 4	0.437 1	0.333 5	0.255 1	0.195 6	0.150 4
29	0.749 3	0.563 1	0.424 3	0.320 7	0.242 9	0.184 6	0.140 6

续表

期数	1%	2%	3%	4%	5%	6%	7%
30	0.741 9	0.552 1	0.412 0	0.308 3	0.231 4	0.174 1	0.131 4

期数	8%	9%	10%	11%	12%	13%	14%
1	0.925 9	0.917 4	0.909 1	0.900 9	0.892 9	0.885 0	0.877 2
2	0.857 3	0.841 7	0.826 4	0.811 6	0.797 2	0.783 1	0.769 5
3	0.793 8	0.772 2	0.751 3	0.731 2	0.711 8	0.693 1	0.675 0
4	0.735 0	0.708 4	0.683 0	0.658 7	0.635 5	0.613 3	0.592 1
5	0.680 6	0.649 9	0.620 9	0.593 5	0.567 4	0.542 8	0.519 4
6	0.630 2	0.596 3	0.564 5	0.534 6	0.506 6	0.480 3	0.455 6
7	0.583 5	0.547 0	0.513 2	0.481 7	0.452 3	0.425 1	0.399 6
8	0.540 3	0.501 9	0.466 5	0.433 9	0.403 9	0.376 2	0.350 6
9	0.500 2	0.460 4	0.424 1	0.390 9	0.360 6	0.332 9	0.307 5
10	0.463 2	0.422 4	0.385 5	0.352 2	0.322 0	0.294 6	0.269 7
11	0.428 9	0.387 5	0.350 5	0.317 3	0.287 5	0.260 7	0.236 6
12	0.397 1	0.355 5	0.318 6	0.285 8	0.256 7	0.230 7	0.207 6
13	0.367 7	0.326 2	0.289 7	0.257 5	0.229 2	0.204 2	0.182 1
14	0.340 5	0.299 2	0.263 3	0.232 0	0.204 6	0.180 7	0.159 7
15	0.315 2	0.274 5	0.239 4	0.209 0	0.182 7	0.159 9	0.140 1
16	0.291 9	0.251 9	0.217 6	0.188 3	0.163 1	0.141 5	0.122 9
17	0.270 3	0.231 1	0.197 8	0.169 6	0.145 6	0.125 2	0.107 8
18	0.250 2	0.212 0	0.179 9	0.152 8	0.130 0	0.110 8	0.094 6
19	0.231 7	0.194 5	0.163 5	0.137 7	0.116 1	0.098 1	0.082 9
20	0.214 5	0.178 4	0.148 6	0.124 0	0.103 7	0.086 8	0.072 8
21	0.198 7	0.163 7	0.135 1	0.111 7	0.092 6	0.076 8	0.063 8
22	0.183 9	0.150 2	0.122 8	0.100 7	0.082 6	0.068 0	0.056 0
23	0.170 3	0.137 8	0.111 7	0.090 7	0.073 8	0.060 1	0.049 1
24	0.157 7	0.126 4	0.101 5	0.081 7	0.065 9	0.053 2	0.043 1
25	0.146 0	0.116 0	0.092 3	0.073 6	0.058 8	0.047 1	0.037 8
26	0.135 2	0.106 4	0.083 9	0.066 3	0.052 5	0.041 7	0.033 1
27	0.125 2	0.097 6	0.076 3	0.059 7	0.046 9	0.036 9	0.029 1
28	0.115 9	0.089 5	0.069 3	0.053 8	0.041 9	0.032 6	0.025 5
29	0.107 3	0.082 2	0.063 0	0.048 5	0.037 4	0.028 9	0.022 4
30	0.099 4	0.075 4	0.057 3	0.043 7	0.033 4	0.025 6	0.019 6

期数	15%	16%	17%	18%	19%	20%	21%	22%
1	0.869 6	0.862 1	0.854 7	0.847 5	0.840 3	0.833 3	0.826 4	0.819 7
2	0.756 1	0.743 2	0.730 5	0.718 2	0.706 2	0.694 4	0.683 0	0.671 9
3	0.657 5	0.640 7	0.624 4	0.608 6	0.593 4	0.578 7	0.564 5	0.550 7
4	0.571 8	0.552 3	0.533 7	0.515 8	0.498 7	0.482 3	0.466 5	0.451 4
5	0.497 2	0.476 1	0.456 1	0.437 1	0.419 0	0.401 9	0.385 5	0.370 0

续表

期数	15%	16%	17%	18%	19%	20%	21%	22%
6	0.432 3	0.410 4	0.389 8	0.370 4	0.352 1	0.334 9	0.318 6	0.303 3
7	0.375 9	0.353 8	0.333 2	0.313 9	0.295 9	0.279 1	0.263 3	0.248 6
8	0.326 9	0.305 0	0.284 8	0.266 0	0.248 7	0.232 6	0.217 6	0.203 8
9	0.284 3	0.263 0	0.243 4	0.225 5	0.209 0	0.193 8	0.179 9	0.167 0
10	0.247 2	0.226 7	0.208 0	0.191 1	0.175 6	0.161 5	0.148 6	0.136 9
11	0.214 9	0.195 4	0.177 8	0.161 9	0.147 6	0.134 6	0.122 8	0.112 2
12	0.186 9	0.168 5	0.152 0	0.137 2	0.124 0	0.112 2	0.101 5	0.092 0
13	0.162 5	0.145 2	0.129 9	0.116 3	0.104 2	0.093 5	0.083 9	0.075 4
14	0.141 3	0.125 2	0.111 0	0.098 5	0.087 6	0.077 9	0.069 3	0.061 8
15	0.122 9	0.107 9	0.094 9	0.083 5	0.073 6	0.064 9	0.057 3	0.050 7
16	0.106 9	0.093 0	0.081 1	0.070 8	0.061 8	0.054 1	0.047 4	0.041 5
17	0.092 9	0.080 2	0.069 3	0.060 0	0.052 0	0.045 1	0.039 1	0.034 0
18	0.080 8	0.069 1	0.059 2	0.050 8	0.043 7	0.037 6	0.032 3	0.027 9
19	0.070 3	0.059 6	0.050 6	0.043 1	0.036 7	0.031 3	0.026 7	0.022 9
20	0.061 1	0.051 4	0.043 3	0.036 5	0.030 8	0.026 1	0.022 1	0.018 7
21	0.053 1	0.044 3	0.037 0	0.030 9	0.025 9	0.021 7	0.018 3	0.015 4
22	0.046 2	0.038 2	0.031 6	0.026 2	0.021 8	0.018 1	0.015 1	0.012 6
23	0.040 2	0.032 9	0.027 0	0.022 2	0.018 3	0.015 1	0.012 5	0.010 3
24	0.034 9	0.028 4	0.023 1	0.018 8	0.015 4	0.012 6	0.010 3	0.008 5
25	0.030 4	0.024 5	0.019 7	0.016 0	0.012 9	0.010 5	0.008 5	0.006 9
26	0.026 4	0.021 1	0.016 9	0.013 5	0.010 9	0.008 7	0.007 0	0.005 7
27	0.023 0	0.018 2	0.014 4	0.011 5	0.009 1	0.007 3	0.005 8	0.004 7
28	0.020 0	0.015 7	0.012 3	0.009 7	0.007 7	0.006 1	0.004 8	0.003 8
29	0.017 4	0.013 5	0.010 5	0.008 2	0.006 4	0.005 1	0.004 0	0.003 1
30	0.015 1	0.011 6	0.009 0	0.007 0	0.005 4	0.004 2	0.003 3	0.002 6
期数	23%	24%	25%	26%	27%	28%	29%	30%
1	0.813 0	0.806 5	0.800 0	0.793 7	0.787 4	0.781 3	0.775 2	0.769 2
2	0.661 0	0.650 4	0.640 0	0.629 9	0.620 0	0.610 4	0.600 9	0.591 7
3	0.537 4	0.524 5	0.512 0	0.499 9	0.488 2	0.476 8	0.465 8	0.455 2
4	0.436 9	0.423 0	0.409 6	0.396 8	0.384 4	0.372 5	0.361 1	0.350 1
5	0.355 2	0.341 1	0.327 7	0.314 9	0.302 7	0.291 0	0.279 9	0.269 3
6	0.288 8	0.275 1	0.262 1	0.249 9	0.238 3	0.227 4	0.217 0	0.207 2
7	0.234 8	0.221 8	0.209 7	0.198 3	0.187 7	0.177 6	0.168 2	0.159 4
8	0.190 9	0.178 9	0.167 8	0.157 4	0.147 8	0.138 8	0.130 4	0.122 6
9	0.155 2	0.144 3	0.134 2	0.124 9	0.116 4	0.108 4	0.101 1	0.094 3
10	0.126 2	0.116 4	0.107 4	0.099 2	0.091 6	0.084 7	0.078 4	0.072 5
11	0.102 6	0.093 8	0.085 9	0.078 7	0.072 1	0.066 2	0.060 7	0.055 8
12	0.083 4	0.075 7	0.068 7	0.062 5	0.056 8	0.051 7	0.047 1	0.042 9

续表

期数	23%	24%	25%	26%	27%	28%	29%	30%
13	0.067 8	0.061 0	0.055 0	0.049 6	0.044 7	0.040 4	0.036 5	0.033 0
14	0.055 1	0.049 2	0.044 0	0.039 3	0.035 2	0.031 6	0.028 3	0.025 4
15	0.044 8	0.039 7	0.035 2	0.031 2	0.027 7	0.024 7	0.021 9	0.019 5
16	0.036 4	0.032 0	0.028 1	0.024 8	0.021 8	0.019 3	0.017 0	0.015 0
17	0.029 6	0.025 8	0.022 5	0.0197	0.017 2	0.015 0	0.013 2	0.011 6
18	0.024 1	0.020 8	0.018 0	0.015 6	0.013 5	0.011 8	0.010 2	0.008 9
19	0.019 6	0.016 8	0.014 4	0.012 4	0.010 7	0.009 2	0.007 9	0.006 8
20	0.015 9	0.013 5	0.011 5	0.009 8	0.008 4	0.007 2	0.006 1	0.005 3
21	0.012 9	0.010 9	0.009 2	0.007 8	0.006 6	0.005 6	0.004 8	0.004 0
22	0.010 5	0.008 8	0.007 4	0.006 2	0.005 2	0.004 4	0.003 7	0.003 1
23	0.008 6	0.007 1	0.005 9	0.004 9	0.004 1	0.003 4	0.002 9	0.002 4
24	0.007 0	0.005 7	0.004 7	0.003 9	0.003 2	0.002 7	0.002 2	0.001 8
25	0.005 7	0.004 6	0.003 8	0.003 1	0.002 5	0.002 1	0.001 7	0.001 4
26	0.004 6	0.003 7	0.003 0	0.002 5	0.002 0	0.001 6	0.001 3	0.001 1
27	0.003 7	0.003 0	0.002 4	0.001 9	0.001 6	0.001 3	0.001 0	0.000 8
28	0.003 0	0.002 4	0.001 9	0.001 5	0.001 2	0.001 0	0.000 8	0.000 6
29	0.002 5	0.002 0	0.001 5	0.001 2	0.001 0	0.000 8	0.000 6	0.000 5
30	0.002 0	0.001 6	0.001 2	0.001 0	0.000 8	0.000 6	0.000 5	0.000 4

复利终值系数表（$F/P, i, n$）

期数	1%	2%	3%	4%	5%	6%	7%
1	1.010 0	1.020 0	1.030 0	1.040 0	1.050 0	1.060 0	1.070 0
2	1.020 1	1.040 4	1.060 9	1.081 6	1.102 5	1.123 6	1.144 9
3	1.030 3	1.061 2	1.092 7	1.124 9	1.157 6	1.191 0	1.225 0
4	1.040 6	1.082 4	1.125 5	1.169 9	1.215 5	1.262 5	1.310 8
5	1.051 0	1.104 1	1.159 3	1.216 7	1.276 3	1.338 2	1.402 6
6	1.061 5	1.126 2	1.194 1	1.265 3	1.340 1	1.418 5	1.500 7
7	1.072 1	1.148 7	1.229 9	1.315 9	1.407 1	1.503 6	1.605 8
8	1.082 9	1.171 7	1.266 8	1.368 6	1.477 5	1.593 8	1.718 2
9	1.093 7	1.195 1	1.304 8	1.423 3	1.551 3	1.689 5	1.838 5
10	1.104 6	1.219 0	1.343 9	1.480 2	1.628 9	1.790 8	1.967 2
11	1.115 7	1.243 4	1.384 2	1.539 5	1.710 3	1.898 3	2.104 9
12	1.126 8	1.268 2	1.425 8	1.601 0	1.795 9	2.012 2	2.252 2
13	1.138 1	1.293 6	1.468 5	1.665 1	1.885 6	2.132 9	2.409 8
14	1.149 5	1.319 5	1.512 6	1.731 7	1.979 9	2.260 9	2.578 5
15	1.161 0	1.345 9	1.558 0	1.800 9	2.078 9	2.396 6	2.759 0
16	1.172 6	1.372 8	1.604 7	1.873 0	2.182 9	2.540 4	2.952 2
17	1.184 3	1.400 2	1.652 8	1.947 9	2.292 0	2.692 8	3.158 8
18	1.196 1	1.428 2	1.702 4	2.025 8	2.406 6	2.854 3	3.379 9

续表

期数	1%	2%	3%	4%	5%	6%	7%
19	1.208 1	1.456 8	1.753 5	2.106 8	2.527 0	3.025 6	3.616 5
20	1.220 2	1.485 9	1.806 1	2.191 1	2.653 3	3.207 1	3.869 7
21	1.232 4	1.515 7	1.860 3	2.278 8	2.786 0	3.399 6	4.140 6
22	1.244 7	1.546 0	1.916 1	2.369 9	2.925 3	3.603 5	4.430 4
23	1.257 2	1.576 9	1.973 6	2.464 7	3.071 5	3.819 7	4.740 5
24	1.269 7	1.608 4	2.032 8	2.563 3	3.225 1	4.048 9	5.072 4
25	1.282 4	1.640 6	2.093 8	2.665 8	3.386 4	4.291 9	5.427 4
26	1.295 3	1.673 4	2.156 6	2.772 5	3.555 7	4.549 4	5.807 4
27	1.308 2	1.706 9	2.221 3	2.883 4	3.733 5	4.822 3	6.213 9
28	1.321 3	1.741 0	2.287 9	2.998 7	3.920 1	5.111 7	6.648 8
29	1.334 5	1.775 8	2.356 6	3.118 7	4.116 1	5.418 4	7.114 3
30	1.347 8	1.811 4	2.427 3	3.243 4	4.321 9	5.743 5	7.612 3
期数	8%	9%	10%	11%	12%	13%	14%
1	1.080 0	1.090 0	1.100 0	1.110 0	1.120 0	1.130 0	1.140 0
2	1.166 4	1.188 1	1.210 0	1.232 1	1.254 4	1.276 9	1.299 6
3	1.259 7	1.295 0	1.331 0	1.367 6	1.404 9	1.442 9	1.481 5
4	1.360 5	1.411 6	1.464 1	1.518 1	1.573 5	1.630 5	1.689 0
5	1.469 3	1.538 6	1.610 5	1.685 1	1.762 3	1.842 4	1.925 4
6	1.586 9	1.677 1	1.771 6	1.870 4	1.973 8	2.082 0	2.195 0
7	1.713 8	1.828 0	1.948 7	2.076 2	2.210 7	2.352 6	2.502 3
8	1.850 9	1.992 6	2.143 6	2.304 5	2.476 0	2.658 4	2.852 6
9	1.999 0	2.171 9	2.357 9	2.558 0	2.773 1	3.004 0	3.251 9
10	2.158 9	2.367 4	2.593 7	2.839 4	3.105 8	3.394 6	3.707 2
11	2.331 6	2.580 4	2.853 1	3.151 8	3.478 6	3.835 9	4.226 2
12	2.518 2	2.812 7	3.138 4	3.498 5	3.896 0	4.334 5	4.817 9
13	2.719 6	3.065 8	3.452 3	3.883 3	4.363 5	4.898 0	5.492 4
14	2.937 2	3.341 7	3.797 5	4.310 4	4.887 1	5.534 8	6.261 3
15	3.172 2	3.642 5	4.177 2	4.784 6	5.473 6	6.254 3	7.137 9
16	3.425 9	3.970 3	4.595 0	5.310 9	6.130 4	7.067 3	8.137 2
17	3.700 0	4.327 6	5.054 5	5.895 1	6.866 0	7.986 1	9.276 5
18	3.996 0	4.717 1	5.559 9	6.543 6	7.690 0	9.024 3	10.575 2
19	4.315 7	5.141 7	6.115 9	7.263 3	8.612 8	10.197 4	12.055 7
20	4.661 0	5.604 4	6.727 5	8.062 3	9.646 3	11.523 1	13.743 5
21	5.033 8	6.108 8	7.400 2	8.949 2	10.803 8	13.021 1	15.667 6
22	5.436 5	6.658 6	8.140 3	9.933 6	12.100 3	14.713 8	17.861 0
23	5.871 5	7.257 9	8.954 3	11.026 3	13.552 3	16.626 6	20.361 6
24	6.341 2	7.911 1	9.849 7	12.239 2	15.178 6	18.788 1	23.212 2

续表

期数	8%	9%	10%	11%	12%	13%	14%
25	6.848 5	8.623 1	10.834 7	13.585 5	17.000 1	21.230 5	26.461 9
26	7.396 4	9.399 2	11.918 2	15.079 9	19.040 1	23.990 5	30.166 6
27	7.988 1	10.245 1	13.110 0	16.738 7	21.324 9	27.109 3	34.389 9
28	8.627 1	11.167 1	14.421 0	18.579 9	23.883 9	30.633 5	39.204 5
29	9.317 3	12.172 2	15.863 1	20.623 7	26.749 9	34.615 8	44.693 1
30	10.062 7	13.267 7	17.449 4	22.892 3	29.959 9	39.115 9	50.950 2

期数	15%	16%	17%	18%	19%	20%	21%	22%
1	1.150 0	1.160 0	1.170 0	1.180 0	1.190 0	1.200 0	1.210 0	1.220 0
2	1.322 5	1.345 6	1.368 9	1.392 4	1.416 1	1.440 0	1.464 1	1.488 4
3	1.520 9	1.560 9	1.601 6	1.643 0	1.685 2	1.728 0	1.771 6	1.815 8
4	1.749 0	1.810 6	1.873 9	1.938 8	2.005 3	2.073 6	2.143 6	2.215 3
5	2.011 4	2.100 3	2.192 4	2.287 8	2.386 4	2.488 3	2.593 7	2.702 7
6	2.313 1	2.436 4	2.565 2	2.699 6	2.839 8	2.986 0	3.138 4	3.297 3
7	2.660 0	2.826 2	3.001 2	3.185 5	3.379 3	3.583 2	3.797 5	4.022 7
8	3.059 0	3.278 4	3.511 5	3.758 9	4.021 4	4.299 8	4.595 0	4.907 7
9	3.517 9	3.803 0	4.108 4	4.435 5	4.785 4	5.159 8	5.559 9	5.987 4
10	4.045 6	4.411 4	4.806 8	5.233 8	5.694 7	6.191 7	6.727 5	7.304 6
11	4.652 4	5.117 3	5.624 0	6.175 9	6.776 7	7.430 1	8.140 3	8.911 7
12	5.350 3	5.936 0	6.580 1	7.287 6	8.064 2	8.916 1	9.849 7	10.872 2
13	6.152 8	6.885 8	7.698 7	8.599 4	9.596 4	10.699 3	11.918 2	13.264 1
14	7.075 7	7.987 5	9.007 5	10.147 2	11.419 8	12.839 2	14.421 0	16.182 2
15	8.137 1	9.265 5	10.538 7	11.973 7	13.589 5	15.407 0	17.449 4	19.742 3
16	9.357 6	10.748 0	12.330 3	14.129 0	16.171 5	18.488 4	21.113 8	24.085 6
17	10.761 3	12.467 7	14.426 5	16.672 2	19.244 1	22.186 1	25.547 7	29.384 4
18	12.375 5	14.462 5	16.879 0	19.673 3	22.900 5	26.623 3	30.912 7	35.849 0
19	14.231 8	16.776 5	19.748 4	23.214 4	27.251 6	31.948 0	37.404 3	43.735 8
20	16.366 5	19.460 8	23.105 6	27.393 0	32.429 4	38.337 6	45.259 3	53.357 6
21	18.821 5	22.574 5	27.033 6	32.323 8	38.591 0	46.005 1	54.763 7	65.096 3
22	21.644 7	26.186 4	31.629 3	38.142 1	45.923 3	55.206 1	66.264 1	79.417 5
23	24.891 5	30.376 2	37.006 2	45.007 6	54.648 7	66.247 4	80.179 5	96.889 4
24	28.625 2	35.236 4	43.297 3	53.109 0	65.032 0	79.496 8	97.017 2	118.205 0
25	32.919 0	40.874 2	50.657 8	62.668 6	77.388 1	95.396 2	117.390 9	144.210 1
26	37.856 8	47.414 1	59.269 7	73.949 0	92.091 8	114.475 5	142.042 9	175.936 4
27	43.535 3	55.000 4	69.345 5	87.259 8	109.589 3	137.370 6	171.871 9	214.642 4
28	50.065 6	63.800 4	81.134 2	102.966 6	130.411 2	164.844 7	207.965 1	261.863 7
29	57.575 5	74.008 5	94.927 1	121.500 5	155.189 3	197.813 6	251.637 7	319.473 7
30	66.211 8	85.849 9	111.064 7	143.370 6	184.675 3	237.376 3	304.481 6	389.757 9

续表

期数	23%	24%	25%	26%	27%	28%	29%	30%
1	1.230 0	1.240 0	1.250 0	1.260 0	1.270 0	1.280 0	1.290 0	1.300 0
2	1.512 9	1.537 6	1.562 5	1.587 6	1.612 9	1.638 4	1.664 1	1.690 0
3	1.860 9	1.906 6	1.953 1	2.000 4	2.048 4	2.097 2	2.146 7	2.197 0
4	2.288 9	2.364 2	2.441 4	2.520 5	2.601 4	2.684 4	2.769 2	2.856 1
5	2.815 3	2.931 6	3.051 8	3.175 8	3.303 8	3.436 0	3.572 3	3.712 9
6	3.462 8	3.635 2	3.814 7	4.001 5	4.195 9	4.398 0	4.608 3	4.826 8
7	4.259 3	4.507 7	4.768 4	5.041 9	5.328 8	5.629 5	5.944 7	6.274 9
8	5.238 9	5.589 5	5.960 5	6.352 8	6.767 5	7.205 8	7.668 6	8.157 3
9	6.443 9	6.931 0	7.450 6	8.004 5	8.594 8	9.223 4	9.892 5	10.604 5
10	7.925 9	8.594 4	9.313 2	10.085 7	10.915 3	11.805 9	12.761 4	13.785 8
11	9.748 9	10.657 1	11.641 5	12.708 0	13.862 5	15.111 6	16.462 2	17.921 6
12	11.991 2	13.214 8	14.551 9	16.012 0	17.605 3	19.342 8	21.236 2	23.298 1
13	14.749 1	16.386 3	18.189 9	20.175 2	22.358 8	24.758 8	27.394 7	30.287 5
14	18.141 4	20.319 1	22.737 4	25.420 7	28.395 7	31.691 3	35.339 1	39.373 8
15	22.314 0	25.195 6	28.421 7	32.030 1	36.062 5	40.564 8	45.587 5	51.185 9
16	27.446 2	31.242 6	35.527 1	40.357 9	45.799 4	51.923 0	58.807 9	66.541 7
17	33.758 8	38.740 8	44.408 9	50.851 0	58.165 2	66.461 4	75.862 1	86.504 2
18	41.523 3	48.038 6	55.511 2	64.072 2	73.869 8	85.070 6	97.862 2	112.455 4
19	51.073 7	59.567 9	69.388 9	80.731 0	93.814 7	108.890 4	126.242 2	146.192 0
20	62.820 6	73.864 1	86.736 2	101.721 1	119.144 6	139.379 7	162.852 4	190.049 6
21	77.269 4	91.591 5	108.420 2	128.168 5	151.313 7	178.406 0	210.079 6	247.064 5
22	95.041 3	113.573 5	135.525 3	161.492 4	192.168 3	228.359 6	271.002 7	321.183 9
23	116.900 8	140.831 2	169.406 6	203.480 4	244.053 8	292.300 3	349.593 5	417.539 1
24	143.788 0	174.630 6	211.758 2	256.385 3	309.948 3	374.144 4	450.975 6	542.800 8
25	176.859 3	216.542 0	264.697 8	323.045 4	393.634 4	478.904 9	581.758 5	705.641 0
26	217.536 9	268.512 1	330.872 2	407.037 3	499.915 7	612.998 2	750.468 5	917.333 3
27	267.570 4	332.955 0	413.590 3	512.867 0	634.892 9	784.637 7	968.104 4	1 192.533 3
28	329.111 5	412.864 2	516.987 9	646.212 4	806.314 0	1 004.336 3	1 248.854 6	1 550.293 3
29	404.807 2	511.951 6	646.234 9	814.227 6	1 024.018 7	1 285.550 4	1 611.022 5	2 015.381 3
30	497.912 9	634.819 9	807.793 6	1 025.926 7	1 300.503 8	1 645.504 6	2 078.219 0	2 619.995 6

年金终值系数表（F/A，i，n）

期数	1%	2%	3%	4%	5%	6%	7%
1	1.000 0	1.000 0	1.000 0	1.000 0	1.000 0	1.000 0	1.000 0
2	2.010 0	2.020 0	2.030 0	2.040 0	2.050 0	2.060 0	2.070 0
3	3.030 1	3.060 4	3.090 9	3.121 6	3.152 5	3.183 6	3.214 9
4	4.060 4	4.121 6	4.183 6	4.246 5	4.310 1	4.374 6	4.439 9
5	5.101 0	5.204 0	5.309 1	5.416 3	5.525 6	5.637 1	5.750 7
6	6.152 0	6.308 1	6.468 4	6.633 0	6.801 9	6.975 3	7.153 3

续表

期数	1%	2%	3%	4%	5%	6%	7%
7	7.213 5	7.434 3	7.662 5	7.898 3	8.142 0	8.393 8	8.654 0
8	8.285 7	8.583 0	8.892 3	9.214 2	9.549 1	9.897 5	10.259 8
9	9.368 5	9.754 6	10.159 1	10.582 8	11.026 6	11.491 3	11.978 0
10	10.462 2	10.949 7	11.463 9	12.006 1	12.577 9	13.180 8	13.816 4
11	11.566 8	12.168 7	12.807 8	13.486 4	14.206 8	14.971 6	15.783 6
12	12.682 5	13.412 1	14.192 0	15.025 8	15.917 1	16.869 9	17.888 5
13	13.809 3	14.680 3	15.617 8	16.626 8	17.713 0	18.882 1	20.140 6
14	14.947 4	15.973 9	17.086 3	18.291 9	19.598 6	21.015 1	22.550 5
15	16.096 9	17.293 4	18.598 9	20.023 6	21.578 6	23.276 0	25.129 0
16	17.257 9	18.639 3	20.156 9	21.824 5	23.657 5	25.672 5	27.888 1
17	18.430 4	20.012 1	21.761 6	23.697 5	25.840 4	28.212 9	30.840 2
18	19.614 7	21.412 3	23.414 4	25.645 4	28.132 4	30.905 7	33.999 0
19	20.810 9	22.840 6	25.116 9	27.671 2	30.539 0	33.760 0	37.379 0
20	22.019 0	24.297 4	26.870 4	29.778 1	33.066 0	36.785 6	40.995 5
21	23.239 2	25.783 3	28.676 5	31.969 2	35.719 3	39.992 7	44.865 2
22	24.471 6	27.299 0	30.536 8	34.248 0	38.505 2	43.392 3	49.005 7
23	25.716 3	28.845 0	32.452 9	36.617 9	41.430 5	46.995 8	53.436 1
24	26.973 5	30.421 9	34.426 5	39.082 6	44.502 0	50.815 6	58.176 7
25	28.243 2	32.030 3	36.459 3	41.645 9	47.727 1	54.864 5	63.249 0
26	29.525 6	33.670 9	38.553 0	44.311 7	51.113 5	59.156 4	68.676 5
27	30.820 9	35.344 3	40.709 6	47.084 2	54.669 1	63.705 8	74.483 8
28	32.129 1	37.051 2	42.930 9	49.967 6	58.402 6	68.528 1	80.697 7
29	33.450 4	38.792 2	45.218 9	52.966 3	62.322 7	73.639 8	87.346 5
30	34.784 9	40.568 1	47.575 4	56.084 9	66.438 8	79.058 2	94.460 8

期数	8%	9%	10%	11%	12%	13%	14%
1	1.000 0	1.000 0	1.000 0	1.000 0	1.000 0	1.000 0	1.000 0
2	2.080 0	2.090 0	2.100 0	2.110 0	2.120 0	2.130 0	2.140 0
3	3.246 4	3.278 1	3.310 0	3.342 1	3.374 4	3.406 9	3.439 6
4	4.506 1	4.573 1	4.641 0	4.709 7	4.779 3	4.849 8	4.921 1
5	5.866 6	5.984 7	6.105 1	6.227 8	6.352 8	6.480 3	6.610 1
6	7.335 9	7.523 3	7.715 6	7.912 9	8.115 2	8.322 7	8.535 5
7	8.922 8	9.200 4	9.487 2	9.783 3	10.089 0	10.404 7	10.730 5
8	10.636 6	11.028 5	11.435 9	11.859 4	12.299 7	12.757 3	13.232 8
9	12.487 6	13.021 0	13.579 5	14.164 0	14.775 7	15.415 7	16.085 3
10	14.486 6	15.192 9	15.937 4	16.722 0	17.548 7	18.419 7	19.337 3
11	16.645 5	17.560 3	18.531 2	19.561 4	20.654 6	21.814 3	23.044 5
12	18.977 1	20.140 7	21.384 3	22.713 2	24.133 1	25.650 2	27.270 7
13	21.495 3	22.953 4	24.522 7	26.211 6	28.029 1	29.984 7	32.088 7

期数	8%	9%	10%	11%	12%	13%	14%
14	24.214 9	26.019 2	27.975 0	30.094 9	32.392 6	34.882 7	37.581 1
15	27.152 1	29.360 9	31.772 5	34.405 4	37.279 7	40.417 5	43.842 4
16	30.324 3	33.003 4	35.949 7	39.189 9	42.753 3	46.671 7	50.980 4
17	33.750 2	36.973 7	40.544 7	44.500 8	48.883 7	53.739 1	59.117 6
18	37.450 2	41.301 3	45.599 2	50.395 9	55.749 7	61.725 1	68.394 1
19	41.446 3	46.018 5	51.159 1	56.939 5	63.439 7	70.749 4	78.969 2
20	45.762 0	51.160 1	57.275 0	64.202 8	72.052 4	80.946 8	91.024 9
21	50.422 9	56.764 5	64.002 5	72.265 1	81.698 7	92.469 9	104.768 4
22	55.456 8	62.873 3	71.402 7	81.214 3	92.502 6	105.491 0	120.436 0
23	60.893 3	69.531 9	79.543 0	91.147 9	104.602 9	120.204 8	138.297 0
24	66.764 8	76.789 8	88.497 3	102.174 2	118.155 2	136.831 5	158.658 6
25	73.105 9	84.700 9	98.347 1	114.413 3	133.333 9	155.619 6	181.870 8
26	79.954 4	93.324 0	109.181 8	127.998 8	150.333 9	176.850 1	208.332 7
27	87.350 8	102.723 1	121.099 9	143.078 6	169.374 0	200.840 6	238.499 3
28	95.338 8	112.968 2	134.209 9	159.817 3	190.698 9	227.949 9	272.889 2
29	103.965 9	124.135 4	148.630 9	178.397 2	214.582 8	258.583 4	312.093 7
30	113.283 2	136.307 5	164.494 0	199.020 9	241.332 7	293.199 2	356.786 8

期数	15%	16%	17%	18%	19%	20%	21%	22%
1	1.000 0	1.000 0	1.000 0	1.000 0	1.000 0	1.000 0	1.000 0	1.000 0
2	2.150 0	2.160 0	2.170 0	2.180 0	2.190 0	2.200 0	2.210 0	2.220 0
3	3.472 5	3.505 6	3.538 9	3.572 4	3.606 1	3.640 0	3.674 1	3.708 4
4	4.993 4	5.066 5	5.140 5	5.215 4	5.291 3	5.368 0	5.445 7	5.524 2
5	6.742 4	6.877 1	7.014 4	7.154 2	7.296 6	7.441 6	7.589 2	7.739 6
6	8.753 7	8.977 5	9.206 8	9.442 0	9.683 0	9.929 9	10.183 0	10.442 3
7	11.066 8	11.413 9	11.772 0	12.141 5	12.522 7	12.915 9	13.321 4	13.739 6
8	13.726 8	14.240 1	14.773 3	15.327 0	15.902 0	16.499 1	17.118 9	17.762 3
9	16.785 8	17.518 5	18.284 7	19.085 9	19.923 4	20.798 9	21.713 9	22.670 0
10	20.303 7	21.321 5	22.393 1	23.521 3	24.708 9	25.958 7	27.273 8	28.657 4
11	24.349 3	25.732 9	27.199 9	28.755 1	30.403 5	32.150 4	34.001 3	35.962 0
12	29.001 7	30.850 2	32.823 9	34.931 1	37.180 2	39.580 5	42.141 6	44.873 7
13	34.351 9	36.786 2	39.404 0	42.218 7	45.244 5	48.496 6	51.991 3	55.745 9
14	40.504 7	43.672 0	47.102 7	50.818 0	54.840 9	59.195 9	63.909 5	69.010 0
15	47.580 4	51.659 5	56.110 1	60.965 3	66.260 7	72.035 1	78.330 5	85.192 2
16	55.717 5	60.925 0	66.648 8	72.939 0	79.850 2	87.442 1	95.779 9	104.934 5
17	65.075 1	71.673 0	78.979 2	87.068 0	96.021 8	105.930 6	116.893 7	129.020 1
18	75.836 4	84.140 7	93.405 6	103.740 3	115.265 9	128.116 7	142.441 3	158.404 5
19	88.211 8	98.603 2	110.284 6	123.413 5	138.166 4	154.740 0	173.354 0	194.253 5
20	102.443 6	115.379 7	130.032 9	146.628 0	165.418 0	186.688 0	210.758 4	237.989 3

期数	15%	16%	17%	18%	19%	20%	21%	22%
21	118.810 1	134.840 5	153.138 5	174.021 0	197.847 4	225.025 6	256.017 6	291.346 9
22	137.631 6	157.415 0	180.172 1	206.344 8	236.438 5	271.030 7	310.781 3	356.443 2
23	159.276 4	183.601 4	211.801 3	244.486 8	282.361 8	326.236 9	377.045 4	435.860 7
24	184.167 8	213.977 6	248.807 6	289.494 5	337.010 5	392.484 2	457.224 9	532.750 1
25	212.793 0	249.214 0	292.104 9	342.603 5	402.042 5	471.981 1	554.242 2	650.955 1
26	245.712 0	290.088 3	342.762 7	405.272 1	479.430 6	567.377 3	671.633 0	795.165 3
27	283.568 8	337.502 4	402.032 3	479.221 1	571.522 4	681.852 8	813.675 9	971.101 6
28	327.104 1	392.502 8	471.377 8	566.480 9	681.111 6	819.223 3	985.547 9	1 185.744 0
29	377.169 7	456.303 2	552.512 1	669.447 5	811.522 8	984.068 0	1 193.512 9	1 447.607 7
30	434.745 1	530.311 7	647.439 1	790.948 0	966.712 2	1 181.881 6	1 445.150 7	1 767.081 3

期数	23%	24%	25%	26%	27%	28%	29%	30%
1	1.000 0	1.000 0	1.000 0	1.000 0	1.000 0	1.000 0	1.000 0	1.000 0
2	2.230 0	2.240 0	2.250 0	2.260 0	2.270 0	2.280 0	2.290 0	2.300 0
3	3.742 9	3.777 6	3.812 5	3.847 6	3.882 9	3.918 4	3.954 1	3.990 0
4	5.603 8	5.684 2	5.765 6	5.848 0	5.931 3	6.015 6	6.100 8	6.187 0
5	7.892 6	8.048 4	8.207 0	8.368 4	8.532 7	8.699 9	8.870 0	9.043 1
6	10.707 9	10.980 1	11.258 8	11.544 2	11.836 6	12.135 9	12.442 3	12.756 0
7	14.170 8	14.615 3	15.073 5	15.545 8	16.032 4	16.533 9	17.050 6	17.582 8
8	18.430 0	19.122 9	19.841 9	20.587 6	21.361 2	22.163 4	22.995 3	23.857 7
9	23.669 0	24.712 5	25.802 3	26.940 4	28.128 7	29.369 2	30.663 9	32.015 0
10	30.112 8	31.643 4	33.252 9	34.944 9	36.723 5	38.592 6	40.556 4	42.619 5
11	38.038 8	40.237 9	42.566 1	45.030 6	47.638 8	50.398 5	53.317 8	56.405 3
12	47.787 7	50.895 0	54.207 7	57.738 6	61.501 3	65.510 0	69.780 0	74.327 0
13	59.778 8	64.109 7	68.759 6	73.750 6	79.106 6	84.852 9	91.016 1	97.625 0
14	74.528 0	80.496 1	86.949 5	93.925 8	101.465 4	109.611 7	118.410 8	127.912 5
15	92.669 4	100.815 1	109.686 8	119.346 5	129.861 1	141.302 9	153.750 0	167.286 3
16	114.983 4	126.010 8	138.108 5	151.376 6	165.923 6	181.867 7	199.337 4	218.472 2
17	142.429 5	157.253 4	173.635 7	191.734 5	211.723 0	233.790 7	258.145 3	285.013 9
18	176.188 3	195.994 2	218.044 6	242.585 5	269.888 2	300.252 1	334.007 4	371.518 0
19	217.711 6	244.032 8	273.555 8	306.657 7	343.758 0	385.322 7	431.869 6	483.973 4
20	268.785 3	303.600 6	342.944 7	387.388 7	437.572 6	494.213 1	558.111 8	630.165 5
21	331.605 9	377.464 8	429.680 9	489.109 8	556.717 3	633.592 7	720.964 2	820.215 1
22	408.875 3	469.056 3	538.101 1	617.278 3	708.030 9	811.998 7	931.043 8	1 067.279 6
23	503.916 6	582.629 8	673.626 4	778.770 7	900.199 3	1 040.358 3	1 202.046 5	1 388.463 5
24	620.817 4	723.461 0	843.032 9	982.251 1	1 144.253 1	1 332.658 6	1 551.640 0	1 806.002 6
25	764.605 4	898.091 6	1 054.791 2	1 238.636 3	1 454.201 4	1 706.803 1	2 002.615 6	2 348.803 3
26	941.464 7	1 114.633 6	1 319.489 0	1 561.681 8	1 847.835 8	2 185.707 9	2 584.374 1	3 054.444 3
27	1 159.000 1 6	1 383.145 7	1 650.361 2	1 968.719 1	2 347.751 5	2 798.706 1	3 334.842 6	3 971.777 6

续表

期数	23%	24%	25%	26%	27%	28%	29%	30%
28	1 426.571 9	1 716.100 7	2 063.951 5	2 481.586 0	2 982.644 4	3 583.343 8	4 302.947 0	5 164.310 9
29	1 755.683 5	2 128.964 8	2 580.939 4	3 127.798 4	3 788.958 3	4 587.680 1	5 551.801 6	6 714.604 2
30	2 160.490 7	2 640.916 4	3 227.174 3	3 942.026 0	4 812.977 1	5 873.230 6	7 162.824 1	8 729.985 5

年金现值系数表（P/A，i，n）

期数	1%	2%	3%	4%	5%	6%	7%
1	0.990 1	0.980 4	0.970 9	0.961 5	0.952 4	0.943 4	0.934 6
2	1.970 4	1.941 6	1.913 5	1.886 1	1.859 4	1.833 4	1.808 0
3	2.941 0	2.883 9	2.828 6	2.775 1	2.723 2	2.673 0	2.624 3
4	3.902 0	3.807 7	3.717 1	3.629 9	3.546 0	3.465 1	3.387 2
5	4.853 4	4.713 5	4.579 7	4.451 8	4.329 5	4.212 4	4.100 2
6	5.795 5	5.601 4	5.417 2	5.242 1	5.075 7	4.917 3	4.766 5
7	6.728 2	6.472 0	6.230 3	6.002 1	5.786 4	5.582 4	5.389 3
8	7.651 7	7.325 5	7.019 7	6.732 7	6.463 2	6.209 8	5.971 3
9	8.566 0	8.162 2	7.786 1	7.435 3	7.107 8	6.801 7	6.515 2
10	9.471 3	8.982 6	8.530 2	8.110 9	7.721 7	7.360 1	7.023 6
11	10.367 6	9.786 8	9.252 6	8.760 5	8.306 4	7.886 9	7.498 7
12	11.255 1	10.575 3	9.954 0	9.385 1	8.863 3	8.383 8	7.942 7
13	12.133 7	11.348 4	10.635 0	9.985 6	9.393 6	8.852 7	8.357 7
14	13.003 7	12.106 2	11.296 1	10.563 1	9.898 6	9.295 0	8.745 5
15	13.865 1	12.849 3	11.937 9	11.118 4	10.379 7	9.712 2	9.107 9
16	14.717 9	13.577 7	12.561 1	11.652 3	10.837 8	10.105 9	9.446 6
17	15.562 3	14.291 9	13.166 1	12.165 7	11.274 1	10.477 3	9.763 2
18	16.398 3	14.992 0	13.753 5	12.659 3	11.689 6	10.827 6	10.059 1
19	17.226 0	15.678 5	14.323 8	13.133 9	12.085 3	11.158 1	10.335 6
20	18.045 6	16.351 4	14.877 5	13.590 3	12.462 2	11.469 9	10.594 0
21	18.857 0	17.011 2	15.415 0	14.029 2	12.821 2	11.764 1	10.835 5
22	19.660 4	17.658 0	15.936 9	14.451 1	13.163 0	12.041 6	11.061 2
23	20.455 8	18.292 2	16.443 6	14.856 8	13.488 6	12.303 4	11.272 2
24	21.243 4	18.913 9	16.935 5	15.247 0	13.798 6	12.550 4	11.469 3
25	22.023 2	19.523 5	17.413 1	15.622 1	14.093 9	12.783 4	11.653 6
26	22.795 2	20.121 0	17.876 8	15.982 8	14.375 2	13.003 2	11.825 8
27	23.559 6	20.706 9	18.327 0	16.329 6	14.643 0	13.210 5	11.986 7
28	24.316 4	21.281 3	18.764 1	16.663 1	14.898 1	13.406 2	12.137 1
29	25.065 8	21.844 4	19.188 5	16.983 7	15.141 1	13.590 7	12.277 7
30	25.807 7	22.396 5	19.600 4	17.292 0	15.372 5	13.764 8	12.409 0
期数	8%	9%	10%	11%	12%	13%	14%
1	0.925 9	0.917 4	0.909 1	0.900 9	0.892 9	0.885 0	0.877 2
2	1.783 3	1.759 1	1.735 5	1.712 5	1.690 1	1.668 1	1.646 7

续表

期数	8%	9%	10%	11%	12%	13%	14%
3	2.577 1	2.531 3	2.486 9	2.443 7	2.401 8	2.361 2	2.321 6
4	3.312 1	3.239 7	3.169 9	3.102 4	3.037 3	2.974 5	2.913 7
5	3.992 7	3.889 7	3.790 8	3.695 9	3.604 8	3.517 2	3.433 1
6	4.622 9	4.485 9	4.355 3	4.230 5	4.111 4	3.997 5	3.888 7
7	5.206 4	5.033 0	4.868 4	4.712 2	4.563 8	4.422 6	4.288 3
8	5.746 6	5.534 8	5.334 9	5.146 1	4.967 6	4.798 8	4.638 9
9	6.246 9	5.995 2	5.759 0	5.537 0	5.328 2	5.131 7	4.946 4
10	6.710 1	6.417 7	6.144 6	5.889 2	5.650 2	5.426 2	5.216 1
11	7.139 0	6.805 2	6.495 1	6.206 5	5.937 7	5.686 9	5.452 7
12	7.536 1	7.160 7	6.813 7	6.492 4	6.194 4	5.917 6	5.660 3
13	7.903 8	7.486 9	7.103 4	6.749 9	6.423 5	6.121 8	5.842 4
14	8.244 2	7.786 2	7.366 7	6.981 9	6.628 2	6.302 5	6.002 1
15	8.559 5	8.060 7	7.606 1	7.190 9	6.810 9	6.462 4	6.142 2
16	8.851 4	8.312 6	7.823 7	7.379 2	6.974 0	6.603 9	6.265 1
17	9.121 6	8.543 6	8.021 6	7.548 8	7.119 6	6.729 1	6.372 9
18	9.371 9	8.755 6	8.201 4	7.701 6	7.249 7	6.839 9	6.467 4
19	9.603 6	8.950 1	8.364 9	7.839 3	7.365 8	6.938 0	6.550 4
20	9.818 1	9.128 5	8.513 6	7.963 3	7.469 4	7.024 8	6.623 1
21	10.016 8	9.292 2	8.648 7	8.075 1	7.562 0	7.101 6	6.687 0
22	10.200 7	9.442 4	8.771 5	8.175 7	7.644 6	7.169 5	6.742 9
23	10.371 1	9.580 2	8.883 2	8.266 4	7.718 4	7.229 7	6.792 1
24	10.528 8	9.706 6	8.984 7	8.348 1	7.784 3	7.282 9	6.835 1
25	10.674 8	9.822 6	9.077 0	8.421 7	7.843 1	7.330 0	6.872 9
26	10.810 0	9.929 0	9.160 9	8.488 1	7.895 7	7.371 7	6.906 1
27	10.935 2	10.026 6	9.237 2	8.547 8	7.942 6	7.408 6	6.935 2
28	11.051 1	10.116 1	9.306 6	8.601 6	7.984 4	7.441 2	6.960 7
29	11.158 4	10.198 3	9.369 6	8.650 1	8.021 8	7.470 1	6.983 0
30	11.257 8	10.273 7	9.426 9	8.693 8	8.055 2	7.495 7	7.002 7

期数	15%	16%	17%	18%	19%	20%	21%	22%
1	0.869 6	0.862 1	0.854 7	0.847 5	0.840 3	0.833 3	0.826 4	0.819 7
2	1.625 7	1.605 2	1.585 2	1.565 6	1.546 5	1.527 8	1.509 5	1.491 5
3	2.283 2	2.245 9	2.209 6	2.174 3	2.139 9	2.106 5	2.073 9	2.042 2
4	2.855 0	2.798 2	2.743 2	2.690 1	2.638 6	2.588 7	2.540 4	2.493 6
5	3.352 2	3.274 3	3.199 3	3.127 2	3.057 6	2.990 6	2.926 0	2.863 6
6	3.784 5	3.684 7	3.589 2	3.497 6	3.409 8	3.325 5	3.244 6	3.166 9
7	4.160 4	4.038 6	3.922 4	3.811 5	3.705 7	3.604 6	3.507 9	3.415 5
8	4.487 3	4.343 6	4.207 2	4.077 6	3.954 4	3.837 2	3.725 6	3.619 3
9	4.771 6	4.606 5	4.450 6	4.303 0	4.163 3	4.031 0	3.905 4	3.786 3

期数	15%	16%	17%	18%	19%	20%	21%	22%
10	5.018 8	4.833 2	4.658 6	4.494 1	4.338 9	4.192 5	4.054 1	3.923 2
11	5.233 7	5.028 6	4.836 4	4.656 0	4.486 5	4.327 1	4.176 9	4.035 4
12	5.420 6	5.197 1	4.988 4	4.793 2	4.610 5	4.439 2	4.278 4	4.127 4
13	5.583 1	5.342 3	5.118 3	4.909 5	4.714 7	4.532 7	4.362 4	4.202 8
14	5.724 5	5.467 5	5.229 3	5.008 1	4.802 3	4.610 6	4.431 7	4.264 6
15	5.847 4	5.575 5	5.324 2	5.091 6	4.875 9	4.675 5	4.489 0	4.315 2
16	5.954 2	5.668 5	5.405 3	5.162 4	4.937 7	4.729 6	4.536 4	4.356 7
17	6.047 2	5.748 7	5.474 6	5.222 3	4.989 7	4.774 6	4.575 5	4.390 8
18	6.128 0	5.817 8	5.533 9	5.273 2	5.033 3	4.812 2	4.607 9	4.418 7
19	6.198 2	5.877 5	5.584 5	5.316 2	5.070 0	4.843 5	4.634 6	4.441 5
20	6.259 3	5.928 8	5.627 8	5.352 7	5.100 9	4.869 6	4.656 7	4.460 3
21	6.312 5	5.973 1	5.664 8	5.383 7	5.126 8	4.891 3	4.675 0	4.475 6
22	6.358 7	6.011 3	5.696 4	5.409 9	5.148 6	4.909 4	4.690 0	4.488 2
23	6.398 8	6.044 2	5.723 4	5.432 1	5.166 8	4.924 5	4.702 5	4.498 5
24	6.433 8	6.072 6	5.746 5	5.450 9	5.182 2	4.937 1	4.712 8	4.507 0
25	6.464 1	6.097 1	5.766 2	5.466 9	5.195 1	4.947 6	4.721 3	4.513 9
26	6.490 6	6.118 2	5.783 1	5.480 4	5.206 0	4.956 3	4.728 4	4.519 6
27	6.513 5	6.136 4	5.797 5	5.491 9	5.215 1	4.963 6	4.734 2	4.524 3
28	6.533 5	6.152 0	5.809 9	5.501 6	5.222 8	4.969 7	4.739 0	4.528 1
29	6.550 9	6.165 6	5.820 4	5.509 8	5.229 2	4.974 7	4.743 0	4.531 2
30	6.566 0	6.177 2	5.829 4	5.516 8	5.234 7	4.978 9	4.746 3	4.533 8
期数	23%	24%	25%	26%	27%	28%	29%	30%
1	0.813 0	0.806 5	0.800 0	0.793 7	0.787 4	0.781 3	0.775 2	0.769 2
2	1.474 0	1.456 8	1.440 0	1.423 5	1.407 4	1.391 6	1.376 1	1.360 9
3	2.011 4	1.981 3	1.952 0	1.923 4	1.895 6	1.868 4	1.842 0	1.816 1
4	2.448 3	2.404 3	2.361 6	2.320 2	2.280 0	2.241 0	2.203 1	2.166 2
5	2.803 5	2.745 4	2.689 3	2.635 1	2.582 7	2.532 0	2.483 0	2.435 6
6	3.092 3	3.020 5	2.951 4	2.885 0	2.821 0	2.759 4	2.700 0	2.642 7
7	3.327 0	3.242 3	3.161 1	3.083 3	3.008 7	2.937 0	2.868 2	2.802 1
8	3.517 9	3.421 2	3.328 9	3.240 7	3.156 4	3.075 8	2.998 6	2.924 7
9	3.673 1	3.565 5	3.463 1	3.365 7	3.272 8	3.184 2	3.099 7	3.019 0
10	3.799 3	3.681 9	3.570 5	3.464 8	3.364 4	3.268 9	3.178 1	3.091 5
11	3.901 8	3.775 7	3.656 4	3.543 5	3.436 5	3.335 1	3.238 8	3.147 3
12	3.985 2	3.851 4	3.725 1	3.605 9	3.493 3	3.386 8	3.285 9	3.190 3
13	4.053 0	3.912 4	3.780 1	3.655 5	3.538 1	3.427 2	3.322 4	3.223 3
14	4.108 2	3.961 6	3.824 1	3.694 9	3.573 3	3.458 7	3.350 7	3.248 7
15	4.153 0	4.001 3	3.859 3	3.726 1	3.601 0	3.483 4	3.372 6	3.268 2
16	4.189 4	4.033 3	3.887 4	3.750 9	3.622 8	3.502 6	3.389 6	3.283 2

续表

期数	23%	24%	25%	26%	27%	28%	29%	30%
17	4.219 0	4.059 1	3.909 9	3.770 5	3.640 0	3.517 7	3.402 8	3.294 8
18	4.243 1	4.079 9	3.927 9	3.786 1	3.653 6	3.529 4	3.413 0	3.303 7
19	4.262 7	4.096 7	3.942 4	3.798 5	3.664 2	3.538 6	3.421 0	3.310 5
20	4.278 6	4.110 3	3.953 9	3.808 3	3.672 6	3.545 8	3.427 1	3.315 8
21	4.291 6	4.121 2	3.963 1	3.816 1	3.679 2	3.551 4	3.431 9	3.319 8
22	4.302 1	4.130 0	3.970 5	3.822 3	3.684 4	3.555 8	3.435 6	3.323 0
23	4.310 6	4.137 1	3.976 4	3.827 3	3.688 5	3.559 2	3.438 4	3.325 4
24	4.317 6	4.142 8	3.981 1	3.831 2	3.691 8	3.561 9	3.440 6	3.327 2
25	4.323 2	4.147 4	3.984 9	3.834 2	3.694 3	3.564 0	3.442 3	3.328 6
26	4.327 8	4.151 1	3.987 9	3.836 7	3.696 3	3.565 6	3.443 7	3.329 7
27	4.331 6	4.154 2	3.990 3	3.838 7	3.697 9	3.566 9	3.444 7	3.330 5
28	4.334 6	4.156 6	3.992 3	3.840 2	3.699 1	3.567 9	3.445 5	3.331 2
29	4.337 1	4.158 5	3.993 8	3.841 4	3.700 1	3.568 7	3.446 1	3.331 7
30	4.339 1	4.160 1	3.995 0	3.842 4	3.700 9	3.569 3	3.446 6	3.332 1